水西·书系
SHUIXI SHUXI

一个人是千万人的出发点

教育哲学丛书

冯建军　主编

被忽视的儿童

——社会转型时期农村儿童德育模式研究

马多秀　著

本书为教育部人文社科研究项目"社会转型时期农村德育模式研究（项目编号：12XJC88001）"的研究成果。

本书获得宝鸡文理学院教育学重点学科经费和宝鸡文理学院优秀学术著作出版经费的资助。

山西出版传媒集团　山西教育出版社

目录

导论 __ 1

第一章
社会转型与农村儿童德育模式创新

第一节　社会转型与农村社会变迁 __ 44

第二节　德育模式与农村儿童德育模式创新 __ 55

第三节　农村儿童德育模式创新是德育研究本土化行动 __ 63

第二章
留守儿童心灵关怀德育模式

第一节　心灵关怀是留守儿童的现实需要 __ 80

第二节　留守儿童心灵关怀德育模式的理念解析 __ 89

第三节　留守儿童心灵关怀德育模式的实施策略 __ 99

第四节　留守儿童心灵关怀德育模式的实施案例 __ 111

第三章

城乡儿童相互融合德育模式

  第一节 从排斥到融合：流动儿童教育的应然选择__126
  第二节 城乡儿童相互融合德育模式的理念解析__136
  第三节 城乡儿童相互融合德育模式的实施策略__145
  第四节 城乡儿童相互融合德育模式的实施案例__154

第四章

三位一体的立体德育网络模式

  第一节 构建三位一体的立体德育网络面临的困境__166
  第二节 三位一体的立体德育网络模式的基本理念__181
  第三节 三位一体的立体德育网络模式的实施策略__186
  第四节 三位一体的立体德育网络模式的实施案例__191

第五章
传承农村本土文化的校本德育模式

第一节　传承农村本土文化是学校德育的使命__208

第二节　传承农村本土文化校本德育模式的基本理念__218

第三节　传承农村本土文化的校本德育模式的实施策略__225

第四节　传承农村本土文化校本德育模式的实施案例__231

第六章
农村儿童德育模式创新的经验与挑战

第一节　农村儿童德育模式创新取得的经验__250

第二节　农村儿童德育模式创新面临的问题和挑战__257

参考文献__269

附录__278

后记__303

导论

第一节 研究缘起

当前,我国正处于社会转型时期,正由传统的农业文明社会迈向现代的工业文明社会。伴随着中国工业化发展进程的快速推进,农村人口向城市的迅速流动成为最为显著的社会特征。国家统计局发布的数据显示,2011年全国农民工总量达到25278万人,比上年增长4.4%,其中外出农民工15863万人,增加528万人,增长3.4%。[①] 中华人民共和国人力资源和社会保障部发布的2019年度人力资源和社会保障事业发展统计公报显示,2019年全国农民工总量2.9亿人,其中本地农民工近1.2亿人,比上年增加82万人,增长0.7%;外出农民工1.7亿人,比上年增加159万人,增长0.9%。[②] 由此可见,2011—2019年期间,农民工群体规模一直处于持续增长

---

① 《统计局:农民工数量继续增长 去年总量超2.5亿》,http://finance.sina.com.cn/nongye/nygd/20120427/164211945526.shtml。
② 《人社部:全国农民工总量近三亿人》,https://www.rmzxb.com.cn/c/2020-06-05/2588889.shtml。

之中。

庞大的农民工群体出现的同时也滋生出了两个特殊的儿童群体，即农村留守儿童和城市流动儿童。2013年8月8日《中国青年报》报道全国农村留守儿童约有6102.6万，占所有农村儿童比重达37.7%，占全国儿童的比例为21.9%。① 2016年2月，国务院发布《国务院关于加强农村留守儿童关爱保护工作的意见》，重新定义留守儿童，认为"留守儿童是指父母双方外出务工或一方外出务工另一方无监护能力、不满十六周岁的未成年人"。按照这个界定，2016年公安部、教育部、民政部等联合摸底排查后得出，留守儿童的数量是902万。② 据民政部统计，截至2018年8月底，全国共有农村留守儿童697万，与2016年首次农村留守儿童摸底排查的数据902万相比，下降22.7%。③ 同时，2010年第六次人口普查结果显示，跟随父母进城的流动儿童约有2000万。④ 教育部发布的2019年全国教育事业发展统计公报显示，义务教育阶段在校生中进城务工人员随迁子女有1426.96万人。其中，在小学就读1042.03万人，在初中就读384.93万人。⑤ 留守儿童问题的核心是与父母分离，亲情缺失，容易产生心理上的孤独、寂寞，而流动儿童问题的核心是在城市的

---

① 《全国农村留守儿童超6000万，人身安全隐患严重》，《中国青年报》2013年8月8日第7版。
② 《国务院重新定义留守儿童 数量降为902万》，http://china.caixin.com/2016-11-10/101005941.html。
③ 周韵曦：《完善家庭政策，为"留守娃"编织关爱网》，《中国妇女报》2019年3月28日第4版。
④ 《流动儿童到底需要什么帮助》，http://zqb.cyol.com/html/2012-04/18/nw.D110000zgqnb_20120418_4-05.htm。
⑤ 《教育部发布2019年全国教育事业发展统计公报 全国各级各类教育事业取得新进展》，http://www.moe.gov.cn/jyb_xwfb/s5147/202005/t20200521_457227.html。

生活和学习适应问题，容易受到歧视或排斥，这两类特殊儿童的遭遇是当前我国社会转型时期的独特现象。而且，伴随着全球化时代的到来、电子信息技术的迅猛发展，现代工业文明对传统农业文明造成了难以抵挡的冲击，深刻地改变着农民内在的价值体系和思想观念，以及他们的生活方式和处事行为，这使得农村儿童生存和生活的现实环境已经发生了深刻的变化。那么从教育角度来讲，帮助和引导农村儿童持有自信、自强、自尊就理应成为一种应然的教育努力。

德育是个体教育生活的重要组成部分，是指向个体精神世界的，是要给人以生活的信心，给人以生活的尊严，让人体会到生活的意义和价值，旨在为个体人格的健全发展和完满人生的获得奠基。德育模式是在一定的德育价值观念指导下的一系列德育操作体系的综合体，它主要关涉两个方面的内容，一是坚持和持有的德育价值观念，二是具体的德育操作方式和方法。它是德育理论和德育实践的有机结合，是沟通德育理论和德育实践的中介，以德育理论为指导又旨在德育实践的改善。当然，任何德育模式都是基于时代发展的需要而产生的，我们要在分析我国社会转型时期农村社会巨变的时代背景的基础上，透视农村儿童道德成长中面临的诸种问题，从而提出促进农村儿童精神健康成长和发展的德育模式。在当前的社会转型时期，农村人口的迅速流动、农村社会结构的变迁、农民价值观的嬗变等致使农村儿童生活处境发生了巨大的变化，特别是我国城市化发展衍生的留守儿童和流动儿童两个特殊儿童群体，他们如何在我国当前社会转型的历史潮流中获得健康成长和发展成为我们不可回避的问题，正因为如此，创新农村儿童德育模式成为迫切的需要。

作为教育研究者，积极回应时代发展中出现的新问题，提出切实可行的应对思路和策略是理应承担的教育研究的责任和使命。具体地讲，创新农村儿童德育模式是教育研究者应对当前我国农村社会发展困境和农村儿童健康成长需要的积极回应。需要清楚的是，阅读和理解任何理论都不能脱离其产生的历史和时代背景。正是在这层意义上，我们也可以说，任何理论都是具体的历史时代的必然产物，都是对当时的社会问题或社会现象的一种积极的回应、解释或论证。德育理论的产生也是如此，德育理论的创新就是对具体的历史时代发展进程中存在的社会问题的积极回应。而且，农村儿童德育模式研究既是对当前我国社会转型时期农村社会发展中出现的新问题和新现象的积极回应，还是德育研究本土化的一种有益尝试。德育研究本土化意味着研究者要从中国的德育现实和处境出发，研究中国的德育问题，构建中国的德育理论思想体系，致力于促进中国教育生活改善和社会的和谐发展，以及农村儿童的健康成长和发展。一句话，德育研究本土化的最终目的是要生成我们自己的德育思想，服务于本土教育现实的需要和指引本土教育问题的解决。我出身于农民家庭，成长于农村，而且十年的农村学校教师经历，以及读研期间和在高校工作后多次的农村教育实地调查让我对农村教育、农村儿童处境有着更为深刻的认识和思考，这也成为我开展本研究的前提。总而言之，正是由于我出身于农村和成长于农村，以及从内心深处蕴含着对农村和农村教育的深厚感情，所以关注农村教育和农村儿童，以及研究农村儿童德育模式成为我的自然、自觉和自愿的担当和努力。

第二节 文献综述

本研究涉及的关键词有"德育模式""农村德育""社会转型",因此主要从这三个方面对已有相关文献进行收集、整理和归纳。

一、关于德育模式的研究

(一) 对德育模式概念界定的研究

要探讨什么是德育模式,首先对"模式"要有清楚的认识。"模式"一词源于拉丁文(modus),是指与手有关的定型化的操作样式,意为对操作过程的经验性的概括。后来,它表示更抽象的意义,一般通用为"方式",如生活方式。20世纪后随着社会生活的多样化,"模式"又从"方式"中分离出来,指某种方式中的具体的定型化的活动形式或活动方式。《现代汉语词典》中对它的定义是,"模式,某种事物的标准形式或使人可以照着做的标准样式"。英国人丹尼斯·麦奎尔和瑞典人斯文·温德尔从传播学角度来界定"模式",认为"模式"是"用图像形式对某一事项或实体进行的一种有意简化的描述。一个模式试图表明任何结构或过程的主要组成部分以及这些部分之间的相互关系"[①]。从这些论述中我们可以看出,模式不仅具有抽象性,还具有简约性,它是一般原理与具体条件的结合,模式有助于提高劳动效率和质量。

那么,什么是德育模式呢?"德育模式"作为一个学术术语首先

---

① 杜爱森:《关于德育模式的理论探讨》,《理论探索》1996年第2期。

出现在《道德教育模式》一书中。20世纪80年代哈什和米勒在其著作《道德教育模式》中总结和评价了20世纪60年代以来美国最具代表性并在学校中广泛使用的德育模式，并对德育模式给出了界定，认为德育模式"是一种考虑教育机构中关心、判断和行动过程的方式。每种模式都包括关于人们如何发展道德的理论观点以及促进道德发展的一些原则和方法"①。国内有学者在对哈什等人的论述进行理解的基础上，也提出了本土化的界定，认为"德育模式，实际上是在德育实施过程中道德理论与德育理论、德育内容、德育手段、德育方法、德育途径的某种组合方式，因而为我们观察、理解和思考德育提供了种种综合方式"②。需要指出的是，"通过德育模式的研究帮助学校造就自己的道德品格，这才是德育模式研究的真正价值所在……我们通过研究真正促进学校德育工作水平的提高和发展"③。因此，从根本上来讲，提升德育实效是德育模式研究和创新的真实意图和核心目标。

（二）对德育模式研究演变历程的研究

德育模式研究发轫于西方，了解西方德育模式研究的演变历程是我们更深入理解和探讨德育模式的前提和基础。有学者认为，根据研究方法特点的不同，西方德育模式研究的发展历程大致可以被划分为三个阶段：一是19世纪以前以经验思辨研究为主的时期，智性模式和神性模式是这一时期德育的两种基本样式，该时期的德育模式主要采取经验思辨与内省描述的形式；二是19世纪到20世纪

---

① ［美］理查德·哈什、约翰·米勒、格林·菲尔丁：《道德教育模式》，傅维利、王念泉、董畹倩等译，学术期刊出版社1989年版，第8页。
② 黄向阳：《德育原理》，华东师范大学出版社2000年版，第211页。
③ 班华、薛晓阳：《学校道德生活教育模式的探寻与思考》，江苏大学出版社2010年版，第95页。

初以哲学理论与自然研究方法为基础的时期,在道德教育中注重理性培养,德育研究学科理论基础多样化并进行科学化的尝试;三是20世纪60年代以来理论基础与研究方法多样化的时期,道德教育注重民主品格培养,而且德育模式研究形成了多种独立的理论形式。[1] 从总体上看,西方德育模式研究经历了一个由哲学思辨到实证研究,再到理论与实践共在的研究过程。戚万学在《冲突与整合——20世纪西方道德教育理论》一书中认为,从20世纪西方百年的发展历史来看,道德教育理论发展基本经历了三个有代表性的发展阶段:19世纪末到20世纪30年代的新道德教育理论的萌芽和奠基时期;20世纪50至60年代的道德教育的荒凉时期;20世纪70年代到20世纪末的道德教育理论的繁荣和发展时期。[2] 在该书中,他还系统、全面地介绍了诸多道德教育理论流派、学说和模式,包括涂尔干的道德教育的社会化理论,杜威的经验主义的道德教育理论,科尔伯格的道德认知发展理论、价值澄清学派的道德教育理论等。对这些德育理论的梳理,为我们勾勒出了西方德育模式研究发展和演变过程的一个相对比较清晰的脉络和线索。

由于受具体的政治环境的影响,我国对德育模式的研究历程不同于西方。客观地来讲,我国对德育模式的研究开始于改革开放政策实施之后,具体来讲经历了两个阶段:一是对西方德育模式的翻译和介绍阶段;二是本土化的德育模式的构建阶段。

在1981年《教育研究》第四期中李伯黍对20世纪西方最具影响力的科尔伯格的道德认知发展理论进行了介绍和评述,1984年傅

---

[1] 班华、薛晓阳:《学校道德生活教育模式的探寻与思考》,江苏大学出版社2010年版,第51—72页。
[2] 戚万学:《冲突与整合——20世纪西方道德教育理论》,山东教育出版社1995年版,第1—2页。

统先、陆有铨翻译出版了皮亚杰的《儿童的道德判断》一书，虽然这些成果主要是基于心理学的介绍，但是为德育研究提供了心理学的依据。1989年傅维利等翻译出版了由美国学者哈什等撰写的《道德教育模式》一书，该书介绍了20世纪流行于美国的主要的德育理论和模式，至此，德育模式作为一个理论术语进入我国学者的研究视野。随着中西方德育研究交流和对话的深入发展，20世纪90年代有更多的西方德育著作被翻译和介绍到国内，比如魏贤超主编的"20世纪国际德育理论名著文库"①、南师大杨韶刚和郭本禹主编的"道德教育心理学译丛"② 等。翻译和介绍西方的德育模式研究成果的意义和价值是不可低估的，不仅为我国学校德育的实施提供借鉴，还开阔了我国德育研究的视野和领域。

我国学者对德育模式的本土化的研究和构建基本上跟对西方德育理论的翻译和介绍是同步展开的。早在20世纪80年代我国学者查有梁就在国内以教育模式为题先后做了多次报告，并在1995年出版了《教育模式》③ 一书，对教育模式及原理进行了系统介绍。20世纪90年代初，杨小微在《中小学教学模式》④ 一书中，运用模式分析方法对我国中小学教学模式进行了系统研究。1999年李伯黍和岑国桢出版了《道德发展和德育模式》一书，运用模式分析方法，从道德认知、道德情感、道德行为、道德社会化和价值引导几个方

---

① 包括科尔伯格的《道德教育的哲学》、彼得斯的《道德发展与道德教育》、杜威的《道德教育原理》、威尔逊的《道德教育新论》、霍尔和戴维斯的《道德教育的理论与实践》、拉思斯的《价值与教学》。
② 包括唐纳德·里德的《追随科尔伯格——自由与民主团体的实践》、约翰·马丁·里奇的《道德发展的理论》、马丁·霍夫曼的《移情与道德发展——关爱和公正的内涵》、拉瑞·P. 纳希的《道德领域中的教育》。
③ 查有梁:《教育模式》，教育科学出版社1995年版。
④ 杨小微:《中小学教学模式》，湖北教育出版社1990年版。

面对学校德育活动形式进行了归纳和分析，并对各种模式的心理学理论基础、结构和在学校德育实践中的实施进行了探索性研究。朱小蔓的《小学素质教育实践：模式建构与理论反思》一书中则是把素质教育作为分析对象，运用模式分析方式探索了十种情感性素质教育模式，认为这是一种从情感教育的视角观察素质教育形态的认识框架，称其为中介性理论，两端分别连接着教育的观念理性和经验理性，同时它也属于一种扎根性理论，它们均是研究者扎根于具体的教育时空和实践中提炼和生成的。[①] 至此，模式研究已经成为我国德育研究的一种重要的方法论。与此同时，我国德育模式的建构也处于不断的探索之中。经过 20 多年的努力，我国也初步形成了具有一定影响力的德育模式，如主体性德育模式、情感性德育模式、活动德育模式、欣赏性德育模式、生活德育模式、对话德育模式等。西方学校流行的德育模式基本上都有比较严密的逻辑论证和理论基础，还有与之相应的比较系统的操作体系，如麦克菲尔的体谅德育模式，不仅有基于心理学和德育的理论论证，还有与实施体谅德育模式配套的《生命线》德育教材，以及角色扮演的德育方法。与此不同的是，我国本土化的德育模式除了个别德育模式进行过实践运用性的尝试和研究外（如朱小蔓曾经在江苏省内做过情感德育模式的实践研究工作，檀传宝的欣赏性德育模式的实证研究曾以国家课题形式在广东等省份做过推广等），大多数德育模式都停留在理论论证和分析层面，缺少比较系统的实践操作体系。尽管如此，我国德育学者对德育模式的探索和努力对我国德育理论和学校德育实践本身的积极推进都发挥着积极的影响和作用。

[①] 朱小蔓主编：《小学素质教育实践：模式建构与理论反思》，南京师范大学出版社 1999 年版，第 35—36 页。

(三) 国内外主要的德育模式

从收集到的已有资料来看,这里所讲到的国外的德育模式主要为欧美国家流行的德育模式。美国哈什等最早关注德育模式问题,在其著作《道德教育模式》一书中主要介绍了理论基础构建模式、体谅模式、价值澄清模式、价值分析模式、道德认知发展模式、社会行动模式,并从个体品德的三维要素,即关心、道德判断和行动三个方面对每种德育模式如何促进个体在这三要素方面的发展做了比较详细的分析。袁桂林在《当代西方道德教育理论》[①]一书中梳理了西方具有典型的历史影响力的哲学家和教育家的道德教育思想理论,包括卢梭、康德、赫尔巴特、边沁、斯宾塞、涂尔干、杜威等的道德教育思想,重点评述和分析了20世纪西方主要流行的道德教育流派和模式,包括存在主义道德教育理论、认知发展道德教育理论、价值观澄清理论、理性为本道德教育理论、道德符号理论、学会学习道德教育理论、人本主义道德教育理论、逻辑推理价值观教育理论、完善人格道德教育理论、体谅关心道德教育理论等。

叶飞在《改革开放30年德育理论发展脉络探析》[②]一文中总结和分析了我国改革开放30年德育理论发展经历了四个阶段,即德育理论研究的复苏期、德育理论的基础建构期、德育学科的分化与整合期、德育理论研究的多元与争鸣期。他列举了德育理论研究进入多元和争鸣期后出现的诸多的德育理论形态,包括主体性和主体间性德育理论、生活德育理论、德育美学观、情感德育理论、制度德育理论、公民教育理论、德育文化研究、后现代德育理论、生命德育理论、体验式德育理论等。这些德育理论为我国德育模式研究奠

---

① 袁桂林:《当代西方道德教育理论》,福建教育出版社2005年版。
② 叶飞:《改革开放30年德育理论发展脉络探析》,《教育研究》2009年第1期。

定了基础，但是从总体上讲，它们大部分都属于理论分析和论证，普遍缺乏实证研究和实践操作策略体系，还没有与德育实践形成对接。

二、关于农村德育的研究

（一）关于农村和农村德育概念界定的研究

一般来讲，对"农村"概念的界定存在这样几种理解方式。一是农村的界定与生产方式相联系。《现代汉语词典》中写道，"农村"是指"以从事农业生产为主的人聚居的地方"。陈芳惠在《村落地理学》中也认为："村落与都市最明显的区别，在于村落与土地的关系密切，而且人口集团的规模较小，主要以农业、林业、畜牧、水产等第一级产业为生的区域社会。"① 与农村相对应的是城市，那么城市就是以从事第二、三产业为主的人聚居的区域。二是农村的界定以人口的数量为标准。美国随着城市化的迅速发展、扩散以及农村经济结构和生产方式的不断调整，传统上相对稳定的城市和农村社区的界限变得日益模糊，美国农业的直接从业者已不足3%，但美国的广大农业区域依然存在，生活在其中的农村社区人口也并没有大幅度减少。美国国家教育统计中心使用地点编码法（Locale Codes），根据是否在城市统计区、人口密度和规模三个指标，将地域分为8类，其中后三类归为农村，分别为：不在大城市统计区CMSA或城市统计区MSA内，人口在2500人和25000人之间的地方；不在大城市统计区CMSA或城市统计区MSA内，指定为农村；在大城市统计区CMSA或城市统计区MSA内，指定为农村。而美国联邦统计局则把农村定义为"有广漠土地且居民少于2500人的地

---

① 陈芳惠：《村落地理学》，五南图书出版公司1984年版，第61页。

方",即地点编码法中设定的7、8两类,认为这才是纯粹意义上的农村①。还有,在俄罗斯,对农村的界定是纯粹按照人口的数量来划分的,通常把人口在2000人以下的区域称为农村。三是按照行政区域来界定农村。中国的行政区域由大到小分为省或直辖市或自治区、市、县、镇、乡、村,一般来讲,我们通常把镇、乡和村所辖地区称为农村。四是农村不仅是生产方式性、地域性和人口性的概念,它还是文化心理性概念。由于诸多历史和现实原因的存在,中国地域发展水平存在严重的不平衡现象,以及我国城乡二元社会结构体制的影响,在人们的心里形成了农村落后、传统,而城市先进、现代的观念。而且,在这种社会文化心理的映射下,市民与村民的界限泾渭分明。此外,国内学者陈忠镐通过历史考察后认为,农村本身是一个历史动态的概念,原始社会没有城乡之分,只有生产力发展到一定阶段后,随着城市的出现,农村才成为一个与之对应的概念,且具有如下特征:农村人口比城市稀疏,居住较城市分散;农村中多数居民以农业为职业,农民占人口的多数;农村的物质生产技术较城市落后,经济活动比城市简单,商品经济不如城市发达,存在一定的自给性经济;农村的物质文化设施比城市差,农村居民的物质文化生活水平一般比城市低,农村中人们的交往范围也比较狭窄,农村中宗族观念、血统观念要比城市浓厚。②

事实上,对农村概念的不同的界定方式反映了不同国家的不同国情。在中国语境下,我们在理解农村概念时,要采取多维视角来分析。由于历史和现实的多重原因,我国对农村的界定主要兼顾生

---

① 傅松涛等:《美国农村社区基础教育现状与改革方略》,《比较教育研究》2004年第9期。
② 陈忠镐:《农村教育概念界定若干问题探析》,《福建广播电视大学学报》2011年第1期。

产方式、行政区域和户籍制度等方面的要素。那些主要从事农业生产、属于农村户口的人集聚的镇、乡、村毫无疑问属于农村。但是现在界定农村时存在的困难在于，在中国城市化过程中出现的"城中村"，虽然他们的户籍是农村户口，但是已经不再从事农业生产劳动，而且大部分人的生活方式已经跟城市居民相近，那么，这还属于农村吗？大量的在中国工业化进程中出让土地的城市郊区农民住上了政府统一建设的安居工程公寓，而且已经不再从事任何农业生产劳动，这也很难界定他们所居住的地区属于城市还是农村。因此，在本研究中的农村概念是一个复杂概念，需要采取多维视角来衡量和分析。

我们需要澄清的另一个概念是农村德育。有学者明确指出，农村教育这一概念的提出主要是针对发展中国家存在的城乡二元社会结构的事实，这种事实致使农村处于不利的地位，农村教育能够促进农村社会由农业社会向工业社会的转化。① 事实上，发达国家也有农村和农村教育，但是它跟发展中国家的农村和农村教育含义是不同的。在一定意义上来讲，农村德育这一概念的提出也是基于我国社会当前存在的城乡二元社会结构的事实，以及农村在中国整体发展中处于劣势的基础之上来关注和研究这一问题的。在已经收集到相关的资料②中没有对农村德育给出一个明确的概念界定，但是大致

---

① 陈敬朴：《农村教育概念的探讨》，《教育理论与实践》1999年第11期。
② 薛晓阳：《生活中的教育：农村德育的文化与信仰》，《教育科学》2011年第6期；薛晓阳：《农村德育的价值逻辑及其自我建构性》，载《道德教育评论2010》，教育科学出版社2011年版，第116—128页；王海英等：《论农村德育教师培训问题及对策》，《理论观察》2008年第1期；谢玉进：《"新农村"的道德诉求：农村道德教育专门化之探讨》，《理论观察》2006年第3期；贺小军：《扎实搞好农村德育工作》，《陕西教育》（教学版）2009年第4期；高洁琴：《浅谈农村德育工作的开展》，《新作文》（教育教学研究）2011年第11期。

存在两种基本的价值取向：一是广义上的农村德育，德育实施部门包括农村社区、农村学校和农村家庭，德育对象不仅包括农村儿童（学龄期儿童和非学龄期儿童）还包括农民，德育目的在于提升整个农村社会的道德文化境界和伦理道德生活水平；二是狭义上的农村德育，把农村德育等同于农村学校德育，德育对象专指处于学龄阶段的农村学校在校学生，德育目的在于促进和提升农村学校在校学生的道德精神面貌。在本研究中，关于农村德育的内涵限定在学校德育范畴之内，主要是探讨学校如何作为来帮助农村儿童构筑健康、积极向上、充满希望的精神世界。

（二）关于农村儿童生存、发展状况的研究

在我国当前存在城乡二元社会结构体制的现实状况下，农村儿童是一个相对于城市儿童的特殊群体。我们以下将从营养健康、人格发展、学习支持等方面对农村儿童的生存、发展状况进行分析。

第一，农村儿童的营养健康状况。营养健康是衡量农村儿童生存状况的重要维度。我国城乡发展不均衡，农村地区儿童长期饮食结构不均衡和公共卫生服务缺乏而导致的营养不良问题比较突出。[1] 21世纪教育研究院负责的"中西部农村义务教育农村营养改善项目"，通过对贵州、云南、广西、湖南和陕西五个地方农村儿童的营养状况调研后发现，农村儿童中营养不良问题普遍存在。在实施免费午餐前，农村学校的学生不吃午饭的占大多数，尤其是留守儿童中不吃午饭的占到70%，有些孩子常常一天早晚在家吃两顿饭，上课的时候经常是饿着肚子。造成这种状况的原因之一是农村大量劳动力外出，很多儿童由祖辈或亲戚监护，他们对儿童的需求不了解，

---

[1] 王陇德主编：《中国居民营养与健康状况调查报告之一：2002综合报告》，人民卫生出版社2005年版，第25—53页。

缺乏必要的健康、营养、卫生等方面的基本常识。在某些营养指标方面，农村儿童远远落后于城市儿童，致使许多农村孩子患有缺铁性贫血，身高、体重等发育情况都比乡镇或城市儿童迟缓。

《国家中长期教育改革和发展规划纲要（2010—2020年）》（以下简称《纲要》）中提出："提倡合理膳食，改善学生营养状况，提高贫困地区农村学生营养水平。"为贯彻和落实《纲要》精神，2011年11月国务院颁发《关于实施农村义务教育学生营养改善计划的意见》，同年秋季学期起开始实施。2012年5月，教育部等15个部门印发了《农村义务教育学生营养改善计划实施细则》等五个配套文件。我国政府高度重视农村学生营养状况，切实改善农村学生身体素质和健康状况，有力地推动教育扶贫攻坚和乡村振兴战略的实施。2019年6月，国务院颁布《关于深化教育教学改革全面提高义务教育质量的意见》，提出"义务教育质量事关亿万少年儿童健康成长，事关国家发展，事关民族未来"，"精准实施农村义务教育学生营养改善计划"。为改善农村儿童的营养状况，2011年中央财政160亿元的营养改善计划正式启动，范围覆盖全国680个县（市、区），估计有2600万义务教育阶段农村在校生享受营养膳食补助。2016年，教育部、国家发展改革委、财政部颁发《关于进一步扩大学生营养改善计划地方试点范围实现国家扶贫开发重点县全覆盖的意见》，要求"2017年实现营养改善计划国家扶贫开发重点县全覆盖"。按照《关于实施农村义务教育学生营养改善计划的意见》中"启动国家试点，支持地方试点"的要求，各省在实施过程中确保国家试点实施营养改善计划的同时还积极推进非国家试点营养改善计划的落实。以陕西省为例，截至2014年12月底，营养改善计划已覆盖全省107个县（市、区）8850所义务教育学校的231万名学生，占全省义务教育学生总数的70%，其中覆盖农村义务教育阶段学生174万名，率先在全国实现了营养改善计划全省农村义务教育学生全覆盖。① 截至2018年12月，全国共有29个省（京、津、鲁单独开展了学生供餐项目）的1642个县区实施了营养改善计划，其中726个县区开展了国家试点，916个县区开展了地方试点。② 农村义务教育学生营养改善计划已覆盖所有国家级贫困县，让3700万名农村学生受益。③

农村义务教育学生营养改善计划是一项民生工程，自2011年实施以来取得了显著的成效，切实改善了农村学生学习生活条件，提高了他们的健康水平，有力地促进了教育公平以及国家教育脱贫目标的实现。一是农村学生基本的就餐需求得到保障。目前，全国有3700万农村学生在学校吃上了营养餐，寄宿学生还可以吃到免费的一日三餐，确保和满足学生基本的就餐需求，解决了贫困地区学生上学没饭吃和吃不饱的问题，保证了学生基本的营养供给，这对农村贫困家庭学生是雪中送炭。二是农村学生的身体素质明显提升。中国疾病预防控制中心跟踪监测显示，2017年营养改善计划试点地区男、女生各年龄段的平均身高比2012年分别高1.9厘米和2.0厘米，平均体重多1.3千克和1.4千克，高于全国农村学生平均增长

---

① 《王海波同志在2015年全省学生营养改善计划实施工作推进会上的讲话》，2015年3月19日，http://jyt.shaanxi.gov.cn/news/jiaoyutingwenjian/201503/19/8943.html。
② 《农村义务教育学生营养改善计划国家级及地方试点县名单》，2019年4月19日，http://www.moe.gov.cn/jyb_xwfb/xw_zt/moe_357/s6211/s6329/s6371/201904/t20190419_378881.html。
③ 《教育部：农村义务教育学生营养改善计划让3700万农村学生受益》，2018年12月28日，http://www.gov.cn/xinwen/2018-12/28/content_5353140.htm。

速度，学生身体素质得到明显提升。① 三是农村学生的营养知识逐步增长。农村义务教育学生营养改善计划实施过程也是农村学生营养知识普及的过程，以及对农村学生开展饮食教育的过程，许多中西部地区农村学校在实施营养改善计划过程中给学生开设相关的营养知识课程，充分利用学校用餐时机给学生开展营养健康教育，培养学生正确的饮食观念和科学的饮食习惯，以及进行文明礼仪等方面的教育。四是农村学生的学业成绩得到提高。监测表明，营养改善计划实施后，学生营养状况得到改善，为智力发展奠定基础。西部小学生的语文和数学平均成绩同比分别提高了4.6分和4.5分。农村义务教育学生从国家实施的营养改善计划中受益匪浅，这项政策的实施真正地促进了他们的健康成长。

在实施农村义务教育阶段学生营养午餐计划中，大部分农村地区确实改善了农村儿童的营养状况，但是调研中还发现，在有些农村学校里却存在严重的浪费现象。另外，研究者还指出，对于国家财政160亿元的农村儿童营养改善款的使用要制定严格周密的监管体制，以保证它能够真正用到农村儿童的营养改善问题上。② 还有研究者指出，农村儿童存在"隐性饥饿"问题，也就是由微量营养素缺乏导致的营养不良。微量元素的缺乏会增加农村儿童感染疾病的风险，降低他们的学习能力，阻碍他们的体格和智力发育等。为了改善农村儿童的营养状况，浙江省实施了"爱心营养餐工程"，陕西省实施了"蛋奶工程"，山西省静乐县实施了"一颗鸡蛋工程"，广

---

① 丁雅诵：《改善健康状况 提升身体素质》，《人民日报》2018年7月5日第18版。
② 熊帅：《用好160亿：改善农村儿童营养》，《决策探索》（上半月）2012年第5期。

西柳州市实施了"免费午餐工程"等。

事实上,由于农村儿童家庭经济状况、母亲受教育水平等方面存在不同,使得他们之间还存在健康不平等现象。研究发现,随着中国经济发展,农村儿童的健康状况有了明显改善,但是跟其他发展中国家相比,中国农村儿童的健康水平并没有得到显著改进,贫穷是导致农村儿童健康水平低的重要因素。而且在农村儿童群体内部还存在健康不平等的现象,总体而言,高收入家庭儿童的健康状况更好,其中母亲的收入、受教育水平和是否参加工作对儿童的健康会产生重要影响。因此,研究者呼吁要改善农村儿童健康不平等状况,一方面要减少母亲收入不平等状况,另一方面要针对不同年龄段儿童的母亲制定差别化的就业引导政策。①

第二,农村儿童的人格发展状况。孤独感是体现个体人格发展状况的一个重要维度,它通常表现为寂寞、无助、郁闷等不良的心理反应和难耐的精神空虚感。适度的孤独体验对人格发展没有危害,但是严重的孤独感则直接影响个体的人格发展。研究发现农村儿童的孤独感普遍高于城市儿童,造成农村儿童孤独感偏高的主要原因在于以下几个方面:农村父母对子女的教育方式多以放任自流为主,不少农村家长教育方法简单、粗暴,平常与子女的沟通交流不足;与城市相比,农村的社会文化氛围普遍淡薄,提供给儿童娱乐活动的设施和场所也很缺乏,儿童的活动范围相对狭窄,课余文化生活相对单调;孤独感除受到家庭和环境的作用外,还受到自身人格特征的影响,研究发现农村儿童普遍比城市儿童更内向,农村儿童的这种内倾型人格特征一定程度上加重了他们的孤独感体验。研究发

---

① 顾和军等:《中国农村儿童健康不平等及其影响因素研究》,《南方人口》2012年第1期。

现农村儿童内倾型人格特征与他们较明显的孤独感体验之间存在较高的一致性，内倾型人格特征常常伴有明显的孤独体验。[1] 另外一个影响农村儿童人格发展的维度是恐惧感。研究发现，农村儿童最常见的恐惧事件与危险和伤害以及社会关系有关，比如核战争、服用毒品、家人出现意外事故、父母离婚等，而且农村女孩在总体恐惧水平、各维度恐惧水平及恐惧对象的数目上均显著地高于男生。[2] 要减缓和消除农村儿童的孤独感和恐惧感，一方面需要家长多关注孩子的心理成长问题，多与孩子进行心理沟通和交流，为他们提供支持性的家庭成长环境；另一方面，教师要从专业角度多为农村儿童进行心理疏导和提供心理援助。

另外一项与农村儿童人格发展状况紧密相关的关于农村儿童自尊的研究发现，农村儿童自尊的发展状况与家庭生态系统密切相关。通过对农村普通儿童、留守儿童和流动儿童的自尊水平进行测试发现，流动儿童的家庭生态系统最不利于流动儿童自尊发展，这与他们在城市的具体的生活处境紧密相关，流动儿童能够时时感受到自己与城市儿童在生活条件上的差距，而且父母一般忙于生计，也无暇顾及与他们的交流和沟通。留守儿童的家庭生态系统虽然好于流动儿童，但与普通农村儿童相比还存在一定差距。留守儿童存在的问题主要表现在他们长期与父母不在一起，缺乏亲情的关爱，容易造成亲子关系淡漠和自尊的降低。普通农村儿童的家庭生态系统较之流动儿童更具保护性作用和对不利因素的缓冲作用，在遇到外界压力或子系统发生变化时，能够更为积极的调整，帮助儿童应对外

---

[1] 陈木龙等：《农村儿童与城市儿童孤独感和人格特征的比较研究》，《社会心理科学》2005年第5—6期。

[2] 刘海燕等：《农村儿童青少年恐惧的内容特点》，《中国特殊教育》2007年第10期。

界的压力或变化。①

第三,农村儿童辍学问题研究。1986年,我国颁布了《义务教育法》,从法律上保障了每个适龄儿童都有接受一定年限的教育的权利。时至今日,城市已经基本完全普及义务教育,但是由于经济条件以及农民的意识和价值观念的限制,农村义务教育阶段的辍学率仍然较高,尤其是在当前高校扩招后就业难的形势下,农村又掀起"读书无用论"的热潮。21世纪初,袁桂林教授带领团队通过对全国13个县区130余所学校的调查发现,辍学率最低的学校其辍学率是6.88%,而辍学率最高的学校其辍学率竟然达到了71.93%,辍学的主要原因包括应试教育的压力使学生厌学、学校的教育教学缺乏吸引力、农村家庭经济困难、学生看不到未来的出路、观念落后和文化贫穷、农村教育的评价体系偏离育人的根本宗旨。② 有研究发现,自2001年起实施的撤点并校政策尽管在当时起到了促进城乡教育均衡发展、提高农村学校教育质量和办学效益的积极意义,但实施十一年期间,也引发了一系列的负面影响,并导致了农村儿童辍学率有所回升。2012年9月,国务院已暂停了撤点并校政策的实施。③ 2013年,审计署调研核实的52个县1155所农村初中数据显示,辍学人数由2006年的3963人上升到2011年的8352人,增长了1.1倍;④ 陕西师范大学教育实验经济研究所2015年基于四省24931

---

① 李晓巍等:《不同类型农村儿童家庭生态系统的状况及其对儿童自尊的影响》,《中国临床心理学杂志》2010年第2期。
② 袁桂林:《农村初中学生辍学问题研究》,东北师范大学出版社2003年版,第5—18页。
③ 桂萍:《论撤点并校政策与农村儿童辍学率的回升》,《法制博览》2013年第6期。
④ 《审计署:部分农村家庭教育支出增加≠辍学人数增1.1倍》,2013年5月3日,http://www.chinanews.com.cn/edu/2013/05-03/4786021.shtml。

名农村中学生的问卷证实,农村初中生累计辍学率远远高于学校布局调整前的水平。①

有学者从社会学角度分析了农村儿童辍学的原因,包括农村儿童日常生活的家庭结构发生巨大变化;家庭互动减少;家庭文化氛围弱;农村中小学教师分化、流动和师生间交往的负面隐性课程;学生同辈群体成员间的消极影响和不当参照群体的认同;大众传媒,尤其是电视在宣传人口流动上的偏颇等。② 还有学者基于多层模型的经验研究发现,影响农村儿童失学的原因分为个体因素和社会因素两个层面,女孩受教育状况较之男孩对家庭经济状况的依赖性更大,家庭经济条件越好,女孩受教育的机会越多,而且家庭贫困仍然是农村儿童不能接受更多教育的重要原因,同时农村学校布局调整和学校数量的减少也是导致农村儿童辍学的一个值得重视的因素。③ 需要引起注意的是,有研究者发现我国农村儿童辍学率近年来有逐渐上升的趋势,而且辍学儿童中较大一部分是留守儿童,并指出儿童辍学是一个比学习成绩下降更为严重的问题,农村留守儿童辍学是影响我国二元经济转化进程的一个公共问题。④

(三) 关于农村德育面临的问题、解决策略的研究

费孝通在《乡土中国 生育制度》开篇讲道,"从基层上看去,中国社会是乡土性的",他还分析了乡土社会的诸多性质,如属于熟

---

① 史耀疆、马跃、易红梅等:《中国农村中学辍学调查》,《中国改革》2016年第2期。
② 李芬:《农村儿童少年义务教育中断的社会学分析》,《青年研究》2002年第5期。
③ 刘泽云:《农村儿童为何失学?》,《北京师范大学学报(社会科学版)》2007年第2期。
④ 李强、叶昱立、姜太碧:《父母外出对农村留守儿童辍学的影响研究》,《农村经济》2020年第4期。

人社会、礼治、无讼等。在中国现代化、城市化的发展过程中,中国社会的乡土性在发生着巨大的变化,致使农村德育也面临着诸多问题和挑战。最为凸显的是农村地位的式微。国内学者刘铁芳在《乡土的逃离与回归》一书中指出,农村在国家发展中的意义正在被弱化,只是当城市不能容纳时当作农民安身立命的逃亡之地。农村已经沦落成"被看"的对象,"乡村只是作为城市文明的参照、补充,作为被城市所观看、俯视的对象,乡村作为前现代的他者,被排斥在为教育所展开的现代性想象的边缘"。① 在中国现代化进程中,农村的发展始终被放在城市之后,这可以中华人民共和国成立后实施计划经济体制,针对农村的"剪刀差"政策和城乡有别的户籍政策等作为例证。

伴随着农村地位的式微,出现的是城市文化和城市价值观念对农村文化的侵蚀,而农村文化衰落直接影响到农村儿童精神世界的建构。在《乡土中国与乡村教育》一书中研究者认为,当前中国农村贫穷与暴富并存,在一些地方,除了物质贫困外,还存在精神上的贫困,如礼仪沦丧、情义扫地、亲情淡漠。而且在义务教育贯彻落实后的今天,西部农村教育用"凋敝"来形容一点都不过分,办学条件的恶劣、失学现象的严重等超出了惯常的想象。钱理群先生指出:"乡村文化的衰落,乡村教育的文化缺失,都在有意无意地剥夺青少年活着的理由,生命的意义和欢乐。"② 有研究还发现,农村儿童现实的生活处境容易造成他们的自卑心理,造成这种现象的原因包括:一是农村学生家境比较贫苦,坚持学业会为家庭增加困难,求学和生计的矛盾一直困扰着很多农村学生;二是农村家长受教育

---

① 刘铁芳:《乡土的逃离与回归》,福建教育出版社2008年版,第1—7页。
② 钱理群等:《乡土中国与乡村教育》,福建教育出版社2008年版,第12页。

程度低，教育方法往往不当，会压抑学生的天性；三是农村学生自我认知不足、自我期望不高、自我否定又影响能力的正常发挥，而导致自卑心理；四是"农村与城市、贫穷与富有、打工与务农、求学与工作，这些由比较而产生的差别、无奈和选择一直是农村学生巨大的心理负担"[①]。

那么，我们究竟该如何应对现代化、城市化给农村社会，以及农村儿童的道德成长带来的危机和困境？诸多学者除了为农村社会和农村儿童的发展表现出担忧外，还进行了积极的探索和思考。有学者指出，"农村的意义并不在于农业本身，而在于农业文明所包含的生态、自然、和谐的伦理价值的意义"，"农村也要现代化，但不是城市化。农村绝不是现代化要消灭的对象，而是现代化要坚守的根基。城市化可以从农村出发，并建立在农村大地上，但必须重新回到农村之中"[②]。农村自身具有不可替代的价值，农村的现代化要充分肯定和承认农村的独特价值，尤其是农村文化价值。正如有学者指出，"试图从乡村找到一种不受现代影响的，自足的、理想的文化只是一种乡愿。在现代化的影响下，乡村不再是传统的乡村，但乡村的未来也不是今天的城市。无论我们的社会处于工业化甚或后工业化阶段，乡村文化的价值是始终存在的"[③]。从教育的角度来看，刘铁芳认为，要走出乡村教育的困境，就要重整乡村少年的文化自觉和文化自信，培养具有乡村文化情怀的乡村教师，以及重新

[①] 黄少虎：《农村学生自卑心理成因及矫正》，《中小学心理健康教育》2002年第9期。
[②] 薛晓阳：《农村德育的价值逻辑及其自我建构性》，载朱小蔓、金生鈜主编《道德教育评论2010》，教育科学出版社2011年版，第119页。
[③] 周珊等：《乡村文化的秩序危机与价值重建》，《石家庄铁道大学学报（社会科学版）》2010年第12期。

排列乡村教育在国家整个教育系统中应有的秩序。而且，钱理群还指出，"所谓乡村文化和乡村教育，绝不只是乡村的问题，或者说，如果我们只是在乡村的范围内，来讨论乡村文化、教育，以及其他乡村问题，其实是说不清，也解决不了问题的。我们必须有一个更大的视野，一个新的眼光和立场"①。

三、关于社会转型的研究

（一）对社会转型内涵的研究

转型本来属于生物学概念，指的是某一物种变为另一物种。后来，它被运用到其他领域的研究中，指事物由一种运动类型向另一种运动类型过渡、转换的变化过程。顾名思义，社会转型是人类社会从一种存在类型向其他存在类型过渡、转变的过程。

社会转型问题的研究最初开始于西方早期社会学理论当中，早期社会学家用"理想类型"的方式把社会划分为传统社会和现代社会对立两级来说明社会转型是一种普遍和流行的研究方式。如英国的H. 斯宾塞将社会划分为"军事社会"和"工业社会"，法国的E. 迪尔凯姆将社会划分为"机械团结"的社会和"有机团结"的社会等，以及后来的社会学家如雷德菲尔德的"乡民社会"与"市民社会"的划分，H. 贝克的"神圣社会"与"世俗社会"的划分，以及费孝通的"礼俗社会"与"法理社会"的划分等。参照这种分析框架，所谓"军事社会""机械团结"社会"乡民社会""神圣社会""礼俗社会"等从不同侧面反映了传统社会的特征，是一种与落后的、不发达的、静止的、封闭的和陈旧的社会状态和观念相联系的社会结构类型，而所谓"工业社会""有机团结"的社会"市

---

① 钱理群等：《乡村中国与乡村教育》，福建教育出版社2008年版，第12页。

民社会""世俗社会""法理社会"等则从不同侧面反映了现代社会的特征,是一种与先进的、发达的、流动的、开放的和新生的社会状态和观念相联系的社会结构类型。

后来,美国社会学家帕森斯通过对情感与情感中立、自我取向与集体主义、普遍主义与特殊主义、先赋性与自致性、专一性与扩散性这五个变量模式的分析,对传统和现代社会的特征进行了更深一步的研究和论证。因此,从这个角度来讲,所谓社会转型本质上是指由传统社会向现代社会变迁的过程。①

我国首先使用社会转型概念的是中国社科院的李培林,他在20世纪90年代以前就开始使用西方社会功能结构学派现代化理论中的社会转型理论来解释中国社会的结构变迁。通过对中国改革开放以来的一系列的社会变化进行观察之后他认为,中国进入了新的社会转型期,转型的主要内容和标志是:中国社会正从自给、半自给的产品经济社会向社会主义市场经济社会转型,从农村社会向工业社会转型,从乡村社会向城镇社会转型,从封闭、半封闭社会向开放社会转型,从同质的单一性社会向异质的多样性社会转型,从伦理社会向法治社会转型。② 陆学艺对西方学者关于社会转型的理论进行了总结,并且把社会转型理论概括为六个方面——经济转型即工业化、社会转型即城市化、政治转型即民主化、文化转型即世俗化、组织转型即科层化、观念转型即理性化,这些基本上概括了社会转型的主要特征,具有普遍的指导意义。③

---

① 周建国:《社会转型与社会问题》,甘肃人民出版社2008年版,第42页。
② 李培林:《"另一只看不见的手":社会结构转型、发展战略及企业组织创新》,载袁方等《社会学家的眼光——中国社会结构转型》,中国社会出版社1998年版,第35—40页。
③ 陆学艺主编:《社会学》,知识出版社1991年版,第375—376页。

另外，刘祖云在《社会转型解读》一书中对中国社会转型进行了系统的研究和总结，他认为社会转型作为一种特定社会发展过程主要包括三个方面的内容[①]：首先，社会转型是指社会从传统型向现代型的过渡过程，传统社会和现代社会之间存在根本的不同，主要体现在社会产业基础不同、社会劳动方式不同、社会分工和社会分化程度不同、组织形式和社会关系不同、社会活动的主要场所不同、社会开放程度不同、社会管理的权威基础和主要方式不同等方面；其次，社会转型是传统因素与现代因素此消彼长的进化过程，尤其是对于迟发外生型国家来讲，社会转型的过程往往表现为现代因素由外到内、由表及里和由名到实的生成和发展过程；最后，社会转型是一种整体性的社会发展过程，也就是说社会转型是包括经济、社会、自然等相互关系的整体性的社会发展过程。

以上是关于社会转型内涵的一些基本的思想和观点，可以帮助我们理解社会转型概念，并可以为分析中国社会转型问题提供基本的研究框架。

（二）社会转型时期农村社会变革的研究

在当前我国社会转型时期农村社会变革状况主要表现在以下几个方面：

第一，大量"空巢村"的出现。社会转型的一个重要方面是城市化，即农村人口向城市的迅速流动，导致城市的进一步繁荣和农村的衰落。这是任何国家在城市化过程中都会出现的现象。比如，"19世纪的美国乡村仍处于文明的边缘。那里没有电车、地铁等现代交通工具，没有戏院、舞厅等现代娱乐场所，充满了孤独与荒凉。正因为如此，乡村大量的青年男女迁往城市，去实现'美国梦'。乡

---

① 刘祖云主编：《社会转型解读》，武汉大学出版社2005年版，第3—12页。

村人口的大量流失，导致成千上万的农场荒芜，房舍被丢弃，无数乡村荒无人烟"①。我国在社会转型时期也难以逃脱农村逐渐衰落的厄运，随着大量人口向城市的流动，出现了大量的"空巢村"。这是因为，在我国农村，大量农村青壮年劳动力永久性或暂时性地向城市迁移，许多村庄常住人口出现锐减，留在农村的大部分是老幼妇孺。

而且"空巢村"不仅在偏远落后的农村地区存在，即使是一些相对发展较好的农村地区也有"空巢村"现象。如对河南省4200个农户的调查表明，留守农村的劳动力中，40岁以上的中老年所占比重由2003年的50.2%上升到2005年的53.8%，而30岁至40岁的青壮年所占比重则由2003年的27.8%下降到24%。② 经济发达省份，如浙江奉化区裘村镇陶坑里村曾经有500多人，如今只剩下40多位老人和少量孩童，邻近的枫弄村原有280多人，现只剩下50多人，其中95%是老人。③

"空巢村"带来诸多隐患。首先是财产安全问题。由于大量青壮年劳动力外出，村庄的安全得不到保障，给偷窃打劫者提供了机会。秦广强通过对鲁西北A村（该村为"空巢村"）的调查发现，仅2005年一年该村共发生了12起被盗失窃事件，其中8次是入室偷盗，而这一数字基本上相当于1998—2001年间发生的总和。该村先前在冬季组织农户实行轮流"打更"制度，随着大量农民外出打工，

---

① 李庆余等：《美国现代化道路》，人民出版社1994年版，第102页。
② 《调查表明农村留守劳动力年龄老化素质走低》，http://news.sina.com.cn/o/2006-08-10/05249706529s.shtml，2010年12月30日。
③ 彭迈：《"空巢村"现象对新农村建设的影响》，《中州学刊》2007年第5期。

"打更"制度也搁浅了。① 其次,"空巢村"产生了"留守综合征",在青壮年劳动力外出打工的同时,老人、妇女、幼儿,以及身体、智力存在残疾和障碍的人则留在了村子,被戏称为"386199部队"。据统计,我国留守妇女有4700万,留守老人有1793.9万,② 再加上5800万的留守儿童,③ 农村留守族的总数已经突破了1亿人。在社会学视野中,这些人群都属于社会弱势群体,是需要社会给予关注和关爱的对象。近年来,从关于留守老人、留守妇女以及留守儿童等生存状况的诸多研究和报道中我们知道,他们大都生活在贫困、孤独、缺乏关爱以及感受不到生活的乐趣和希望的境地之中。

第二,农民阶层的分化。在人民公社时代,农民被牢牢地束缚在土地上,农民的生活基本上是固定的,按照季节的交替,在土地上耕种,而且农民之间的收入也都相差不大,大家都比较贫困,生活比较艰辛。正如有学者研究后指出,"在人民公社时期,多数农村人口的状况是比较接近的,差别可能很少,一些差别也主要表现为干部家庭与一般农民家庭的差别,有城市亲属的农村家庭与没有城市亲属的农村家庭之间的差别,但在农村改革以后,单一的农民阶层出现了分化,从原来的农民中生长出来许多新的阶层"④。随着农村家庭联产承包责任制的实施,农民劳动积极性和劳动效率提高,使得部分农民能够从土地的束缚中解放出来,进入非农产业之中。而且,非农产业的发展正是促进农民阶层分化的重要原因之一。

---

① 秦广强:《新时期村级组织的"空巢""空缺"现象研究——基于鲁西北A村调查》,《中共济南市委党校学报》2006年第4期。
② 周福林:《我国留守老人状况研究》,《西北人口》2006年第1期。
③ 《全国5800万农村留守儿童 谁来点亮他们的童年》,http://www.jyb.cn/basc/sd/200907/t20090710_289884.html,2010年5月1日。
④ 李强主编:《中国社会变迁30年》,社会科学文献出版社2008年版,第88页。

我国农村问题研究专家陆学艺教授分析了改革开放十年后农村社会结构发生的变化，他认为，当时八亿多农民可以划分为八个阶层，即农业劳动者阶层、农民工阶层、雇工阶层、农民知识分子阶层、个体劳动者和个体工商户阶层、私营企业主阶层、乡镇企业管理者阶层、农村管理者阶层。由于各个阶层所处的经济、社会地位不同，他们各自具有不同的政治和经济诉求。① 而且农民职业的分化也在很大程度上预示着农民在政治、经济等社会地位上的分化。事实上，中国农村的分化主要受两种因素的制约，一是市场导入因素，为农民提供了多元的收入渠道；二是权力因素，那些在农村中掌握了权力资源或有条件利用权力资源的农民往往先富了起来。而且，能够把权力和市场相结合的农民则居于农村社会里收入的上层队伍。②

第三，农村家庭结构的不完整化。农村家庭结构是社会学研究的重要领域。家庭是社会的基本单位，家庭结构是社会系统中的一种基本结构，是指家庭成员之间组合及互动形式的总和。不同历史年代或不同国家，由于经济、文化等不同，家庭结构也呈现出不同特征。在我国，费孝通较早地关注了农村家庭结构及其社会结构的关系问题。他在《乡土中国　生育制度》一书中提出了"三角关系"结构的概念。他认为，"婚姻的意义就在建立这社会结构中的基本三角。夫妇不只是男女间的两性关系，而且还是共同向儿女负责的合作关系。在这个婚姻的契约中同时缔结了两种相连的社会关系——夫妇和亲子。这两种关系不能分别独立，夫妇关系以亲子关

---

① 陆学艺：《重新认识农民问题——十年来中国农民的变化》，《社会学研究》1989年第6期。
② 李强主编：《中国社会变迁30年》，社会科学文献出版社2008年版，第89页。

系为前提，亲子关系也以夫妇关系为必要条件。这是三角形的三边，不能短缺的"①。在这里，费老以三角关系的形式阐明了，一方面，家庭的稳定是由夫妻和亲子关系共同相依相辅而成的；另一方面，稳定的家庭是子女获得父母的养育和爱护的前提。

在一个家庭里，决定其结构的主要有三个要素：一是家庭人口的多少，决定家庭规模和关系的复杂程度；二是家庭配偶的婚姻关系状况；三是血缘代际层次关系。尹世洪于2009年对江西省安义古村的家庭结构状况进行调查后发现，一方面，该村有58.5%的家庭长年有人外出务工，造成留守农村村民的家庭结构与户籍人口统计的家庭结构在类型上有所不同，即农村家庭出现"真实结构"与"形式结构"两种情况；另一方面，残缺家庭的数量在不断增加，决定了家庭功能的不健全和家庭关系中情感的缺失。② 2010年我曾在江苏省扬州市月塘中学做调研时也发现，全校70%以上的学生是留守儿童，他们与父母长期分离，大多缺少与父母之间的思想和情感上的交流。更有甚者，学校里还有一些学生处于残缺或离异的单亲家庭之中，日常生活缺少父母的照顾，还承受着许多精神上的压力和煎熬。家庭结构的不完整导致的一个直接的后果是家庭教育功能的弱化和丧失。

第四，农民道德观念的嬗变。有许多学者对社会转型时期农民道德现状进行了实证调查研究。潘云华对江西、湖南、安徽、甘肃4省9个地区农民道德状况调查后发现，大多数农民认同当前社会倡导的社会主义核心价值的主流道德观，但在有些方面，农民的道德

---

① 费孝通：《乡土中国 生育制度》，北京大学出版社1998年版，第159页。
② 尹世洪：《社会转型期农村家庭结构的变化》，《江西社会科学》2012年第4期。

观呈现出多元化取向,并且还存在性别差异等特征。另外,农民群体中还呈现出诚信道德缺失、环保意识落后、宗族观念浓厚、道德行为与道德观念偏离等问题。① 刘建荣多次深入湖南、湖北、江西、广东、广西等农村地区,通过调查问卷了解农民家庭道德、个体道德和社会公德状况后得出,在家庭道德观念方面,主体观念、平等观念、爱情观念、民主观念、责任观念以及尊老爱幼观念和勤劳节俭观念等都居于主流;在个体道德方面,农民对社会要求个体的基本道德规范持基本认同态度,但责任心、义务感等道德意识有待加强;在社会公德方面,农村相对来说民风淳朴,人际和谐,违法和恶性事件相对发生的不是很多,传统习俗和社会舆论在社会公德方面起着较好的调节作用。另外,他还对不同地区、不同性别、不同年龄农民的道德观念进行了比较研究,发现发达地区农民的竞争意识、开放意识、风险意识和商品意识比其他地区强,而越是封闭和经济落后的地区,人们的惰性也越浓,安乐意识越重;男性的责任观念和勤劳观念不及女性强,在对生活状况的满意度上,女性对生活的预期值大大高于男性,而且女性比男性更重视婚姻的爱情基础;年长一些的农民比年轻农民更勤劳、更能艰苦奋斗、更重视面子和社会舆论,也更容易知足常乐。② 人际关系也是反映农民道德状况的重要方面。闫丽娟等分析了社会转型时期中国农村人际关系的变迁,他们认为正向的变迁表现在农村人际关系日渐平等化、开放化、流动化,而且农民直接的竞争意识增强;负向的变迁表现在农村人际

---

① 潘云华:《农民道德现状的实证分析》,《安徽农业科学》2009 年第 34 期。
② 刘建荣:《社会转型时期的农民道德现状》,《湖南师范大学社会科学学报》2007 年第 1 期。

关系功利化、自我主义化、表面化，而且干群关系日趋紧张。① 针对农民道德观念方面存在的问题，学者们也提出了一些改进的对策，包括大力发展农村经济，调整农民利益分配格局，以物质文明建设促进农民道德建设；充分发挥乡镇干部和乡村教师的道德示范和导向作用；注重农村道德教育，不断创新道德教育形式；建立和完善农村道德约束机制。②

第三节 研究方法

研究方法是一项研究是否能够取得预期目的的重要因素。一般来讲，教育研究方法可以分为研究方法论和具体的研究方法。研究方法论重点探讨的是研究者观察教育的基本角度和价值取向，它是以不同的哲学主张为基础的，不同的哲学主张代表了对世界的基本看法和观察世界的基本态度。具体的研究方法是从研究资料的收集和研究资料处理的角度来讲的，就是研究资料收集和处理的具体技术。研究者对教育现实、教育知识、自身和研究对象的关系的立场决定了其教育研究方法论的立场，也直接影响其对某一研究问题所使用的具体方法的选择。也就是说，研究中的研究方法的选择也呈现了研究者自身的认识论和方法论的立场。本研究在方法论层面主

---

① 闫丽娟等：《社会转型期中国农村人际关系的变迁》，《长白学刊》2007年第6期。
② 杨春娟：《农民道德观念变迁与道德提升路径选择》，《河北师范大学学报（哲学社会科学版）》2009年第5期。

要是以人文主义哲学为指导，具体的研究方法包括文献分析法、教育行动研究法、访谈法、观察法和教育叙事法。

一、研究方法论的思考

人文主义哲学认为人是世界的本体，强调和重视人的主体性和价值，以及人的感情和个性。人文主义哲学是西方哲学发展的一大重要流派，始于古希腊智者提出的"人是万物的尺度"和苏格拉底的"认识你自己"的命题。在中世纪，人文主义思想受到宗教神学的压制，但是文艺复兴运动的开展和科学革命时代的到来，彻底打破了宗教神学的禁锢，使得人的地位和价值重新获得重视。现代人文主义更强调关注人生的意义、生死、道德、幸福、痛苦、焦虑等人生重大问题。① 教育不仅关系到获取技能，还涉及尊重生命和人格尊严的价值观，而这是在多样化世界中实现社会和谐的必要条件。2015 年，联合国教科文组织颁布的《反思教育：向"全球共同利益"的理念转变?》也特别强调在当前社会发展多元化潮流下重申人文主义方法的重要意义和价值，"人文主义方法让教育辩论超越了经济发展中的功利主义作用，着重关注包容性和不会产生排斥及边缘化的教育。人文主义方法可以指导人们应对全球学习格局的变化，教师和其他教育工作者依然是促进学习的核心力量，以实现所有人的可持续发展"②。选择人文主义哲学作为本研究的方法论指导，是因为本研究的研究对象是活生生的人，即农村儿童，他们在我国社会转型大潮中正遭遇着来自社会、学校、家庭，以及同伴之间的各

---

① 刘宝存：《科学主义与人文主义大学理念的冲突与融合》，《学术界》2005 年第 1 期。
② 联合国教科文组织：《反思教育：向"全球共同利益"的理念转变?》，教育科学出版社 2015 年版，第 29 页。

种各样的变化，研究他们的健康成长和发展问题本身也需要研究者本人拥有人文的情感和人文的胸怀，充满对农村儿童的人文主义关怀精神。关怀农村儿童的成长和发展既是本研究的出发点，也是落脚点。整个研究过程始终是以农村儿童的健康成长和发展为中心的，凸显的是农村儿童的主体价值，以及对他们的关注和关怀。一句话，以人文主义哲学为研究方法论指导能够帮助研究者始终坚守以农村儿童健康成长和发展为根本目的的研究伦理和研究价值，在整个研究过程中充满人性关怀和人文精神，实现促进农村儿童健康成长和发展的研究目的。

二、具体研究方法的选择

（一）文献分析法

文献分析法是通过收集、整理和归纳已有的相关文献资料，掌握某个问题的已有研究成果及其研究动态，获得有价值的研究信息和资料，为将要开展的新的研究奠定基础。在本研究中文献分析法主要运用在文献综述中，主要围绕德育模式、农村德育和社会转型等三个方面，通过收集和梳理大量已有的相关文献，整理了社会转型的内涵以及中国社会转型时期农村社会变革特征，总结了"德育模式"概念的来龙去脉以及中外主要的德育模式，归纳了对农村的三种界定方式和农村儿童发展的特征。另外，文献分析法还运用于对一些概念和问题的研究中，比如对"心灵关怀""融合""德育网络"等概念和问题的分析和探讨。总之，文献分析法是研究者开展研究时收集和整理相关研究资料的方法，是任何研究都要采用的使用较为广泛的一种基本的研究方法。

（二）行动研究法

行动研究法具有深刻的理论意义，表现在研究不应该仅仅局限于追求逻辑上的真，更应该关怀道德实践的善与生活取向的美，理性必须返回生活世界才能获得源头活水，研究是为了指导人们立身处世的生活实践。[①] 正是在这个意义上，行动研究形成了其鲜明的特点，主要表现为改进实践是行动研究的价值取向、实践工作者是行动研究的研究主体、实践工作者的日常工作及生活场景是行动研究的场域。行动研究的理念与本研究的基本价值取向紧密契合，是因为德育模式本身不仅具有理论品质，还具有实践品质，其终极目标集中体现在对德育实践的改进和提升方面。本研究中采用行动研究方法开展农村德育模式研究的意义和价值不仅在于建构几种德育模式，更重要的是对德育实践关怀，即通过行动研究让农村德育模式研究真正指向德育实践的改善，尤其是能够调动德育实践工作者参与研究的意识和积极性，从而切实提升当前农村德育实践的质量和效果。

（三）访谈法

访谈法是研究者通过跟研究对象面对面的对话而获取研究资料的一种方法。一般来讲，访谈法可以分为结构性访谈、半结构性访谈和开放性访谈。结构性访谈要求研究者事先设计好具体的访谈问题，这样就可以获得所要访谈问题的具体信息；半结构性访谈则指在访谈中研究者依事先设计的访谈问题展开会话，并根据具体情境需要还对事先设计好的访谈问题之外的话题展开会话的方式；开放性访谈就是研究者事先不用设计访谈问题，而是围绕研究问题跟研究对象随意谈话而获取研究资料的方式。在很多人看来，访谈法仅

[①] 陈向明：《质的研究方法与社会科学研究》，教育科学出版社 2000 年版，第 453 页。

属于质化研究，其实不然，通过结构性访谈和半结构性访谈也可以获得量化研究的资料，而半结构性访谈和开放性访谈也是质化研究资料获取的主要方式。本研究将混合运用三种类型的访谈法，在时间宽裕的情况下，可以在日常生活中采用开放性访谈，让研究对象随意地就某个方面畅谈自己的想法、体验和感受；在研究时间不充足时，采用结构性访谈和半结构性访谈法，针对某个问题了解一些具体情况。

（四）观察法

观察法是人们认识周围世界的一种最基本的方法，也是从事科学研究的一种重要手段。观察法可分为参与观察法和非参与观察法。参与观察法是指研究者本身深入研究现场之中，跟被观察者一起生活、工作，在密切的相互接触和直接体验中倾听和观看他们的言行，从而获取研究资料的方法；非参与观察法是指研究者置身于被观察者工作和生活的世界之外，作为旁观者了解和掌握被观察者的状况和发展动态，从而获取研究资料的方法。参与观察法运用中，研究者具有双重的身份，他们既是被观察者，又是研究者，所以他们不仅需要和观察对象保持良好的关系，还必须在参加活动的过程中与观察对象保持研究必需的心理和空间距离。事实上，参与观察和非参与观察也不是截然分开的。在本研究中，这两种观察法被综合运用，在一些情境下研究者是参与观察者，在另一些情境下则会成为作为旁观者的观察者。我通过在农村中学的工作经历和所见所闻而获得和积累的前期研究资料就是作为参与观察者获得的。在本研究过程中研究者多次进入学校开展调研，参与他们的教育教学活动，深入课堂听课，与教师和学生展开深入交流，观察师生的日常生活和表现等，通过这些方式能够获取大量鲜活的第一手研究资料。

（五）教育叙事法

教育叙事法是指通过讲述在教育过程中发生的故事及自己的体验和感悟等从而发现和揭示教育故事背后隐含的教育意义的方法。教育叙事法有自己的特点，表现在四个方面：一是个体性，即每个人的处境都是不一样的，造成了不同的人对同一个事物的理解和感受也会有差别，个体性强调的即是个体自身的独特的体验和感受；二是生活性，即教育叙事主要指的是那些日常生活中的故事，具有深深的生活印记；三是感染性，即叙事本身也是个体情感表达的一种方式，个体对生命成长故事的感受、理解、感悟等构成了其情感体验状态，包括喜悦、遗憾、愤怒、悲伤、感激、怀念等，这些情感体验会伴随着故事的讲述从语气、语调、词语，以及表情动作表达出来，而且这些本身会使叙事具有情感的感染性；四是生成性，即叙事不是一种对过去发生的故事的简单再现，而是讲述者通过叙事来理解世界和自我，寻找意义和价值，这本身是一个动态生成的过程。在本研究过程中教育叙事法主要运用于教师和学生对其在教育过程中所经历的故事的讲述和反思，通过叙事来发现故事背后的教育价值和意义。运用教育叙事法能够收集到鲜活生动的研究资料，增强研究成果的可读性。

（六）个案研究法

个案研究法是指"把个人、社会机构或社会团体作为一个研究单位。对任何社会个体，无论是个人或者社会机构、社会团体，都作为一个整体看待"[①]。这就是讲，个案研究法是通过把个人、社会机构或社会团体作为研究对象来分析论证，从而得出某种研究结论的方法。在本研究中个案研究法应用的主要体现是四种农村儿童德

[①] 郝德元等编译：《教育科学研究法》，教育科学出版社1990年版，第214页。

育模式的实施案例，即把实践四种农村儿童德育模式的十二所学校或机构分别作为研究对象，对相应的农村儿童德育模式实施状况进行分析论证，从而得出农村儿童德育模式实践状况和效果的相关结论。基于遵循教育研究伦理的考虑，为了保护本研究中出现的个案的具体信息，对其实行匿名化处理，以名称中各个字的首字母代替，如陕西省为 SX 省，北街小学为 BJ 小学。个案研究法有助于对某一个人或社会机构等进行较为细致的分析论证，但研究结论的推广度和适用性受限，尽管如此我们也可以在一定程度上通过个案分析来掌握事物发展的整体状况，实现"一滴水也能折射太阳的光芒"的效果。

第四节　研究思路

本研究遵循"提出问题、分析问题、总结问题"的思考路径，分为"背景描述，模式建构，经验总结"三大部分。"背景描述"部分主要是呈现当前我国社会转型时期农村社会变革状况，提出农村儿童生存境遇的变化需要农村儿童德育模式创新；"模式建构"部分主要是分析应对社会转型和农村儿童成长境遇的变化理应采取的四种农村儿童德育模式，包括留守儿童心灵关怀德育模式、城乡儿童相互融合德育模式、三位一体的立体德育网络模式和传承农村本土文化的校本德育模式，对每种德育模式提出的具体环境进行分析，详细阐释各自的基本理念和实施策略，并介绍每种德育模式的具体实践案例；"经验总结"部分主要归纳和总结农村儿童德育模式创新中积累的经验，以及面临的诸种问题和挑战。

本研究除导论外，共有六章。在导论部分，主要阐释了本研究的缘起，对相关文献进行梳理，阐明本研究秉持的研究方法论和采取的具体研究方法，以及对本研究的研究思路进行了说明。

第一章是社会转型与农村儿童德育模式创新。本章分析了社会转型的内涵和中国社会转型时期农村社会变迁的特征，以及在我国当前社会转型背景下农村儿童德育模式创新的紧迫性；提出应对社会转型时期农村儿童生活境遇变化的四种农村儿童德育模式，并认为农村儿童德育模式创新是我国德育研究的本土化行动。

第二章是留守儿童心灵关怀德育模式。本章提出心灵关怀是农村留守儿童的现实需要，而且这属于留守儿童的隐性需要，满足留守儿童心灵关怀需要有助于其人格健全发展；提出留守儿童心灵关怀德育模式的实施策略，包括营造人文性的德育氛围是基础、教师对留守儿童的情感投入是关键、发挥心理咨询室的作用是补充、联合家庭德育力量是保障；并对两所学校实施留守儿童心灵关怀德育模式案例进行分析。

第三章是城乡儿童相互融合德育模式。本章指出流动儿童是当前城市学校的特殊群体，他们受到排斥和歧视的现象是不容忽视的，认为从学校教育角度出发让城乡儿童走向融合是流动儿童教育的理性选择；对城乡儿童相互融合德育模式的实施策略进行剖析，包括教师的有力引导、多样化的课程设置、合理的班级编排、根植于生活的实践体验；并对两所学校实施城乡儿童相互融合德育模式案例进行分析。

第四章是三位一体的立体德育网络模式。本章的德育模式是针对生活在完整家庭中的农村儿童提出的，虽然他们没有留守儿童缺失亲情和流动儿童受到排斥和歧视的遭遇，但是他们的道德成长却面临着学校德育实效低、家庭德育力量削弱和社区德育功能弱化等现实问题，优化学校、家庭和社区三方德育力量和构建三位一体的立体德育网络模式是迫切需要解决的问题；对三位一体的立体德育网络模式实施策略进行分析，包括明确学校、家庭和社区各自的地位和德育功能，建立德育机制，整合学校、家庭和农村社区的德育力量，建立完善的三位一体的立体德育网络的管理制度；并对三位一体的立体德育网络模式实施案例进行分析。

第五章是传承农村本土文化的校本德育模式。本章指出在当前我国社会转型时期农村本土文化在迅速衰微，但是农村本土文化蕴含着独特的价值，传承农村本土文化成为农村学校要承担的责任和使命；提出传承农村本土文化的校本德育模式的实施策略，包括要对农村本土文化进行选择性传承、农村教师要对农村本土文化具有高度的认同感、充分发挥国家课程和校本课程的双重作用；以 SD 省 JX 县的孝德教育和 JS 省 YT 中学的茶文化校本课程德育为例对传承农村本土文化的校本德育模式的实践成果进行分析。

第六章是农村儿童德育模式创新的经验与挑战。本章重申农村儿童德育模式创新是时代发展的现实需要，也是学校德育对时代发展中出现的新问题和新挑战应有的积极回应；指出社会转型时期农村儿童德育模式创新的经验，包括政府文件能够为农村儿童德育模式创新提供政策支持、社会各界的积极参与能够为农村儿童德育模式创新提供社会力量支持，以及德育理论工作者和德育实践工作者是农村儿童德育模式创新的主体等；与此同时，农村儿童德育模式创新还面临着农村德育在学科体系中处于边缘化地位、农村儿童德育模式创新的理论资源本土化问题、部分德育实践工作者德育模式创新动力不足，以及农村家庭德育功能和社区德育功能的弱化等现实问题与挑战。

第一章

社会转型与农村儿童德育模式创新

费孝通在《乡土中国　生育制度》中写道:"乡土社会在地方性的限制下成了生于斯、死于斯的社会。常态的生活是终老是乡。假如在一个村子里的人都是这样的话,在人和人的关系上也就发生了一种特色,每个孩子都是在人家眼中看着长大的,在孩子眼里周围的人也是从小就看惯的。这是一个'熟悉'的社会,没有陌生人的社会。"① 这是对中国传统的农业社会的真实写照。在传统农业社会里,农村就是一个非常封闭的区域,也是一个熟人社会,彼此知根知底。但是自20世纪90年代以来,伴随着中国社会改革的深入推进,工业化、城市化进程的加速,中国社会正由传统的农业社会向现代的工业社会迅速转型。在当前中国社会转型时期,城乡之间隔绝状态被打破,伴随着农村人口向城市的迅速流动,农村社会正由传统的"熟人社会"变成"陌生人社会",这种转变致使农村儿

---

① 费孝通:《乡土中国　生育制度》,北京大学出版社1998年版,第9页。

童的生活和生存境遇也发生了改变。随之,"社会转型"这个概念逐渐进入中国学术话语,并开始流行起来,学者们也开始关注和研究社会转型期的各种社会问题,对社会转型时期教育领域问题的探讨也不例外。农村社会环境的变迁致使农村儿童生存和生活的境遇发生了翻天覆地的变化,农村儿童生活和生存境遇的改变又急切需要农村德育模式的创新。法国社会学家涂尔干认为:"谈论道德教育而不具体说明它在什么条件下进行,这一定会先陷入含糊不清和不着边际的道德教育的共同性而不能自拔。我们现在要寻求的不应该是人类共同的道德教育,而应该是我国现时的道德教育。"① 因此,详细地分析和探讨在当前中国社会转型时期农村社会结构和农村儿童生存生活方面发生的变化是农村儿童德育模式创新的前提和基础。

第一节 社会转型与农村社会变迁

一、社会转型的内涵

社会转型(social transformation)的概念,是对生物学 transformation 概念的转用。在生物学中,"转型"是指生物物种间的变异。西方社会学家借用这个概念来描述和分析社会结构具有进化意义的转换和性变。在这个意义上,社会转型实质上是一种社会进化,是一种社会结构、社会形态向另一种社会结构、社会形态的转换。这

---

① 张人杰主编:《国外教育社会学基本文选》,华东师范大学出版社 1989 年版,第 389 页。

种转换是一种根本性的变革，是社会历史发展过程中的一种质的飞跃，造就了一个完全有别于传统的新的社会形态。

考察社会转型，关键是考察社会从什么形态到什么形态。而其形态转换的前提是历史阶段的界定，历史阶段不同，社会形态变化也就不同。社会转型可以分为广义的社会转型和狭义的社会转型。广义的社会转型是指人类社会从一种社会形态向另一种社会形态转换，这是一种质的变化，比如，马克思主义把人类社会划分为原始社会、奴隶社会、封建社会、资本主义社会、社会主义社会和共产主义社会，这就是广义的社会转型；狭义的社会转型是指在同一个社会形态下，社会生活的某一个或几个方面发生了较大的甚至较为剧烈的变化，但是这种变化不涉及社会形态的变化，只是一种量变，比如人们把20世纪世界发展的历程概括为"热战""冷战""冷和"三个阶段。[1] 总而言之，关于社会转型概念从广义和狭义上的区分能够帮助我们更好地认识和理解对社会转型的界定。需要指出的是，"转型"既可以作为一个动词，表示变迁的过程，是一种"正在进行时"，是一种转型中的社会，是"旧辙已破，新辙未立"，充满着新与旧、传统与现代的矛盾和冲突；"转型"也可以作为一个名词，表明与旧形态相区别的一种新的社会形态，是转型的一种"完成时态"。[2]

有学者考证，"社会转型"一词来自西方社会学的现代化理论，认为现代化的过程是由传统社会向现代社会的一种转型和发展过程。有学者概括了西方社会转型的六个方面：经济转型即工业化、社会转型即城市化、政治转型即民主化、文化转型即世俗化、组织转型

---

[1] 娄立志：《社会转型与教育代价》，中国社会科学出版社2012年版，第15页。
[2] 冯建军：《论教育转型》，《全球教育展望》2010年第9期。

即科层化和观念转型即理性化。① 如果说西方社会学最初提出"社会转型"一词的时候，正处于农业社会向工业社会的转型，那么这种转型在西方发达国家已基本完成。现代社会又经历着全球化、信息化的挑战，使传统的工业社会也正处在转型之中，尽管这一转型才刚刚启动，但其发展的趋势已经比较明朗，有学者概括为后工业社会、信息社会、知识经济社会等。由此可见，西方社会学家是从狭义上来使用社会转型这一概念的，指的是社会由传统社会向现代社会变迁的过程。

二、中国社会转型分析

中国当下语境中所说的"社会转型"有时特指"中国的社会转型"，它既不同于一般的社会转型，也不同于西方发达国家以工业化为核心的现代化的社会转型，而是中国社会发展变化的特殊阶段。这一阶段从何处开始，还存在不同的认识，大致有以下三种意见②：第一种意见认为从总体上说，当前中国社会大转型是从1840年的鸦片战争正式开始的。中国社会转型分为三个阶段：1840—1949年为第一阶段，1949—1978年为第二阶段，1978年至今为第三阶段。近代中国的社会转型，本质上就是完成从农业社会向现代工业社会的过渡或转型，也就是通常所说的现代化。第二种意见认为中国从匮乏型社会向发展型社会的转型开始于中华人民共和国成立，特别是改革开放以来，中国社会已经发生翻天覆地的变化，中国社会正在突破社会匮乏的束缚，走上以发展为主的社会变革道路。第三种意见认为当前中国的社会转型以十一届三中全会为开端，改革开放以

---

① 陆学艺主编：《社会学》，知识出版社1991年版，第375—376页。
② 范燕宁：《当前中国社会转型问题研究综述》，《哲学动态》1997年第1期。

来才开始了中国社会结构的变化。这段时间里中国社会生活已从以阶级斗争为纲转变为以经济建设为中心,从计划经济向市场经济转变,从封闭型社会转变为开放型社会。

以上这三种对中国社会转型的认识,对社会转型起始时间的认识上有较大的差异,但同时这三种认识都认为中国改革开放是社会转型的重要时间节点。我们认为,转型是一种深度的、整体的变革,虽然是在历史发展中实现转型,但它并不完全是一个时间概念,更多的是一个表示特征的概念。所以,对转型的考察,重在特征的变化。当然,转型的特征是在历史中呈现的,离不开特定的历史阶段。[①] 有学者认为,当前中国社会转型具有以下几个特点:一是高度的复杂性、艰巨性和长期性;二是高度的自觉性和计划性;三是高度的系统性和配套性;四是全方位的大开放性和赶超跳跃性。有学者认为当前中国的社会转型有三大矛盾:一是世界潮流与中国特色之间的矛盾;二是传统与现代之间的矛盾;三是调控主体之间的矛盾。[②]

此外,王绍光在《波兰尼〈大转型〉与中国的大转型》一书中指出,以经济发展为线索探讨人类社会发展的基本规律,人类社会大概要先后经历伦理经济、自由经济(市场经济)、社会市场这样三个阶段。在伦理经济阶段,经济发展跟伦理观念等紧密结合,保障每个人的基本生存和生活是前提;在自由经济阶段,也即市场经济阶段,生产要素商品化,追求利益最大化,贫富差距拉大,效益和效率优先,也就无法保障底层社会者的权益,不公平现象普遍存在。与这个阶段发展相对应的会出现反向运动,促使社会向社会市场阶

[①] 冯建军:《论教育转型》,《全球教育展望》2010年第9期。
[②] 郭德宏:《我们该怎样看待社会转型》,《北京日报》2003年2月24日。

段发展,社会市场的建立在于建设一个所有人共存、共生的社会。他还认为,中国自1949年后的历史可以分为这三个阶段:1949年至1984年是伦理经济阶段,1985年左右至1998年前后是市场经济阶段,大约从1999年以来到现在是社会市场阶段。① 这也可以看作解释中国社会转型的一种可供借鉴的思路。

关于中国社会转型的界定,学者们的看法可谓见仁见智。郭德宏在《我们该怎样看待社会转型》一文中汇总了九种观点:一是陆学艺、景天魁认为,"社会转型是指中国社会从传统社会向现代社会、从农业社会向工业社会、从封闭性社会向开放社会的社会变迁和发展";二是郑杭生、李强等认为,"社会转型是一个有特定含义的社会学术语,是指社会从传统型向现代型的转变,或者说由传统型社会向现代型社会转变的过程,在这个意义上,它和社会现代化是重合的,几乎是同义的";三是认为"社会转型是一种特定的社会发展过程,它包括三个方面:一是指社会从传统型向现代型转变的过程,二是指传统因素与现代因素此消彼长的进化过程,三是指一种整体性的社会发展过程";四是认为"社会转型包括广义和狭义两个概念,广义的社会转型是指人类社会从一种社会形态向另一种社会形态转变,这是一种质的变化,而狭义的社会转型是指在同一个社会形态下,社会生活的某一个或几个方面发生了较大甚至较为剧烈的变化,但是这种变化不涉及社会形态的变化,只是一种量变";五是认为"社会转型是一种整体性发展,即包括经济增长在内的人民生活、科技教育、社会保障、医疗保险、社会秩序等方面的社会全面发展";六是认为"社会转型是一种特殊的结构性变动,既意味

---

① 王绍光:《波兰尼〈大转型〉与中国的大转型》,生活·读书·新知三联书店2012年版,第94—95页。

着经济结构的转换,也意味着其他社会结构层面的转换,因此是一种全面的结构性过渡";七是认为"应把社会转型提升到哲学层面来思考,即认为社会转型是代表着历史发展趋势的实践主体自觉地推进社会变革的历史创造性活动";八是认为"从广义文化学的角度看,社会转型就是文化转型,即指社会生活的各个领域、各个层面的整体性变革";九是认为"社会转型意味着经济市场化、政治民主化、文化多样化,社会由此成为一个万象的图景"。①

以上这些关于社会转型的界定是从不同视角给出的不同解释,为我们正确把握中国社会转型概念提供了有益的启示和借鉴。那么,中国社会转型指的是什么?一方面,跟西方学者最初把转型引用到社会学研究时一样,中国社会转型也是一个由传统到现代、由农业社会向工业社会、由封闭社会向开放社会转化的现代化过程;另一方面,在全球化背景下,作为后发外生型国家,中国的社会转型还深受西方发达国家的干扰和第三次新科技革命浪潮的影响,转型还蕴含着后现代化的因素,是现代化和后现代化的二重性交织、并存,增加了中国的社会转型的不平衡性,也带来一些不可避免的矛盾和冲突。

本研究中的"社会转型"特指自20世纪90年代以来,伴随着中国社会工业化、城市化和现代化的迅速推进,以及大量的农村剩余劳动力向城市的快速转移,社会整体上发生的由传统农业社会向现代工业社会的转变,由此引起的农村社会在社会结构、价值观念、生活方式等层面发生变迁的特殊状态。

三、社会转型时期的农村社会变迁

我们探讨中国社会转型问题的时候必须基于中国的国情。那么,

---

① 郭德宏:《我们该怎样看待社会转型》,《北京日报》2003年2月24日。

中国的国情是什么呢？在《失衡的中国——城市化的过去、现在与未来》一书中，作者认为，"二元社会结构才是中国国情的根本特征和要害"①。所谓的城乡二元社会结构就是指我国在1949年以后通过一系列分割城乡、歧视农民的制度安排而人为构建的城乡隔离的社会结构。这一概念最早是农业部原政策研究中心农村工业化城市化课题组于1988年提出并详细论述的，它很好地概括了我国1949年后很长时期内的社会状态。②"二元社会结构的内涵由14种具体制度构成，即户籍制度、住宅制度、粮食供给制度、副食品供给制度、生产资料供给制度、教育制度、医疗制度、养老保险制度、劳动保障制度、婚姻制度，等等。由此，中国被切成泾渭分明的两大板块，构成发展中国家特有的中国式社会状态。"③ 在城乡二元社会结构下，国家各种制度设计都呈现出城市取向，忽视的是农村和农村人的利益，而且城市和乡村被人为地割裂开来，形成了城市人和农村人两种不同身份和地位的公民，限制着相互之间的流动，特别是限制农民向城市的流动，深刻地影响着这两类群体的社会文化心理。有学者指出："中华人民共和国成立后到改革开放以前，中国农民问题的核心是被歧视的问题，很多表层的具体化问题由此衍生。"④ 自20世纪90年代以来，随着我国市场经济制度的逐步确立，建立统一市场的需求越来越突出，刚性的城乡之间的分割局面才逐渐取得改善，最为显著的变化是农村剩余劳动力向城市的迅速转移，以及城

---

① 郭书田等：《失衡的中国——城市化的过去、现在与未来》，河北人民出版社1990年版，第6页。
② 农业部原政策研究中心农村工业化城市化课题组：《二元社会结构：城乡关系、工业化、城市化》，《经济研究参考资料》1988年第9期。
③ 郭书田等：《失衡的中国——城市化的过去、现在与未来》，河北人民出版社1990年版，第7—8页。
④ 穆光宗：《历史的走向和农民的走向》，《方法》1988年第1期。

市文化向农村的快速传播等。中国由传统农业社会向现代工业社会的转型正是在这种具体国情的基础上进行的，必然会带有自身的独特性，具体地表现在农村社会发生的各种变迁方面。

一方面，农村人口向城市迅速流动。从历史角度来审视，农民向城市的流动在不同历史时期表现出的特征不同。20世纪80年代，随着人民公社制度的废除，家庭联产承包责任制在农村普遍推行，农民的生产积极性提高，农产品产量大幅度提高，农村出现大量的剩余劳动力。80年代前期，敢于走出农村的是农村中有手艺的能工巧匠和敢于冒险的农村青年劳动力；80年代后期，乡镇企业的异军突起，吸纳了大量"离土不离乡"的农村剩余劳动力。进入90年代，邓小平的南方谈话又掀起了经济发展热潮，城市对廉价劳动力的强烈需求，使大量农村剩余劳动力"离土又离乡"，进入城市务工。现在，农民跨省、跨地区流动，在外务工已经成为普遍现象，促进了生产要素的重新组合和劳动生产率的提高，给城乡分割的二元社会结构带来了巨大冲击。与之相对应，在国家政策主导下，改革开放以来农民流动经历了三个阶段：第一个阶段是指1984年至1993年的允许流动阶段；第二个阶段是1994年至1999年的限制性流动阶段；第三个阶段是2000年至今的流动的开放阶段。毫无疑问，中国农民流动规模不断扩大的趋势是明确的：从改革开放之初的几百万，到1984年的约2000万，又到1995年的8000万，再到目前的1.5亿多人。我国现阶段的国情决定今后流动人口还会继续增长。[①] 国家统计局发布的《2019年农民工监测调查报告》显示，2019年农民工规模继续扩大，省内流动继续增加。2019年农民工总量达到29077万人，比上年增加241万人，增长0.8%。其中，本地

---

① 杨聪敏：《改革开放以来农民工流动规模考察》，《探索》2009年第4期。

农民工 11652 万人，比上年增加 82 万人，增长 0.7%；外出农民工 17425 万人，比上年增加 159 万人，增长 0.9%。在外出农民工中，年末在城镇居住的进城农民工 13500 万人，与上年基本持平。在外出农民工中，在省内就业的农民工 9917 万人，比上年增加 245 万人，增长 2.5%；跨省流动农民工 7508 万人，比上年减少 86 万人，下降 1.1%。省内就业农民工占外出农民工的 56.9%，所占比重比上年提高 0.9 个百分点。分地区看，除东北地区省内就业农民工占外出农民工的比重比上年下降 3.4 个百分点以外，东部、中部和西部地区省内就业农民工占比分别比上年提高 0.1、1.4 和 1.2 个百分点。① 应城市工业发展的需要，大量农民向城市的流动打破了城乡之间相互隔绝的状态，促进了城乡之间的交融。但是需要清楚的是，农民进入城市务工，但并非城市市民，人们把这个群体称为"农民工"，用它来指户籍身份还是农民，有承包土地，但主要从事非农产业、以工资收入为主要来源的人员。他们是在我国社会转型时期的具体国情下产生的特殊群体。很明显，"农民工"是带有强烈讽刺意味的称谓，是对进城务工农民的歧视性称谓。

而且，农民向城市的流动导致农村出现大量的空巢村和特殊的留守群体。"空巢村"，或者称为"空心村""空壳村"，是指在我国农村，大量农村青壮年劳动力永久性或暂时性地向城市迁徙，许多村庄常住人口出现锐减，而留在农村的大部分是老幼妇孺。② 中国在城市化进程中出现的"空巢村"是农村衰落的标志，那些荒无人烟的村落、大片荒芜的土地，以及空荡荡的房屋等都在无声地诉说着

---

① 《2019 年农民工监测调查报告》，http://www.stats.gov.cn/xxgk/sjfb/zxfb2020/202004/t20200430_1767704.html。

② 彭迈：《"空巢村"的隐忧与治理》，《南阳师范学院学报》2008 年第 1 期。

乡村的凋零和没落。据已有资料显示，不仅在落后和偏远的农村地区存在大量的"空巢村"，而且在一些相对发展较好的农村地区也有"空巢村"现象。"空巢村"也带来了"留守综合征"，在青壮年劳动力外出打工的同时，妇女、儿童、老人，以及身体、智力残疾的人则留在了村子，被戏称为"386199部队"。在2010年前，据统计，我国留守妇女有4700万，留守老人有1793.9万，①再加上5800万的留守儿童，②农村留守族的总数已经突破了1亿人。在社会学视域里，这些群体都属于社会弱势群体，国家应给予他们特殊的关怀、爱护和照顾。由于留守村庄的是妇女、儿童和老人，他们的生命财产安全也难以保障，面临着诸多的风险。近些年来，关于留守老人、留守妇女以及留守儿童问题的研究报道已有很多，特别是2015年贵州毕节农村留守儿童四兄妹服毒自杀事件引起极大的社会反响。2016年2月国务院颁发了《关于加强农村留守儿童关爱保护工作的意见》，是从国家层面对农村留守儿童问题进行综合治理的里程碑事件。总之，这些特殊社会群体的生存和发展面临着诸多的困境，更加让我们清楚中国城市化和农民外出务工后农村所要付出和承受的巨大代价。

另一方面，农村传统文化迅速式微。中国是家庭伦理本位的社会，这是梁漱溟对传统中国社会的定位。他认为："伦理关系，始于家庭，而不止于家庭"③ "社会的家庭化或曰伦理化，乃使社会中每一个人对于其四面八方若远若近的伦理关系，负有若轻若重的义务，同时其四面八方与其有伦理关系的人也对他负有义务。在生活上，

---

① 周福林：《我国留守老人状况研究》，《西北人口》2006年第1期。
② 《全国5800万农村留守儿童 谁来点亮他们的童年》，http://www.jyb.cn/basc/sd/200907/t20090710_289884.html，2010年5月1日。
③ 梁漱溟：《乡村建设理论》，上海人民出版社2005年版，第25页。

时则彼此顾恤,互相保障;时则彼此礼让,力求相安;许多问题皆从这里得到解决或消弭,无从有革命爆发。"① 在传统农村社会,来自家庭或家族的道德义务的约束力对个人行为选择的影响力是巨大的,那是维系人与人之间关系的重要前提和基础。然而随着改革开放政策的深入贯彻和实施,以及市场经济模式的确立,农村里人与人之间的关系逐渐摆脱了传统伦理道德责任的束缚,而在走向理性化,主要体现是人与人之间的关系建立在利益基础之上了。这正如有学者所指出的:"在今天的中国农村,家族的力量已基本上消失了,特别是以族规家法为代表的宗族制度早已不再存在。而儒家孝悌思想在现代传媒和市场经济的冲击下,也不大有道德约束力。在这种情况下,构成附着在传统中国血缘关系上的道德义务越来越弱,以至于与西方社会相差不多了。"② 正因为如此,现在的农村里会发生许多离奇古怪的事情,比如媳妇打骂婆婆致伤致残的事情、亲兄弟之间为争夺利益而相互谩骂以致打架的事情等,传统的伦理道德约束基本荡然无存。与此同时,离婚、婚外情等却由农村社会的新鲜事逐渐成为常见的事情。在传统的农村社会里农民的婚姻观念比较保守,离婚和婚外情是一种让人感到耻辱的事情。但是随着城乡之间交流的增多、农民外出机会增多,以及接触现代城市崇尚个性自由观念等的影响,农民的离婚率陡然上升,农村中还滋生出了诸多"婚外情""第三者"等隐性婚变现象。农民婚姻价值观念的嬗变直接影响着农村儿童完整的家庭生活的获得,以及他们身心的健康成长和发展。

总而言之,伴随着中国社会的迅速转型,农村社会已经在社会

---

① 梁漱溟:《乡村建设理论》,上海人民出版社2005年版,第31页。
② 贺雪峰:《新乡土中国》,广西师范大学出版社2003年版,第34页。

结构、价值观念、生活方式等方面发生着巨大的变化，致使农村儿童生存和生活的境遇发生了翻天覆地的变迁。

第二节　德育模式与农村儿童德育模式创新

从上面的分析中我们已经清楚，伴随着我国社会由传统农业社会向现代工业社会的迅速转型，农村社会和农民生活发生变迁，农村儿童生存和生活的境遇也发生了翻天覆地的变化，他们的精神成长面临着新的问题和挑战。社会亟须创新农村儿童德育模式以对此做出积极的回应。

一、德育模式及其构成

德育模式研究发轫于西方。"德育模式"作为一个学术术语首先出现在20世纪80年代哈什和米勒合著的《道德教育模式》一书。在这本书中，他们介绍了20世纪60年代以来西方最具代表性的六种德育模式，包括理论基础构建模式、体谅德育模式、价值澄清模式、价值分析模式、道德认知发展模式、社会行动模式，并认为德育模式是一种考虑教育机构中关心、判断和行动过程的方式。每种模式都包括关于人们如何发展道德的理论观点以及促进道德发展的一些原则和方法。所以，模式能帮助我们理解和实践道德教育。国内学者黄向阳在对哈什等人的论述进行理解的基础上认为德育模式，实际上是在德育实施过程中道德理论与德育理论、德育内容、德育手段、德育方法、德育途径的某种组合方式，因而为我们观察、理解和思考德育提供了种种综合方式。由此可见,德育模式的构成要素基本上包含两个方面的内容:一方面是相关的道德和德育理论,包括对人性、道德、德育的基本观念和看法;另一方面是与之对应的具体的德育操作体系,包括德育原则、方法、手段、途径等。这也就是说,德育模式不仅具有理论品质,还具有实践品质,是德育理论和德育实践的综合体。

任何德育模式都是建立在一定德育理论基础之上的,德育理论构成了德育模式的前提和基础。德育理论之所以重要在于其保证了德育模式的可靠性和有效性,只有依靠坚实的理论,德育模式才能为人们所普遍接受和认可,才能在德育实践领域得到广泛的运用。这里的德育理论除一般的道德和德育理论外,道德心理学、道德社会学、教育学等学科理论都可以成为德育模式的基础理论。此外方法和策略是德育模式的核心要素,表现为一系列的操作体系,目的在于解决"怎么做"的问题,是使德育模式实践化的重要环节,而且基于方法和策略的操作程序是德育模式不可或缺的组成部分。总之,任何德育模式都要包含相关德育理论和德育操作体系这两大基本构成要素。

需要指出的是,任何德育模式的提出都具有其独特的意义和价值。从社会层面来讲,每种德育模式的产生都是基于社会历史发展的需要而提出的,是积极回应社会发展过程中出现的问题而产生的。从历史的角度审视每种德育模式都可以找到其存在的历史意义和依据。比如20世纪70年代,英国学校德育专家麦克菲尔带领他的研究团队倡导的体谅模式,是为应对当时英国随着经济迅速发展和人们的物质生活水平的提高而出现的人的精神世界滑落的现实情况而提出的;20世纪60至70年代,拉思斯等人提出的价值澄清模式,是为应对当时美国社会工业化和信息化发展，以及移民社会等多种因素出现的价值多元化冲击而导致人们的价值混乱的局面；20 世纪 90 年代，我国德育界提出的生活德育模式是对长期盛行于学校教育领域的知性德育弊端凸显和批判的积极回应，倡导德育要服务生活、回归生活和引导生活，其变革意义是颠覆性的。所以每种德育模式的提出都有其深刻的社会历史背景和基础，是人们为应对社会历史发展过程中出现的某些问题而提出的。反过来讲，理解任何德育模式都不能脱离它们产生的历史背景和环境，否则就会对德育模式产生误解或误读。

从个体层面来讲，每种德育模式都具有其特殊的教育目标，也就是说每种德育模式都希望在某些方面促进个体的道德成长和发展。比如，麦克菲尔等人提出的体谅德育模式的目的在于培养学生体谅和关心的品质；拉思斯等人提出的价值澄清德育模式的目的在于通过"三阶段七步骤"的价值澄清过程帮助学生澄清所选择的价值；科尔伯格提出的道德认知发展模式的目的在于通过两难故事的讨论，促进学生的道德判断和道德推理能力的发展等。而且德育模式的教育目标不仅反映了道德教育的价值预设，也决定了德育模式的德育内容的选择。也就是说，每种德育模式的教育目标不同，它们的德育内容也是不同的。需要清楚的是，德育模式的目标和内容具有内在的一致性，共同决定着德育模式的方向，并对德育模式的实施过程产生重要影响。总之，每种德育模式的提出都具有社会的和个体的双重的意义和价值。

二、创新农村儿童德育模式的紧迫性

创新德育模式就是指基于社会发展的现实而提出新的德育模式。

在上面的分析中我们已经明确，任何德育模式的产生都是历史发展的产物，具有社会的和个体的双重的意义和价值。当前，中国处于社会转型时期，农村人口向城市大规模地流动，农村儿童群体严重分化，城市文化元素迅速向农村蔓延等致使农村社会结构和农村儿童生活境遇已经发生了翻天覆地的变化，学校教育中已有的德育理念和德育模式已经不能适应当前社会发展的形势和农村儿童健康成长和发展的现实需要。所以，为了积极应对时代发展的变化和农村儿童健康成长的需要，创新农村儿童德育模式迫在眉睫。

（一）农村儿童群体的分化需要农村儿童德育模式创新

通过前面的分析我们已经清楚，在当前我国由传统农业社会向现代工业社会的转型时期，为了满足城市工业经济发展对人力资源的需求，大量的农村人口流动到了城市，主要分布在建筑、环卫等底层行业中。据国家统计局发布的《2019年农民工监测调查报告》显示，2019年农民工规模继续扩大，农民工总量达到29077万人，比上年增加241万人，增长0.8%。[①]"农民"表明的是他们的社会身份，"工"则表明他们的职业，"农民工"就是"农民"这种身份与"工"这种职业的一种独特的结合，反映的是一种极为矛盾的现实。农民工生活和工作在城市里，却处于城市的边缘，也不是真正的城市市民。我国学者孙立平教授认为："所谓社会弱势群体的'弱势'至少有三层含义：第一，他们的现实生活是处在一种很不利的状况之中。弱势群体不能完全跟贫困人口概念画等号，但至少是高度重叠的。第二，他们在市场竞争中所处的弱势地位。第三，在社

---

① 《2019年农民工监测调查报告》，http://www.stats.gov.cn/xxgk/sjfb/zxfb2020/202004/t20200430_1767704.html。

会和政治层面,他们也往往处于弱势地位。"① 毫无疑问,农民工就属于社会弱势群体。需要注意的是,随着农民工这一特殊社会群体的产生,农村儿童也分化为不同的群体,包括留守儿童群体、流动儿童群体和生活在完整家庭中的农村儿童群体,他们各自有着不同的生存境遇,他们的道德发展也面临着不同的困境。

农民工在城市生活中的尴尬处境决定了他们的子女很难获得在城市接受教育的合法权利,对于大部分农民工来讲,他们只好把子女留在农村生活和学习,这些孩子就是留守儿童。当然,有少数经济条件稍好的农民工才能够把子女带入城市生活和学习,这些孩子被称为流动儿童。留守儿童和流动儿童都是当前中国社会转型时期农民工问题的衍生物,是从农村儿童群体中分化出来的两个特殊的农村儿童群体。据 2013 年全国妇联最新统计,目前中国 18 岁以下的农村留守儿童有 6102.55 万,占农村儿童的 37.7%,农村流动儿童达 2877 万。2016 年 2 月,国务院发布《国务院关于加强农村留守儿童关爱保护工作的意见》,重新定义留守儿童,认为"留守儿童是指父母双方外出务工或一方外出务工另一方无监护能力、不满十六周岁的未成年人"。按照这个界定,公安部、教育部、民政部等联合摸底排查后认为,留守儿童的数量是 902 万。② 据民政部统计,截至 2018 年 8 月底,全国共有农村留守儿童 697 万,与 2016 年首次农村留守儿童摸底排查的数据 902 万相比,下降 22.7%。③ 教育部发布的

---

① 孙立平:《断裂:20 世纪 90 年代以来的中国社会》,社会科学文献出版社 2003 年版,第 68 页。
② 《国务院重新定义留守儿童 数量降为 902 万》,http://china.caixin.com/2016-11-10/101005941.html。
③ 周韵曦:《完善家庭政策,为"留守娃"编织关爱网》,《中国妇女报》2019 年 3 月 28 日第 4 版。

2019年全国教育事业发展统计公报显示,义务教育阶段在校生中进城务工人员随迁子女有1426.96万人。其中在小学就读1042.03万人,在初中就读384.93万人。[①] 由于父母双方或一方外出务工,农村留守儿童普遍亲情缺失,完整的家庭生活破碎化,他们的心理和情感方面的需求通常得不到满足,心灵成长严重受阻,致使留守儿童容易出现孤独、寂寞、对生活和前途信心不足等消极心理,甚至有些农村留守儿童会走向自杀和犯罪的道路。对于农村流动儿童来讲,虽然他们能够跟父母进城学习和生活,享有亲情和温暖,但是在中国以城市为主导的城乡二元社会结构体制下,城市和农村是两个不同的世界,城市人和农村人的价值观念、生活方式等存在着很大差异,农村流动儿童在城市里面临着被排斥和歧视等困境。另外,还有一部分农村儿童跟父母生活在完整的家庭之中,但由于农村父母文化水平普遍较低和教育观念普遍较为落后,以及农村社区德育意识较为薄弱等方面的限制,他们的道德成长也面临着诸多问题和挑战。

总之,在当前社会转型时期农村儿童已经分化为三类不同境遇的群体,他们的道德成长面临着各自不同的问题和困境。正是在这个意义上,关注农村留守儿童的生活境况和给予他们心灵关怀,帮助农村流动儿童跟城市儿童相互融合和理解,以及关怀生活在完整家庭的农村儿童的道德成长都急需农村儿童德育模式创新。

(二)农村文化的衰落需要农村儿童德育模式创新

正如前面所讲到的,从一定程度上来讲,在当前中国社会转型

---

① 《教育部发布2019年全国教育事业发展统计公报 全国各级各类教育事业取得新进展》,http://www.moe.gov.cn/jyb_xwfb/s5147/202005/t20200521_457227.html。

时期，随着人口大规模的流动和电子媒介技术的广泛普及，城市文化迅速地向农村蔓延，致使农村文化在逐步地走向衰落。一方面，对于走出农村的人来讲，越来越熟悉甚至适应城市生活，他们正在淡忘甚至遗忘农村传统文化。随着越来越多的农村人口进入城市，他们渐渐熟悉、认同并接受了城市的现代生活方式及其背后的价值观念，同时渐渐地淡忘或遗忘了他们在农村社会里赖以生存的传统文化观念。另一方面，对于留守在农村的人来讲，电子媒介等对城市文化的渲染，冲击着他们坚守农村传统文化的自信。随着电子媒介技术的迅速发展，电视和网络等在农村迅速地普及，但是电视和网络的内容主要展现和弥漫的是城市生活和城市人的价值观念，这跟农村现实的生活相去甚远，留给农村人的是对城市生活无限的遐想和丰富的想象。在一定程度上，这导致农村儿童已经对自己赖以生存和生活的农村自然、生态、礼仪、风俗等渐渐陌生。总之，在强大的城市文化的冲击和洗刷之下，农村文化几乎处于衰落和解体的困境之中，这也必然导致农村儿童对农村传统文化认同的危机。农村传统文化不仅是农村儿童的"精神家园"，还是他们的生活"场域"，以及他们获取一切"经验"的来源。但是，在城市化迅速发展和农村传统文化走向衰落的境遇下，农村儿童本来理应引以为豪的农村文化的自信心在降低甚至虚无化，这也导致他们精神的荒漠化，极大地影响了他们的成长。从根本上来说，乡土性是中国社会的本色，在乡土性基础上孕育而生的农村本土文化是中国文化的底色，传承和弘扬农村本土文化是保持中国文化本色的重要内容。正是在这个意义上，引领农村儿童传承和发扬农村文化，帮助农村儿童重新树立对农村本土文化的热情和信心也急需农村德育模式的创新。

（三）农村家庭德育力量的削弱需要农村儿童德育模式创新

父母是孩子的第一任教师，家庭是孩子社会化的第一个场所，孩子的健康成长离不开父母的教导。然而在当前社会转型背景下农村家庭德育功能却在弱化，直接影响到农村儿童道德的成长和发展。一方面，大量的农民外出务工后，由于时空限制和经济条件的限制，他们没有充足的时间跟孩子过完整的家庭生活，也不能和孩子进行经常性的沟通和交流，给予孩子亲情和关爱，也就无法正常履行父母教育孩子的责任和义务，直接造成家庭在子女教育中的缺席和缺位。另一方面，农民婚姻价值观念发生了较大的变化，农民离婚率在攀升，部分农村儿童完整的家庭生活面临肢解和破碎。与此同时农村里"婚外情""第三者"等现象也在逐步增加，使得农村儿童家庭生活的不稳定性剧增。费孝通在《乡土中国　生育制度》中指出，"婚姻是社会为孩子们确定父母的手段"，"婚姻之外的两性关系之所以受限制还是因为要维持和保证对儿女的长期的抚育作用，有必要防止发生破坏婚姻关系稳定性的因素"。[①] 在父母婚姻发生变化的情况下，父母不能给予孩子应有的照顾和关爱，也无法给孩子发挥道德榜样的作用。总之，当前部分农村儿童父母婚姻生活的解体和破碎直接导致农村家庭德育力量的削弱和父母道德榜样作用的丧失。在这种情况下，充分发挥家庭之外的德育力量和构建有助于促进农村儿童成长的德育网络需要农村德育模式创新。

德育模式创新意味着提出崭新的德育模式，每种新的德育模式也都是应对社会发展过程中出现的某种新问题的产物。一般来讲，德育模式创新的主体是德育理论工作者和德育实践工作者，他们长期从事德育研究和实践，能够敏锐地把握社会历史发展变化对德育

---

① 费孝通：《乡土中国　生育制度》，北京大学出版社1998年版，第125页。

研究和实践创新的要求。在当前中国社会转型时期农村社会和农村儿童的生活境遇已经发生了巨大变化。一方面，社会生活中出现的新问题和新挑战需要学校德育积极应对，并从教育层面提出解决的策略；另一方面，农村儿童的健康成长和发展有赖于学校德育方面的积极革新，真正以农村儿童为本而创新农村德育模式。

第三节　农村儿童德育模式创新是德育研究本土化行动

"本土化"是时下教育研究中的热门词，仔细阅读文献资料后我们会发现，大家对它的理解呈现出多样性，归纳起来主要存在以下这样几种认识。第一种观点认为，"本土化"是一个复杂的、流变的概念，它与国家、民族和地方性的概念联系在一起，相应地本土化就等同于中国化、华人化和地方特色化。① 第二种观点认为，"本土化"和"本土生长"是两个不同的概念。所谓"本土化"实际上是一个由外向内的文化殖民过程，是一个主动吸收西方文化的过程，与其说它是非西方文化的复兴，倒不如说西方文化真正开始了对非西方文化的浸淫。而本土生长才是发源于本土社会内部的文化自我演进过程。② 第三种观点认为，本土化包括两个层面，一是元理论或元话语层面的本土化，它是一套形而上的理论体系，其中的概念以及概念体系都是在本土研究中生成的；二是借助他国的元理论或元

---

① 石艳：《教育社会学本土化研究的反思》，《外国教育研究》2006 年第 7 期。
② 项贤明：《教育：全球化、本土化与本土生长》，《北京师范大学学报（人文社会科学版）》2001 年第 2 期。

话语，结合本国的教育实践生成的新的理论体系。前一个层面属于元理论层面的本土化，后一个层面属于中层理论的本土化。由于中国教育理论发展深受西方的影响，构建中层理论是中国教育理论本土化的可能选择和路径。① 第四种观点解释了学术研究中本土化的两种理路。第一种是基于实证主义的理路，认为社会研究的本土化是面对中国本土的特殊问题，运用本土的经验材料，提炼出不同于西方的研究方法，形成具有本土特色的学理架构，从而揭示中国真正、客观的社会结构和意义系统，这主要是由偏重方法论的英美学派发展而来的思路。第二种是欧陆学派注重本体论的人本主义道路，认为学术本土化首先是寻找和确立知识主体性的问题，它要求研究者不是盲目地信从已有的知识体系和理论架构，而是以知识社会学的态度分析和洞察所有知识背后潜藏的意识形态。② 可见，学者们对本土化的阐释是仁者见仁，智者见智。本土化是本研究的研究视角，强调必须从我国的国情和教育实际出发，追寻本土的教育现状，反思本土的教育困境，解决本土的教育问题，从而构建本土的教育理论体系和框架。具体地讲，就是要从当前社会转型时期我国农村社会现实状况出发，反思当前农村德育的困境，构建致力于农村社会发展和农村儿童成长的德育理论思想和体系。正如有学者急声呼吁的那样，"本土化的最根本之处是生成中国自己的思想，近代以来，'生成中国自己的思想'一直是最大的课题，它决定着中国向何处去的大问题"③。

从历史演变过程来看，"中国近代教育学科各科目的发展，其起

---

① 马多秀：《构建中层理论：教育理论研究本土化的可能路径》，《教育理论与实践》2010年第9期。
② 许纪霖：《许纪霖自选集》，广西师范大学出版社1999年版，第380—381页。
③ 毕世响：《德育的本土化思考》，《现代教育论丛》2000年第6期。

点都是从国外引进的，连最'中国'式的学科'中国教育史'在20世纪的第一本著作，也是译自日本学者撰写的《中国教育史》"①。德育学作为教育学的一门分支学科，也难逃"舶来品"的称谓。而且在道德教育实践中我们也常常运用的是皮亚杰、科尔伯格、杜威、涂尔干等西方学者的德育思想，用它们来解释我们的道德教育现象和问题。20世纪90年代以来，随着自身学术觉悟的提高和学术责任感的增强，中国教育学者才逐渐开始从中国本土德育现象和问题出发，来进行具有本土化特色的德育理论创造。比如，朱小蔓教授在对我国德育实践中忽视学生的情感发育现实状况进行分析的基础上，提出了情感德育思想；高德胜教授在对德育注重道德知识传授，而与学生的生活实际相脱节进行批判的基础上提出了生活德育思想；檀传宝教授在对德育功利主义化批驳的基础上提出了德育美学思想，等等。② 这些基于本土的教育问题提出的德育思想对我国德育实践的改善和提高确实发挥了重要价值，如今它们已经成为当前我国中小学德育课程标准编写的重要思想理论来源和基石。总而言之，德育研究本土化意味着德育研究者要从中国的德育现实和处境出发，研究中国的德育问题，构建中国的德育理论思想体系，致力促进中国社会的发展和教育生活的改善，以及农村儿童的健康成长和发展。正是在这个意义上，我们认为创新农村德育模式就是德育研究本土化行动，是从当前中国社会发展存在的问题出发的，旨在促进社会问题的解决和农村儿童的健康成长和发展。当我们从本土化的视角来探讨农村德育模式创新时，还需要解决研究动力、研究视域和实现路径的问题。

---

① 叶澜：《中国教育学发展世纪问题的审视》，《教育研究》2004第7期。
② 具体参见：朱小蔓《情感德育论》，人民教育出版社；高德胜《生活德育论》，人民出版社；檀传宝《德育美学观》，山西教育出版社。

一、抱有本土情怀是农村儿童德育模式创新的研究动力

从事任何研究都要涉及研究动力问题，这意味着研究者是否能够潜心、持续地专注于所从事的研究工作。动力与动机又密切相关，不同的动机决定了不同动力的来源。按照心理学上把动机分为内在动机和外在动机的分法，研究动力也可以被分为内在动力和外在动力两大类。前者是指由于研究者自身对某一事物的热爱、兴趣、信念，从而自觉、自愿地执着于某项研究工作，这种动力是由内而外生长出来的；后者是指由于外在的制度、规则等的要求和规约，迫使研究者为了适应环境和求得生存等而不得不从事某项研究工作，这种动力是从外部强加上去的。在现实中，当研究者从事某种研究活动时，这两种研究动力可能会同时具有和存在，只是孰多孰少的问题，而且由于研究者的处境是处于不断发展变化的过程中的，这两种动力可能也会相互转化。尽管如此，我们可以肯定地讲，只有出于研究者自身的信念、兴趣，从内而外生长出的内在的研究动力才能够支撑他们坚定而执着地从事某项研究工作，从而获得比较瞩目的研究成果。

如果从本土化的视角来审视的话，研究者的本土情怀应该属于其内在动力，他们对自己的国家、民族或家乡的热爱往往会成为其研究本土问题的内在动力的源泉。当代伟大的文学家路遥在其短暂的生命历程中创作出了举世瞩目的文学作品《平凡的世界》《人生》等，而支持他持续创作的动力便来自他对自己所生活过的黄土地的热爱，他说"我是农民的儿子，对中国农村的状况和农民的命运的关切尤为深切。不用说，这是一种带着强烈感情色彩的关注"[1]，正

---

[1] 路遥：《路遥文集》第 2 卷，陕西人民出版社 1993 年版，第 376 页。

是这份对黄土地的感情支撑激励着他在非常艰苦的环境下完成了巨作。被誉为"人民教育家"的陶行知，他"捧着一颗心来，不带半根草去"，为中国教育发展，特别是乡村教育发展而鞠躬尽瘁、死而后已的精神，是和他强烈的乡村意识和责任感分不开的，正如他说的，"我们从事乡村教育的同志，要把我们整个的心献给我们三万万四千万的农民。我们要向着农民'烧心香'。我们心里要充满甘苦。我们要常常念着农民的痛苦，常常念着他们所想得到的幸福，我们必须有一个'农民甘苦化的心'才配为农民服务，才配担负乡村生活的新使命"①。也正是因为这份对农民疾苦的体谅和同情，陶行知决然地放弃了高校教授的工作，深入农村建学校，实践他的生活教育思想和提升农民的文化素养，推动农村教育改革和发展。可见，农村本土情怀是支撑一个人持续从事有关农村工作的动力之源，而且一个人一旦有了这份内在动力，也会在研究和工作中取得辉煌成就。

在农村儿童德育模式创新中同样需要这种农村本土情怀，这种情怀可能是对农村发展状况的关切，对农民生存境遇的担忧，以及对农村儿童成长的关注等。当这份情怀成为研究者心头挥之不去的情愫，以至成为一种社会责任感和使命感的时候，自然会转变为他们潜心于农村德育模式创新的内在动力。相反，如果研究者缺少对农村、农民和农村儿童的关切、关注和关爱的话，他们也就无法从内心深处焕发出农村德育模式创新的热情和力量。正如陶行知指出的："要想完成乡村教育的使命，属于什么计划方法都是次要的，那超过一切的条件是同志们肯不肯把整个心献给乡村人民和儿童。真

---

① 方明：《陶行知教育名篇》，教育科学出版社2005年版，第73页。

教育是心心相印的活动。唯独从心里发出来的，才能打到心的深处。"① 所以说，本土情怀是研究者创新农村儿童德育模式的前提和基础，也是农村儿童德育模式创新的不竭动力。

二、关注本土问题是农村儿童德育模式创新的研究视域

当前，教育研究中普遍严重缺失本土问题意识。本土问题意识的缺失，一方面是教育理论与实践长期疏离所致；另一方面是由于当前的功利主义思想严重充斥到教育学界后，对于一些教育研究者来说，从事教育研究成了他们谋求生存和发展的工具，而教育研究者所应当承担的改善教育实践的社会责任早已被他们抛诸脑后。② 任何研究都指向问题的解决，学术研究本土化要致力于本土问题的解决，本土问题是学术研究本土化的视域和切入点。正是在这层意义上，如果研究问题属于其他国家问题或异域问题，则与本土化无关，更不在我们本土化研究视域之内。当我们从本土化视角来分析和探讨农村德育模式创新时，强调的必定是本土问题的研究视域。

从本土化视域研究德育模式创新要求研究者把目光投向当前中国农村社会发展的历史进程中，探讨和分析农村德育的社会背景、农村儿童的生存环境和发展状况，尤其是要关注农村文化层面的变迁，以及农民的价值观的变革状况，从而揭示出农村德育所面临的问题和挑战，并通过分析和论证，提出切实可行的农村德育模式创新的方案和措施，致力于问题的改善和解决。研究者只有真切地关注农村社会现实和农村儿童真实的生存处境，才意味着他们坚持了

---

① 陶行知：《陶行知全集》（第 2 卷），四川教育出版社 2005 年版，第 363 页。
② 马多秀：《构建中层理论：教育理论研究本土化的可能路径》，《教育理论与实践》2010 年第 9 期。

本土化研究的学术立场，而且也只有这样，研究者才能够真正从本土教育实际出发，提出具有现实性和针对性的有助于农村儿童成长和发展的德育模式。那么，仔细审视当前农村儿童的生存和生活处境，农村儿童德育模式创新必须关注哪些本土问题呢？

第一，农村留守儿童的心灵关怀缺失问题。在前面的论述中我们已经讲到，农村留守儿童是当前我国社会转型时期出现的特殊群体，是父母双方或一方外出务工后而留守在农村生活的儿童，这个群体存在的最大问题是亲情关怀不足而导致的心灵关怀缺失问题。我在实地调研中深切地感受到，留守儿童长期跟父母分离，致使他们亲情严重缺失，容易出现孤独、寂寞、灰心等心理问题。2015年6月，媒体报道的贵州毕节留守的4兄妹服毒自杀的事件，是留守儿童在长期的心灵关怀缺失状态下的极端表现。与之相对，还有部分留守儿童在得不到父母的亲情关怀和照顾的情况下会走向违法犯罪的道路，对他人的生命和财产带来危害。除了这些极端表现外，绝大多数留守儿童的心灵关怀缺失问题只是表现为日常的孤独、寂寞、情绪低落等，但长期如此，对他们的身心健康成长和发展也极为不利。当然，有研究发现农村留守儿童本身是一个分化的群体，由于家庭和个体的差异性，心灵关怀缺失问题在留守儿童身上的表现也是有差别的。但是，这不能作为我们忽视留守儿童心灵关怀缺失问题的理由。事实上，每个留守儿童个体都是一个个真实的存在，都有其生命的价值和意义，满足他们心灵关怀的需要，激发和唤醒他们内在的积极性和能动性，让他们勇敢地面对留守生活，生成战胜困难的勇气和信心，关怀每个留守儿童个体都是学校教育的责任。

第二，农村流动儿童在城市受歧视和排斥问题。流动儿童是指跟随进城务工的父母生活在城市的农村儿童。由于中国长期以来的城乡二元社会结构的深刻影响，流动儿童在城市生活中往往会受到歧视和排斥，生活在城市的边缘。正如有学者指出的："城乡是两个不同的生活世界，城市人和乡下人处于两种不同的生存境遇中，意味着两种不同的身份和地位。"[①] 长期以来城乡之间在政治、经济等方面的不平衡发展，致使城市人往往会有优越感，农村人却有深深的自卑感。当农村人进入城市之后，他们不仅享受不到市民待遇，还要受到城市人的歧视和排斥，这也会反映在城乡儿童之间在学校的相处之中，那就是城市儿童对农村流动儿童的歧视和排斥。客观地讲，城市儿童对农村流动儿童的歧视和排斥不仅是对农村流动儿童的心灵伤害，同时也不利于城市儿童自身的健康成长。因此，如何促进农村流动儿童和城市儿童在城市学校的正常交往，使他们之间相互融合，消除和化解城乡儿童之间的歧视和排斥，构建城乡儿童之间相互理解和平等的关系，促进城乡儿童共同健康成长是需要面对和解决的现实问题。

第三，生活在完整家庭中的农村儿童家庭德育力量薄弱和社区德育意识淡薄的问题。在前面的分析中我们已经讲到，当前农村儿童已经分化为三个群体，即留守儿童、流动儿童和生活在完整家庭中的农村儿童。跟父母一起生活在完整家庭的农村儿童既没有留守儿童亲情缺失的苦恼，也没有流动儿童被歧视和排斥的尴尬，但是他们的道德成长却面临着家庭德育力量的削弱和农村社区德育意识的淡薄的现实困境。客观地讲，农民的文化程度普遍较低，教育观念落后，在很大程度上限制着他们对子女实施适当的道德教育，同时伴随着城市化的发展，一些农民盲目接受了城市文化中的消费主

---

① 余秀兰：《中国教育的城乡差异——一种文化再生产现象的分析》，教育科学出版社2004年版，第33页。

义、享乐主义等消极思想，甚至出现了农民"离婚""婚外情"等现象，这直接削弱了农村家庭德育力量。另外，很多农村地区的社区组织建设不仅不够健全，绝大多数只设立村委会，而且村委会基本上都是以村务为主，根本无暇顾及农村儿童的教育问题，缺乏对农村儿童履行德育的责任感和意识。通常来讲，教育包括家庭教育、社区教育和学校教育，它们共同对未成年人的成长发挥教育引导作用。其中，学校作为专门的教育机构，在三者之中要发挥主导作用，联合家庭和社区共同致力于学生的健康成长教育。正是在这个意义上，学校如何在农村儿童家庭德育力量薄弱和社区德育意识淡薄的情况下充分发挥其主导作用，建立学校、家庭和社区三者之间相互协调和相互支持的良好关系，同心协力地促进农村儿童健康成长是亟须解决的问题。

第四，农村本土文化的衰落和传承问题。费孝通指出，传统的农村社会是以建立在血缘关系之上的差序格局呈现的，依据血缘关系的亲疏，各自对他人承担着不同的伦理责任和义务，对个人行为的选择具有强大的影响力，也在维护着农村社会的稳定和发展。梁漱溟也认为，传统中国社会是家庭伦理本位社会，而且"伦理关系，始于家庭，而不止于家庭"[1]，来自家庭或家族的道德义务的约束力对个人行为的选择的影响力是深刻和巨大的，那是维系人与人之间关系的前提和基础。但是，随着中国现代化的发展，城乡之间的隔阂被戳破，越来越多的农民进入城市，城市文化和现代文明随之入侵农村，理性逐渐代替伦理责任和义务成为越来越多的农村人行为的准则，人与人之间的关系也建立在利益基础之上了。在这种境况下，农村儿童已经对他们赖以生存和生活的农村自然、生态、礼仪、

---

[1] 梁漱溟：《乡村建设理论》，上海人民出版社2005年版，第25页。

风俗和文化渐渐陌生,更为重要的是在强大的城市文化的冲击和洗刷之下,他们理应引以为豪的农村文化的自信心也在降低甚至虚无化。有学者曾指出,"城市里边许许多多有所成就的、对社会乃至人类发展做出贡献的那些人,他们宝贵的品质,比如刻苦、专一、忠诚、谦逊等,绝大部分都来源于农村文明的滋养,真正的城市文明恐怕不能很好地养成那些品质"[1]。正因为如此,培养农村儿童对农村文化的自信,以及传承农村本土文化就成为当前农村学校德育应当肩负的重要使命。

总而言之,在当前中国社会转型时期,农村社会发生着翻天覆地的变化,农村儿童正面临和遭遇前所未有的新情况和新问题。关注本土问题是农村德育模式创新的研究视域,离开了对中国当前农村社会现实和农村儿童道德成长面临的困境的考察和分析,创新农村儿童德育模式就会成为无本之木和无源之水。

三、躬身本土实践是农村儿童德育模式创新的实现路径

实践是思想的源泉,脱离实践而生搬硬套打造出来的思想往往会缺乏生命活力,也无益于实践的改善。然而教育理论研究与教育实践脱离问题仍然是我们教育研究中存在的"诟病"之一,导致诸多的研究成果既不能对教育实践发挥应有的指导价值,还会造成学术资源的浪费。美国著名教育家欧内斯特·博耶在《关于美国教育改革的演讲》中就指出:"在教育理论工作者与实际工作者之间存在着严重的分裂现象。在表面的分裂现象背后,隐藏着两部分人之间深深的怀疑和某种程度的冲突与对抗……我们未能在中小学与大学

---

[1] 石中英:《略论农村文明与农村教育》,选自黄平主编《乡村中国与文化自觉》,生活·读书·新知三联书店2010年版,第289页。

之间建立一种相互尊重和信任的关系——就像医学、商务和法律界的人们所做的那样。在医学、商务和法律界,'实际工作者'并不是一个贬义词。……我相信,正是这种理论、实践、研究和专业发展之间的相互作用,使得大多数医学专业工作者保持着活力;正是这种相互作用的缺乏,导致了教育界的严重贫血。"① 事实上,纵观历史,在中西教育史上著名的教育家在思考和研究教育问题时,从来都不会脱离实践,而是躬身教育实践,积极关注教育实践发展和儿童的成长。他们的教育思想正是他们在教育实践中的心灵体验和理性思维的结晶。比如,杜威通过在芝加哥学校的教育实验,验证并完善了他的民主主义教育思想,完成了《民主主义与教育》;陶行知作为杜威的学生,并没有把杜威的思想直接移植到中国来用,而是在自己深入地参与当时中国教育变革中提出了生活教育思想;法国自然主义教育的倡导者卢梭,虽然没有受过正规教育,但他广博的学识和从事家庭教师的丰富阅历使他对教育问题有深刻的思考和认识,在此基础上完成了《爱弥儿》;当代中国儿童教育家李吉林在二十世纪七八十年代,她在对当时小学语文教学中存在的封闭、呆板、低效的现状进行反思的基础上提出了情境教学理念,通过创设情境使小学语文教学跟儿童的生活实际相结合,提升了语文学习的趣味性,在坚持了三十多年的持续研究的基础上,她实现了由情境教学到情境教育再到情境课程的跨越,使情境教育理论和实践更加完善,情境教育也已经走向国际舞台,成为真正具有中国本土特色的教育理论。② 这些教育思想之所以能够随着历史的长河一直传承,其中的

---

① [美]欧内斯特·博耶:《关于美国教育改革的演讲》,涂艳国等译,教育科学出版社2002年版,第39页。
② 马多秀:《学校情感教育论》,人民出版社2019年版,第187—191页。

一个重要原因是它们都是来自教育实践,是在对教育实践思考的基础上提出和完善的,也正因为如此,它们会永远闪烁着熠熠生辉的生命活力。

从本土化的视角来审视农村儿童德育模式创新,研究者深入本土的教育实践之中也自然成为其内在的要求。事实上,德育模式本身不仅具有理论品性,还具有实践品性,是沟通教育理论和教育实践的桥梁。正如有学者指出的:"德育模式研究是一个独立的知识领域或知识形态,它既区别于教育理论,又区别于教育实践,同时又把两者结合在一起,形成具有过渡性质的知识形态,它是德育理论研究和实践研究都不能替代的独立的研究形态。"① 哈什的《道德教育模式》一书介绍了国外比较流行的六种德育模式,不同的教育流派以其独特的学术观点自成一家,不仅非常重视德育理论体系的建立,还非常关注德育实践并致力于德育实践的改善。比如,体谅模式的代表人物麦克菲尔于1964年至1971年对英国中学13岁至18岁的男女学生进行了3次大规模的调查的基础上,不仅提出了满足学生与人友好相处的需要是教育的首要职责、道德教育重在引导学生学会关心、角色尝试有助于青少年敏感而成熟的人际意识和社会行为的发展等道德教育思想,还编写了《生命线》道德教材,使道德教育真正变成清晰可见的行动纲领。因此,在农村德育模式创新中,一方面,理论研究者和教育实践者之间要积极地建立相互尊重、彼此平等、相互信赖的协作关系;另一方面,研究者还一定要扎根于教育实践,深入基层学校,跟一线教师和农村儿童交流、沟通,在开展充分的调查研究的基础上,对社会转型时期农村德育状况做出

---

① 班华、薛晓阳:《学校道德生活教育模式的探寻与思考》,江苏大学出版社 2010年版,第104—105页。

理性的分析和判断，提出和构建有助于农村儿童健康成长和发展的德育模式。相反如果脱离了对当前社会现实和教育实践的深入考察，闭门造车式地提出的任何德育模式都将是毫无任何价值和意义的，甚至还会对儿童的成长和发展带来危害。总之，深入实践和观照实践是德育模式研究的应有价值取向，也是农村德育模式创新的实现路径。

以上是对当前社会转型时期农村儿童德育模式创新是德育研究本土化问题的理解和分析，能够为我们开展农村德育模式创新提供思想上的指导。事实上，为了积极回应时代发展的变化和需要，以及促进农村儿童的健康成长和发展，德育理论工作者和德育实践工作者进行了积极探索，已经初步形成了以下四种颇具特色的农村儿童德育模式。

一是农村留守儿童心灵关怀德育模式。[①] 该德育模式把给予留守儿童情感慰藉，唤醒他们生命深处的精神力量，使得他们积极面对留守生活，生成对未来生活的勇气和信心，以及顺利度过留守生活作为留守儿童德育的核心目标。该模式认为，在德育过程中教师要对留守儿童做出积极的情感反应，营造温馨和谐的学校德育氛围，以及积极联合农村家庭和社区德育力量。二是城乡儿童相互融合德育模式。该德育模式认为消除和排解城市儿童对农村儿童的歧视和排斥是农村流动儿童在城市学校良好适应的前提和基础，树立城乡理解的教育理念有助于城乡儿童共同健康地成长和发展。城乡儿童相互融合德育模式的实施需要从提升教师的教育素养、设计科学的课程、采用合理的班级组织等方面做出相应的努力。三是学校、家

---

① 马多秀、朱小蔓：《留守儿童心灵关怀研究：学校教育视角》，《中国教育学刊》2012年第7期。

庭、社区三位一体的立体德育网络模式。该德育模式主要针对的是生活在完整家庭中的农村儿童,力图把农村儿童周围的各种德育力量集中起来,形成合力,共同促进农村儿童道德的健康成长和发展。由于学校是专门的教育机构,教师具有专业化的教育知识,所以学校在农村儿童德育网络构建过程中处于主导地位。学校在德育网络构建中要充分发挥主导作用,积极调动和协调各方德育力量,发挥协同效应以共同提升学校德育实效。四是传承农村本土文化的校本德育模式。该德育模式认为农村本土文化是中国文化的底色,也是农村儿童健康成长和发展的养料,但是在城市化进程中却出现衰微,因此传承和发扬农村本土文化是农村学校德育的时代使命。传承和发扬本土文化不仅有助于培养农村儿童的文化自觉和文化自信,而且还有助于提升农村儿童的道德品质。对农村本土文化的传承和发扬可以渗透到学校课堂教学过程之中、师生日常的学校生活之中,还可以编写体现农村本土文化精神和特色的校本德育读本,让农村儿童热爱本土文化,并传承和发扬本土文化。曾子的故乡山东省嘉祥县中小学校开展的孝德教育是继承和发展孝文化传统的校本德育模式的典型范例。在实施孝德教育过程中,各个中小学校在校园环境的布置、课堂教学、课外活动等环节渗透孝文化,不仅有力地促进了孝文化的传承和发扬,还帮助农村儿童培养了尊敬和爱戴长辈的意识和能力。总之,这四种新的农村儿童德育模式是积极应对当前中国社会转型时期出现的社会矛盾和问题而提出来的,都具有社会的和个体的双重意义和价值。

第二章

留守儿童心灵关怀德育模式

第二章
留守儿童心灵关怀德育模式

留守儿童是当前社会转型时期伴随大规模的农民进城务工而产生的特殊社会群体。由于父母无力把子女带入城市生活和学习,只好把他们留在农村生活和学习。留守儿童父母外出务工是出于经济理性的选择,养家糊口是他们的第一要务,因此物质贫困是留守儿童的现实困境。但是,留守儿童除了需要物质层面的关怀之外,他们更需要心理、精神、心灵层面的关怀。留守儿童长期跟父母分离,致使他们亲情严重缺失,容易出现孤独、寂寞、灰心等心理问题。心灵关怀是留守儿童健康成长和发展的基本需要,留守儿童心灵关怀德育模式旨在满足留守儿童心灵关怀的需要,促进他们健康成长和发展。

第一节　心灵关怀是留守儿童的现实需要

好久没人牵我的手，好久没人摸我的头，冰凉的小手发烫的额头，生病是最想你们的时候。爸爸妈妈，我会很听话；爸爸妈妈，不要累着啦。墙壁上涂满你们的画，枕头下留着我换的牙，委屈的时候总对着猫咪说话，屋后面的桃树又开了几多花。啊，妈妈，我梦见你回了家；啊，爸爸，我梦见你胡子扎。爸爸妈妈，我说话算话；爸爸妈妈，我的成绩不会落下。

我有一个美丽的布娃娃，她和我一样都是一个人在家。因为我没有见过她的爸爸妈妈，也没有见过她给他们打电话。布娃娃，布娃娃，你想不想你的爸爸和妈妈，天黑的时候你会不会孤单害怕，要不我就陪你说说话。我好想爸爸和妈妈，想他们陪我说说话，但他们一年才回一次家。布娃娃，布娃娃，你要是害怕，就让我给你当妈妈，我会一直陪你到长大。布娃娃，布娃娃，你要是孤单，就让我给你当妈妈，我会给你一个温暖的家。

这是流传于网络的两首关于留守儿童的歌曲，是许多留守儿童生活境况的真实写照。从歌词中我们能够深切地感受到留守儿童内心的孤单、寂寞，他们对亲情的呼唤，以及对温暖的家的期待和渴望。留守生活成为留守儿童日常生活的重要组成部分，而且留守生活导致他们正常生活的破碎化，使他们难以享有完整的家庭温暖，长期处于心灵关怀缺失的状态。

一、家庭生活破碎化是留守儿童的现实遭遇

福禄培尔说:"家庭生活在儿童成长的每一个时期,乃至在人的整个一生中,都是无可比拟的重要的。"① 在家庭里,父母为孩子撑起的是一片蓝天,父母是孩子成长的保护伞,是孩子健康成长和发展的引路人。"人们常说:'父亲是山,母亲是水!'山庇护着孩子,水滋润着孩子。那是父母还活着,父母在身边。如果父母走了,没有了山的庇护,孩子就要面对一切危难;没有了水的滋润,孩子就要遭遇成长的艰险。"② 对于留守儿童来讲,父母双方或一方外出务工意味着他们成长的保护伞缺失,意味着他们家庭生活的完整性的破坏,支离破碎的家庭生活必然会对他们的生存和发展带来许多不利的影响。离开父母的庇护和亲情的滋润总之都是一种痛苦的经历和体验,痛是他们日常生活中的一种深切的感受。《留守的恐惧》《痛着成长》《自己陪自己长大》向我们深刻描述了留守儿童面对父母不在身边的日子时内心的孤单和恐惧。

她恐惧什么呢/少女在整个故乡已无亲人/家人都被城市借钱一样接走/留下的爷爷奶奶能被风吹倒晚年/只能靠自己/她害怕什么呢/她害怕影子那么黑/跟着她缠她/她把影子踢都踢不走/当影子瘦成一条蛇/她有被咬一口的危险——《留守的恐惧》③

---

① [德]福禄培尔:《人的教育》,孙祖复译,人民教育出版社1964年版,第317页。
② 聂茂、厉雷、李华军:《伤村》,人民日报出版社2008年版,第35页。
③ 柳冬妩:《儿童视域里的后乡土世界——以张绍民诗歌创作为例》,《文艺争鸣》2008年第12期。

成长的痛/喂养着村里孩子/远在异乡的母亲/听见了故乡哭泣/听见了故乡喊叫/那哭泣和喊叫的作者/非她女儿莫属/女儿独自一人活在村子/晚上要上厕所/只能憋着/小小心灵害怕上厕所/没有母亲在身边/深夜里就没有光明照耀她/女孩子的悄悄话/有的只能向母亲说/现在有的话/只能烂在心里/泪水不能流出来/才叫作痛/才叫作哭——《痛着成长》[1]

村庄力气好大/几乎把所有年轻父母/都扔到千里之外/变成工厂/变成流汗的机器/留下孩子/长成孤独模样/不少童年/自己陪自己聊天/自己陪自己睡觉，做梦/一个孩子要把自己变成两个人……/成长才有伙伴才有亲情/一个人哭一个人笑/要把一句话变成一千里长/才能在电话里摸到父母耳朵——《自己陪自己长大》[2]

父母是留守儿童的庇护伞，留守儿童渴望享有亲情和父母的温暖，他们把对父母的思念全都融入"对父母最想说的话"中：

爸爸妈妈，我想你们！你们在外面肯定很辛苦，一定要注意身体。我会好好学习，不辜负你们对我的期望。

爸爸，我想你，非常想你。希望你中秋节的时候能够回家来，一起过。

爸爸妈妈，你们在哪？别人都说我是没爸没妈的孩子，我心里头很难受。你们快回来吧。我想见到你们。

爸爸，我知道你干建筑活是非常累的，你可要休息好。我

---

[1] 柳冬妩：《村里的童年越来越少》，《读书》2009年第5期。
[2] 柳冬妩：《村里的童年越来越少》，《读书》2009年第5期。

和妈妈妹妹都想你。我和妹妹都会努力学习的，不辜负你的希望，请你放心。

希望爸爸妈妈多回家来看看，我想他们。

希望爸爸妈妈在外边照顾好身体，希望他们平安。多回家来看看。

爸爸，你开车的时候一定要小心，注意安全。我想你！

爸爸，你什么时候可以把我带到你身边，这样就能够天天看到你。我想你，爸爸。

我希望所有的孩子都能够得到全世界母亲的爱。希望父母能够常回家来看看孩子。

我希望爸爸在工作中顺利，过年过节时多回家。我想你，爸爸。[1]

从字里行间我们可以深切地感受到留守儿童对完整的家庭生活以及父母亲情的渴望和期盼。然而，他们又不得不去面对破碎的家庭生活的现实状况，只能在心底默默地发出他们对父母回归自己身边的呐喊和呼唤。

二、留守儿童心灵关怀缺失呼唤学校德育的介入

对于诸多留守儿童来说，他们所遭遇到的留守生活是他们生命发展历程中的重大事件。客观地讲，留守儿童父母外出务工主要是出于经济理性的选择，养家糊口是他们的第一要务。家庭经济上的贫困，导致留守儿童存在物质匮乏问题，这是外显的，也是容易被

---

[1] 马多秀：《留守儿童和流动儿童生活方式的质性研究》，《江苏教育研究》2009年第10A期。

人觉察到的。但是和物质上的贫困相对应的是他们还存在心灵关怀方面的匮乏,父母不在身边,亲情缺失,生活上的孤单、无助等是他们要面对的活生生的生活现实。研究发现,"留守孩子因缺少父母关爱,极容易出现性格缺陷,如变得忧郁、不自信、没有安全感等,从而在很大程度上影响到他们的日常行为和价值判断"①。的确,心灵关怀缺失是诸多留守儿童的普遍表现,更为重要的是,他们对留守生活的感受、体验和理解等直接关系到他们对生活的态度、价值的取向、行为的选择等。事实上,正是留守儿童心灵关怀缺失,导致他们的行为会出现偏差,表现为两种层面:一是极端表现,包括自杀、犯罪等;二是日常表现,包括厌学、辍学、逃学等。

近年来,媒体报道了多起留守儿童自杀事件。2014年1月20日,安徽省望江县9岁留守儿童小林(化名)在放寒假当天晚上上吊自杀。就在这一天,他听到了母亲今年又不能回家过年的消息。这一天,离2014年春节仅仅有11天。小林在刚出生20多天时就成了留守儿童:父亲一直在外打工,母亲带着他回到外公外婆和舅舅家居住。两年前,小林父母离异后,母亲也出去打工,并且父母都已经分别组建新的家庭,父亲甚至又有了一个孩子。小林在父母离异时被判给母亲抚养,由于母亲重新组建了家庭,他便跟外公外婆一起生活。小林就读的华阳镇中心学校杨校长说,小林在学校比大多数孩子要听话得多,"他也知道,自己爸妈离婚了,又都有新家了,没人护着他。其他留守儿童的爸妈都会常常打电话给孩子,也会跟老师联系,所以孩子能感受到亲情。但是小林都没有"②。2010

---

① 阮梅:《世纪之痛——中国农村留守儿童调查》,人民文学出版社2008年版,第37页。
② 《9岁留守儿童自缢续:父亲拒绝为其守灵》,http://news.sina.com.cn/s/2014-01-25/105629342711.shtml,2014年6月13日。

年7月2日，陕西省扶风县杏林镇5名小学六年级学生相约到一古庙前喝农药自杀，幸亏被路过村民发现，送往医院。2名学生经抢救后脱离危险，其他3人经检查无恙后回家。其中，5名小学生中有4名是留守儿童。① 从这些案例中，我们能够强烈地感受到这些留守儿童对自己生命的漠然，而导致他们走向自杀的直接原因在于父母外出打工，他们跟父母之间心灵上的沟通和交流匮乏，难以从父母那里获得心灵上的理解和支持，体验不到生活的乐趣和希望。社会学家迪尔凯姆在《自杀论》一书中认为："任何由死者自己所采取的积极的或消极的行动直接或间接地引起的死亡都叫作自杀。"② 而且，"通俗地讲，自杀首先是一个再也活不下去的人在绝望时所采取的行动"③。自杀是一种行为，它是死者本人选择的结束自己生命的行动。而人为什么要选择自杀呢？原因在于人对生活的绝望。留守儿童父母双方或一方的离开，使得他们原有的完整的家庭生活被肢解，留守儿童本应该享有的父爱或母爱缺失，亲情需要得不到满足，他们的精神和情感世界倒塌；而且随着城市化进程的迅速推进，城乡文化之间的冲突越来越显性化，留守儿童受到多重文化的冲击，部分留守儿童的情感世界和精神世界归属感更容易出现危机，而在危机不能得到及时化解时则容易导致他们走向自杀。确切地讲，留守儿童的自杀行为也是留守儿童对生活"绝望"时的一种行为选择，而在绝望背后是他们的精神世界的脆弱和虚空。

---

① 《陕西扶风5名小学生相约喝药自杀 多为留守儿童》，《华商报》2010年7月5日。
② [法]埃米尔·迪尔凯姆：《自杀论》，冯韵文译，商务印书馆1996年版，第8页。
③ [法]埃米尔·迪尔凯姆：《自杀论》，冯韵文译，商务印书馆1996年版，第9页。

2004年公安部的调查显示了两个"大多数":全国未成年人受侵害及自身犯罪的案例大多数在农村,其中大多数又是留守儿童。至此,留守儿童犯罪问题才引起了全社会的广泛关注。犯罪是以身试法,是对国家法律的公然对抗,也会得到法律的相应制裁。那么,这些留守儿童为什么会走上犯罪道路呢?犯罪学家李斯特指出,犯罪"无论哪种情况,从最轻微的到最残忍的,都不外乎是犯罪者的生理状态,其所处的自然条件和其出生、生活或工作于其中的社会环境三种因素相互作用的结果"①。因此,我们可以从生理状态、家庭环境、学校环境、社会环境等方面来对留守儿童的犯罪现象进行分析。从家庭环境方面来讲,在很大程度上,父母外出务工无力把子女带到城市生活的留守儿童家庭经济条件都相对比较差。这些留守儿童常年跟爷爷奶奶一起生活或在亲戚朋友的照顾下生活,缺少父母的亲情和关爱;祖辈跟孙辈之间由于年龄差距,在心理沟通上存在障碍,也由于大多数祖辈对孙辈存在溺爱心理,他们难以履行家庭教育的责任;受亲戚照顾的留守儿童也往往由于亲戚忙于自身事务而不能够给予他们足够的关心和爱护。因此从总体上来讲,犯罪留守儿童的家庭教育方面是极度缺失和缺位的。从学校环境方面来讲,犯罪留守儿童在学校里的表现往往比较差,学习成绩差,行为习惯差,因此这些留守儿童在学校教育体制里是很难体验到成功感和成就感的。从社会环境方面来讲,当前中国正处于社会转型时期,传统元素、现代元素和后现代元素交织混杂在一起,旧的价值体系基本瓦解,而新的价值体系还没有完全建立起来,容易导致人们自身价值选择的混乱、错位,甚至陷入价值相对主义的泥沼,也

---

① 骆裴娅:《"留守儿童"犯罪问题研究》,《重庆工学院学报(社会科学版)》2009年第8期。

难以有助于留守儿童健康价值观的形成和树立。而且，电子媒介技术的迅速发展，信息传播的渠道和速度加快，尤其是影视、网络等电子媒介所渲染的色情、暴力等情节，更给留守儿童产生犯罪念头留下了丰富的想象空间。从犯罪留守儿童自身来讲，他们走向犯罪道路正是他们的思想观念、价值观念扭曲和变态的体现，他们基本没有形成正确的善、恶观念，没有形成对生命的尊重意识。在根本的意义上，农村留守儿童犯罪是留守儿童自身的精神价值世界虚空和无意义的体现，他们对生活和生命意义的迷失是其走向犯罪道路的根本原因。

在现实生活中，留守儿童群体中还存在着普遍的厌学、逃学、辍学现象。2014年我在陕西省凤翔县柳林镇中学调研中了解到，全校每年都会流失十几名学生，而且辍学学生基本上是留守儿童，他们辍学后要么跟父母外出打工，要么变成社会小混混，不务正业，整天闲逛。有学者对重庆市开县×村的调研发现，"对于×村留守儿童而言，除了极少数继续读书和参军以外，他们的未来主要有四个走向：在家务农、外出打工、色情服务和灰色混混"，"根据××镇中学黎老师介绍，在他所教的几届学生中，×村就已有近80名女生出去打工，除了少部分是正常职业以外，其余的几乎都是在不正规场所就业。潜台词很明白，那就是从事色情服务。2006年5月就有3个外出打工的妇女从广东赶回来，把正读初二的女儿带到发廊里打工去了，另一个女生马上就要参加中考，家长说做事来钱快，读书还要交钱，反正也考不上大学，结果硬是不让孩子参加毕业考试就带走了"。① 绝大部分留守儿童正处在义务教育阶段，《义务教育法》

---

① 赵建：《西部农村"留守儿童"厌学现状成因分析与对策探讨》，《青年探索》2009年第3期。

中明确规定，义务教育是由父母、学校和社会为每个适龄儿童保障实施的教育，因此家庭、学校和社会都对留守儿童辍学现象的发生负有难以推脱的法律责任。在这里我们暂且不对家庭、学校和社会对义务教育阶段的留守儿童流失现象应承担的法律责任做具体分析，而是想从留守儿童自身的角度来分析他们为什么会厌学、逃学和辍学。假如他们生活在一个完整的家庭里，享有完整的家庭生活，以及父母的细心监管、关爱和呵护，当他们有厌学的情绪、逃学的举动和辍学的倾向时，父母能够给予及时的询问和教导的话，他们显然就不会辍学；假如学校教师能够一视同仁地对待每个学生，能够让每个学生在学校里获得成功的体验，特别是能够考虑到留守儿童父母不在身边的情况，给予留守儿童一些特别的关照和爱护，让他们能够感受到教师给予的情感和心理上的慰藉和温暖的话，他们显然也不会辍学。正因为如此，我们认为导致义务教育阶段留守儿童流失的主要原因在于他们心灵关怀的缺失，也就是说他们感受不到来自父母和教师给予的关爱和支持，这才是促使他们厌学、逃学和辍学的真正原因。综上所述，心灵关怀缺失是当前留守儿童面临的现实问题，给予他们心灵关怀，激发和唤醒他们内在的生命力量，帮助他们顺利度过留守生活是学校德育要肩负的重要责任。

第二节 留守儿童心灵关怀德育模式的理念解析

"实践证明,对弱势儿童群体而言,心灵的抚慰和关怀、精神扶贫比物质扶贫更重要,更有现实价值。帮助他们建立积极的精神状态,确立自信、自立、自强的信念,激发和培养他们自尊自强,树立他们远大的人生理想,使其有动力、有能力实现自我发展,效果要比单纯的物质资助强得多。"① 心灵本身是一种内在的、精神性的现象,是摸不着的,也是看不见的,但是却实实在在地存在,并构成个体存在的重要组成部分。给予留守儿童心灵关怀就是要让他们的精神世界充满阳光和希望,获得精神愉悦和生活的乐趣、勇气和信心。

一、心灵关怀的内涵及其特征

总体上讲,人是由身体与心灵两部分构成的,身体是可以触摸到的一种物质状态,心灵则是不能触摸到的,但是确实存在的一种物质状态,它是"潜能,是精神,也是一种物质,一种看不见的潜在物质,一种虚空的客观存在"②。心灵是与身体的、肉身的、物质的相对应的一种精神层面的存在物,它也是人之为人之所在。总而言之,心灵是超越于自然生命的灵性之气,是人的生命根基,它来源于生命,与生命交相感应,互为影响,是一个人的内在的精神世

---

① 涂艳国主编:《中国儿童教育30年:1978—2008》,湖南师范大学出版社2008年版,第135页。
② 马建勋:《心灵哲学》,作家出版社2003年版,第18页。

界，也是一个人存在的根本所在。

关怀是每个人所需要的，被关怀是每个人的愿望。在人际交往和互动中，从一定程度上来讲，关怀也是对个体存在价值的关注和承认。那么，何谓关怀呢？关怀是一种情感表达，也是人类的一种基本情感，它更是人类与生俱来的情感能力，是人与人之间的心灵上的共鸣，是一种情感交换能力。在人与人的相处和交往中，关怀是维持良好的人际关系的基本要素。关怀通常是一种"投注或全身心投入"的状态，"即在精神上有某种责任感，对某事或某人抱有担心和牵挂感"，关怀意味着对某事或某人负责，保护其利益、促进其发展。① 而且，"关怀他人，最有意义的，就是助他成长和自我实现"②。因此，助人成长是关怀的根本价值所在。

俄罗斯在社会转型之后，整个社会经济结构、文化形态、价值观念、生活方式等方面发生了重大的变化，由于经济的不稳定，社会贫富差距加大，人口素质下降，儿童吸毒、犯罪比率上升，处境不利于儿童数量的增长。2004年，俄罗斯联邦教育部制定的《处境不利儿童精神、道德、智慧发展规划纲要》中指出，"号召全国上下关怀社会孤儿、流浪儿童、吸毒儿童、特困儿童的健康成长"，要求"全社会工作者贯彻道德关怀的理念，给予处境不利儿童心灵上的关怀，使他们能拥有一个幸福的童年"。③ 俄罗斯伦理学家恰尔科夫在谈到对俄罗斯处境不利儿童的心灵关怀时认为："心灵关怀就是要求关怀者将意识指向意义，用情感去体验，以思维去反思心灵活动，

---

① 侯晶晶：《关怀德育论》，人民教育出版社2005年版，第65页。
② Mayeroff, M, On caring. New York: Harper Perennial, A Division of Harper Collins Publishers, 1990, p. 1.
③ 乌云特娜：《俄罗斯社会转型时期处境不利儿童道德关怀理念的分析》，《中国特殊教育》2008年第1期。

护卫心灵，安抚心灵，提升心灵境界，进而让被关怀者感受到生命的意义价值，从而建构认识主体，纯化自己的心灵。"① 可见，心灵关怀的目标在于唤醒和激发处境不利儿童的心灵，调动他们的"自觉能动性"，在其生活环境中创造出新的生命个体，"帮助他成长并实现自我"。②

实际上，心灵关怀必须诉诸情感媒介，作为关怀者的成人要对处境不利儿童的具体的生活境遇付诸积极的情感投入和反应，能够设身处地去体验他们的生存境遇，如果缺乏关怀者自身的情感投入和反应的话，一切关怀都会变成死板的、感情贫乏的、无效的关怀。教师对留守儿童的心灵关怀就是教师在对留守儿童的留守生活处境关注的基础上，对他们投注积极的情感反应，使他们感受到情感的慰藉，唤醒他们的心灵，激发他们自身心灵的"自觉能动性"，形成健康的积极心态，自信、自强，从而积极面对和顺利度过留守生活，获得健康成长和发展。也就是说，对留守儿童心灵关怀的目的在于教师要唤醒和激发他们内在的主动性和积极性，充分发挥关怀的助人性价值，帮助留守儿童健康成长并获得自我实现。

由于留守儿童教育本身的特殊性，教师对留守儿童的心灵关怀呈现出以下六种基本特征。第一，从关怀的方向上来讲，教师对留守儿童的心灵关怀更多地呈现出单向性和不对称性。一般来讲，关怀性关系是双向性的，双方都向对方施以关怀，关怀性关系才能够建立、维持和发展。但是，由于留守儿童是未成年群体，他们本身需要来自成人的照顾，而关怀他人的能力还未形成或正在形成之中，

---

① 朱小蔓、李铁军主编：《当代俄罗斯教育理论思潮》，教育科学出版社 2009 年版，第 222—223 页。
② [美] 内尔·诺丁斯：《始于家庭：关怀与社会政策》，侯晶晶译，教育科学出版社 2006 年版，第 19 页。

因此在教师与留守儿童的心灵关怀关系中，它更多地表现为一种单向性和不对称性，即教师对留守儿童的心灵关怀，而缺少相互性。然而，这也并不意味着教师和留守儿童之间不存在相互性的心灵关怀关系的可能性，对于心理比较成熟的留守儿童来说，他们也会以自己的独特的方式向教师表达自己对教师的关怀。

第二，从关怀的类别上来讲，教师对留守儿童的心灵关怀更多的是道德关怀。个体对他人的关怀包括自然关怀和道德关怀两种类型。当我们从农村学校德育的视角来审视教师对留守儿童的心灵关怀问题时，强调得更多的是道德关怀。这是因为从根本意义上来讲，教师对留守儿童的心灵关怀是教师职业本身所理应肩负的一种道德责任。这跟自然关怀有着很大的区别。自然关怀是不负有道德责任的，是可有可无的，而作为道德责任的心灵关怀则是必需的，强调的是应该克服困难做到，否则教育者会受到教育良心的谴责和来自外界舆论的斥责。尤其是在当前农村教师的生存处境还相对比较窘迫的现实境遇之下，他们对留守儿童的心灵关怀更需要付出种种道德上的努力才能实现。但是不可否认的是，教师对留守儿童的这种道德关怀仍然是建立在人类与生俱来的自然关怀的情感基础之上的，离开自然关怀的情感基础，就不可能形成道德关怀。

第三，从关怀的对象上来讲，教师对留守儿童的心灵关怀更多的是具体性和个体性关怀。正如世间没有两片完全相同的树叶一样，世界上也没有两个完全相同的人，即便是孪生兄弟或姐妹，相同的基因遗传也因后天生活环境、教育、实践活动的不同，而出现不同的发展，形成不同的个性。每个人都是一个个独特性的存在物，个体性或独特性是生命存在的根本特性，正如有学者所说，"在时间和空间的纵横扩展中，每个人都以其独立的个性存在着……都是作为无可替代的独立个体存在着"①。杜威也曾明确指出:"教师必须个别地来对待这些儿童。这些儿童虽然可以被分成一些笼统的类别,但是没有两个人是完全一样的。"② 承认人的个体性或独特性是人性的一种解放,也是社会发展和进步的一种标志。所以说,"真正的关怀总是对个体事物和具体事物的关注及关爱。不能关怀普遍的和抽象的事物。关怀总是对个体的关怀,就是在上帝中看到这个个体,并通过所释放的能量肯定这个个体的永恒生命"③。每个留守儿童也都是独特性的存在,他们的具体的生活处境也是不同的,这也决定了他们对留守生活的感受和体验也会不同。这意味着教师要深入了解和体察每个留守儿童的家庭背景和生活经历,针对他们的具体情况,满足他们不同的心灵关怀的需求。正是在这层意义上,我们认为教师对留守儿童心灵关怀更多的是具体性和个体性的关怀。

第四,从关怀的时间上来讲,教师对留守儿童的心灵关怀要具有持续性。我们之所以强调教师对留守儿童心灵关怀的持续性特征,是因为,一方面,教师的职业道德规范规定了教师关怀儿童是一种职业道德要求,只要在受教育的年龄段内,教师就应当肩负起关怀儿童成长的道德责任。留守儿童成长和发展是一个持续性过程,因而教师对留守儿童的心灵关怀也应该是持续性的。另一方面,留守儿童属于未成年人,"这个年龄的基本功能、自然分派给它的角色和目的,都可以用一个词来概括:这是一个成长时期,也就是说,这

---

① [日] 香山健一:《为了自由的教育改革——从划一主义到多样化的选择》,刘晓民译,高等教育出版社1990年版,第16、100页。
② [美] 约翰·杜威:《我们怎样思维·经验与教育》,姜文闵译,人民教育出版社2005年版,第271页。
③ 朱小蔓、李铁军主编:《当代俄罗斯教育理论思潮》,教育科学出版社2009年版,第220页。

是一个生理上和道德上个体都尚未形成的时期，这是一个人形成、发展和塑造的时期"①。儿童的成长性特征意味着他们是未成熟的个体，他们的成长和发展需要成人的支持和帮助。同样，这也决定了留守儿童需要来自教师的持续性的引导和关怀，以获得健康成长和发展。

第五，从关怀的效果上来讲，教师对留守儿童的心灵关怀具有迟效性。从效果上来看，教师对留守儿童的心灵关怀有时会很快显现出效果，留守儿童的成长和进步很明显，但是有时候则不会立马看到效果，而是经过一段时间后，教师给他们的心灵关怀的效果才能够展现出来。之所以心灵关怀具有迟效性，是因为心灵关怀关涉的是人的精神成长问题，其本身是一个复杂、多变和反复的过程，需要教师对自己的教育对象和劳动付出要充满信心。教师要充分地认识到心灵关怀的迟效性特征，这对于他们对自己的关怀行为持有信心很重要。

第六，从关怀的风险上来讲，教师对留守儿童的心灵关怀要具有坚定性。一般来讲，人际关系中的关怀是具有风险性的，也就是说一个人对他人付出关怀，并不意味着会获得预期的成效。出于风险性的考虑，人们在关怀他人时会产生犹豫心理。但是，由于教育是指向明天的，是对学生的未来负责的，这决定了教育活动中教师要有耐心和恒心，教师对学生的关怀不能只考虑风险，而是必须坚定地给予他们关怀。特别是对于留守儿童来讲，他们自身亲情和精神方面的关怀就严重缺失，教师是他们在学校生活中的重要他人，是他们心灵成长的引路人，教师给予他们的心灵关怀和慰藉弥足珍

---

① ［法］爱弥尔·涂尔干：《道德教育》，陈光金等译，渠东校，上海人民出版社2006年版，第310页。

贵。因此，教师一定不能顾忌得失，而是要坚定地满足留守儿童心灵关怀的需要。

二、心灵关怀是留守儿童的隐性需要

人的情感、心灵、精神等现象都属于人的内在性向，具有很大的内隐性。留守儿童心灵关怀的需要往往是以隐性的方式存在的，不容易被人觉察到。从留守儿童家庭教育的角度来讲，受到生存处境的限制和出于生存需要的选择，家长往往关注的是孩子的物质生活需要，而对孩子心灵关怀需要不够重视，甚至根本就没有关注到。我在调研中发现，留守儿童父母通常缺乏对孩子心灵关怀的意识，他们往往只关注孩子物质生活需要的满足，忽视和孩子进行精神上和心理上的沟通和交流，以及满足他们精神生活的需要。留守儿童父母为什么缺乏对孩子心灵关怀的意识呢？事实上，这与他们自身的生存处境直接相关。马斯洛把人的需求分为五个层级，从低到高依次为生理需要、安全需要、归属和爱的需要、尊重的需要和自我实现的需要。他认为，一般来讲高一级需要的产生是建立在低一级需要满足的基础之上的。那么，对于大多数处于生存边缘的留守儿童父母来讲，维持一家人的温饱和供养子女上学是他们最大的人生事务和追求。当他们处于满足自身这些低层次需要的境况时，也就难以产生精神层面的高层次的需要了。农民工的这一处境决定了他们对精神层面需要的忽视，换句话说，他们没有闲情逸致去关注自己精神层面的需要。也正因为如此，留守儿童父母也往往缺乏对子女心灵关怀的意识，他们对子女的关心也仅仅停留在满足他们的物质生活需要方面。诸多留守儿童父母也普遍存在对子女的亏欠心理，通常想以物质满足来弥补自己不能在孩子身边的欠缺，而尽其所能地满足孩子各方面的物质要求。但是，对于留守儿童来讲，物质需要满足并不能代替他们的精神需要满足，他们对亲情的渴盼并不会因为物质上的满足而减弱。总之，由于心灵关怀需要属于隐性需要，父母容易忽视留守儿童身上存在的心灵关怀缺失现象，而不会去满足他们的心灵关怀需要。

另外，在当前制度化的学校管理体系之下，留守儿童心灵关怀的需要也容易被忽视。在现代社会里学校是一种组织机构，作为组织机构的学校是高度制度化的，学校的一切工作运行要通过制度来规约，规范管理、量化管理等理念已经深入学校管理实践之中。然而，这种管理方式主要考察的是可以测量的外显行为，由于人的精神和心灵属于人的内在性向，具有很强的内隐性，往往会出现学生的外在行为表现跟内在心理不一致的情况，这时，规范管理和量化管理的方式就难以测量到他们心灵和精神世界的真实状态。在这种情况下，有些外在行为表现好的学生并不意味着他们的心理就一定健康。我在扬州Y中学调研时就遇到过这样的案例，一名初二留守女生就属于这种情况。如果从学校常规管理的角度来看的话，她各个方面表现非常出色，每天都按时进教室早读、上课、自习，按时完成各科作业、回宿舍休息等，没有出现过任何违规行为，许多科任教师都一直认为她是一个不惹事的"乖"学生。然而，这位外在表现很"规范"的留守女生的内心世界却处于痛苦和挣扎之中，长期的留守生活使其陷入精神极度压抑的状态，在迷茫之中她甚至有了轻生的念头。因此，深刻地认识和理解留守儿童心灵关怀需要的内隐性特征，对于我们正确地开展留守儿童教育至为重要。

三、满足留守儿童心灵关怀需要有助于其人格健全发展

按照人本主义心理学家马斯洛的需要层次理论的解释，留守儿

童心灵关怀需要应该属于精神层面的高级需要,而且马斯洛还提出了"满足健康"的概念,认为"需要满足的程度与心理健康有确定的联系"。① 朱小蔓教授也认为:"学生正当的安全感、归属感、自尊感和自然情趣必须得到满足,它们是健康自我形象的重要内容。一个拥有健康自我形象的人,在人际交往中常常表现出积极、主动、开放的态度。"② 由此可见,人的基本的情感需要的获得与满足,跟他们的心理健康成长以及人格的完善密切相关。对于留守儿童来讲,他们在童年时期心灵关怀需要的满足则会促进他们在成人后健全人格的形成。俄罗斯伦理学家恰尔科夫在谈到对俄罗斯处境不利儿童的心灵关怀时认为:"心灵关怀就是要求关怀者将意识指向意义,用情感去体验,以思维去反思心灵活动,护卫心灵,安抚心灵,提升心灵境界,进而让被关怀者感受到生命的意义价值,从而建构认识主体,纯化自己的心灵。"③对留守儿童的心灵关怀也就是要关注他们的心灵世界,呵护他们的心灵,帮助他们树立信心,成长为真正的自我。所以教师必须关注留守儿童当下心灵关怀的需要,给予他们心灵和精神上的理解、关爱、关怀、爱护等,为他们营造一个充满阳光、乐趣、关怀、希望的生活世界,让留守儿童渴望温暖、理解的心灵不要失望和失落,从而有助于促进他们精神和心灵的健康成长和发展。

此外,德国教育人类学家博尔诺夫认为,人的生命发展是连续性与非连续性的统一,其中"在人类生命过程中非连续性成分具有

---

① [美]马斯洛:《动机与人格》,许金声等译,华夏出版社1987年版,第77页。
② 朱小蔓:《情感德育论》,人民教育出版社2005年版,第140页。
③ 朱小蔓、李铁军主编:《当代俄罗斯教育理论思潮》,教育科学出版社2009年版,第222—223页。

根本性意义"①。他认为生命发展的非连续性形式包括危机、号召、告诫以及遭遇等，这些对个体来讲是不可抗拒的，而且这些非连续性事件对人的生活具有决定性意义。一方面，博尔诺夫指出，遭遇是人们要面对自己生活经验以外的陌生事物，并且在心理上是一种痛苦的体验；另一方面，他还认为"遭遇过程对人的自我成长具有决定性的意义。这一真正的自己绝不是在风平浪静的连续性发展中形成的，原则上只能在与他人的遭遇中，最直截了当地说总是与'你'，与一个具体的其他人的遭遇中才能形成"②。这就意味着一个人的真正的成长是在波折和困难中展开的，只有经历了各种"遭遇"后，人对生活和人生的理解和体验才会更为深刻，人的坚强的精神世界才能够建立起来。留守生活是留守儿童的现实遭遇，是留守儿童生命发展的非连续性形式，也是留守儿童生命成长的重要组成部分，这是因为它既给他们的生活带来了消极影响，但同时还意味着新的生活起点。因此，教师要对留守生活对留守儿童生命成长的积极意义有充分的认识，并要认识到留守儿童自身内在潜藏着战胜留守生活中的各种苦难的意识和能力。而且，只有当留守儿童能够清楚地了解自己的生活处境，并对留守生活形成积极的认识和态度时，他们身上的潜能才能够被唤醒和激发出来，并生成战胜困难的勇气和信心，内在的生命力量才会增强，从而帮助他们顺利度过留守生活，获得健康的成长和发展。

---

① [德]博尔诺夫：《教育人类学》，李其龙等译，华东师范大学出版社1999年版，第51页。
② [德]博尔诺夫：《教育人类学》，李其龙等译，华东师范大学出版社1999年版，第58页。

第三节　留守儿童心灵关怀德育模式的实施策略

一、营造人文性的德育氛围是基础

人文性学校德育氛围的特征是以人为本，核心是以儿童为本。也就是说学校在制度设计、活动安排等方面都要以促进儿童成长和发展为核心和目的。需要警惕的是，当前在中小学里仍然比较看重学业成绩和考试分数的情况下，学校和教师容易偏离以儿童为本的要求，给予留守儿童心灵关怀也会成为空谈，学校德育往往被严重地边缘化了。这正如欧内斯特所说的："今天，德育先于智育的做法越来越少了。不仅如此，教育工作者甚至不愿意谈论这个问题。今天的人们可以大谈学术标准，却不愿意谈论伦理道德标准。"[①] 因此，学校和教师要能够突破目前教育现实的桎梏，真正地落实和贯彻以人为本的教育理念，营造人文性德育氛围，为留守儿童创造适宜的学习和生活环境，促进他们健康地成长和发展。正如个体心理学创始人阿德勒所说的，"教师对学校的制度不负有责任，但如果他们能以个人的同情和理解缓和一下这个制度的非人性和苛刻的一面，那就是最好不过了。因此，教师要考虑到某个孩子的特殊情况，适当对他宽一点，这样会起到鼓励这个孩子的作用，而不是把他推向绝路……一句话，一个理想的教师负有一种神圣和激动人心的责任。

[①] [美] 欧内斯特·L. 博耶：《关于美国教育改革的演讲》，涂艳国、方彤译，教育科学出版社2002年版，第30页。

他铸造孩子的心灵，人类的前途也掌握在他的手里"。① 这意味着教师本身首先应该是一个具有同情和关爱之心的人，才能够在引导留守儿童健康成长中发挥应有的作用。

对于留守儿童来讲，人文性的德育氛围的核心是要关注他们的精神成长。留守儿童心灵关怀缺失问题是以隐性的方式存在的，心灵关怀需要本身是一种心理体验，属于个体内在的心理活动，除非她或他以语言或情绪情感把它表达出来才能被他人知晓，否则别人是难以体会和觉察到的。随着年龄的增长，留守儿童内心越来越走向独立，更不会把自己内心的想法轻易向教师讲述。特别是在当前应试教育仍在中小学占据主流的现实教育环境下，教师把注意力都集中于学业成绩上，留守儿童心灵关怀的需要容易被教师忽视，以至于有些留守儿童会长期处于寂寞、孤独、担心等消极的情感体验之中，甚至走向厌世、自杀的道路。因此，教师对此必须要有较为清醒的意识，摆脱应试教育的桎梏，关注留守儿童的全面发展，特别是要关注他们的精神成长和满足他们心灵关怀的需要。

教师了解留守儿童留守生活状况的直接方式就是对话和交流。教师通过跟留守儿童对话来了解他们家庭的基本状况，以及他们当前所面对的心理困惑或问题等。个体心理学家阿德勒特别强调成人和孩子之间的信任关系，他说"父母和教师必须得到孩子的信任"，"除此之外的父母和教师，都一概遭到孩子的排斥，孩子不会信任这些父母或教师，他们形同陌路，甚至被视为敌人"。② 只有在留守儿

---

① [奥地利] 阿德勒：《儿童的人格形成及其培养》，韦启昌译，河北人民出版社2002年版，第110页和114页—115页。
② [奥地利] 阿德勒：《儿童的人格形成及其培养》，韦启昌译，河北人民出版社2002年版，第134页。

童和教师之间建立起信任关系的时候，他们才会把自己内心真实的想法告诉教师，否则教师难以直接了解到留守儿童内心的真实感受和体验。在跟留守儿童对话和交流的过程中，教师要特别注意对自己的身份和角色的恰当把握，增强自身的亲和力，给予留守儿童尊重感和平等感，才能够赢得留守儿童的信任，这样留守儿童才会把自己内心真实的感受和体验向其倾诉，教师才能够真正走进留守儿童的心灵世界。

此外，学校还要通过尽力丰富留守儿童的文化生活来创造人文性的德育氛围，以此丰富他们的精神世界。一是开展留守儿童阅读活动。书籍是丰富人的精神世界的必不可少的养料，留守儿童更需要书籍带给他们的心灵滋润。教师可以为留守儿童提供一些励志方面的书籍，让他们通过阅读名人或成功人士的成长故事，获得克服生活困难的信心和力量。二是举办留守儿童文艺活动。绘画、歌唱、舞蹈等都是陶冶人的精神世界的重要内容和方式，留守儿童自身潜藏着各种艺术潜能，通过举办艺术活动，可以把他们身上的这些艺术潜能挖掘出来，同时还可以帮助留守儿童体验到成就感和树立自信心。三是组织留守儿童观看励志影片。在寄宿制的农村学校里，教师可以在晚上给留守儿童提供机会，让他们观看一些反映青少年积极向上风貌题材的影片，既能够丰富留守儿童的寄宿生活，还能够让他们从同龄人身上获得精神成长的榜样力量，从而生成战胜留守生活中各种困难的勇气和信心。

二、教师对留守儿童的情感投入是关键

博尔诺夫认为："教育的成功与否往往取决于生活环境中一定的

内部气氛和教育者与受教育者一定的情感态度。"① 教师是留守儿童学校生活中的"重要他人",教师对留守儿童的情感投入会直接关系到他们对留守生活的感受和体验,以及对未来生活的信心和勇气。美国教育心理学家古诺特博士曾深情地说:"在经历了若干年的教师工作之后,我得到了一个令人惶恐的结论:教育的成功与失败,'我'是决定性因素。我个人采用的方法和每天的情绪是造成学生学习气氛和情绪的主因。身为教师,我具有极大的力量,能够让孩子们活得愉快或悲惨,我可以是制造痛苦的工具,也可以是启发灵感的媒介,我能让人丢脸也能叫人开心,能伤人也能救人。"② 可见,教师如何对待学生将直接关系到学生发展的方向,特别是教师向学生的情感投入至为关键。我在实地调研中通过跟诸多留守儿童的深度访谈发现,教师的积极情感投入,包括敏感、倾听、信任和关爱等都能够促进留守儿童建立积极、乐观的人生态度,顺利度过留守生活。

在教育过程中,教师具有敏感性至关重要。敏感是指心理上或生理上对外界事物反应很快,它的反义词是迟钝、麻木。苏霍姆林斯基就认为,"在对一个集体进行教育时,必须了解这个集体中每一个儿童不同的精神世界,细心地教育每一个培养对象"③。教师对留守儿童的敏感体现在对每一位留守儿童生活处境的积极关注。在农村学校里,我们不仅要认识到留守儿童是一个特殊的群体,而且还要认识到每个留守儿童的具体的生活处境也是不同的。不同的留守

---

① [德] 博尔诺夫:《教育人类学》,李其龙等译,华东师范大学出版社1999年版,第41页。
② 殷朝芹:《"我们"决定着学生的成长》,《人民教育》2004年第5期。
③ [苏] 苏霍姆林斯基:《要相信孩子》,汪彭庚译,教育科学出版社2009年版,第4页。

儿童具有不同的生活遭遇，不同的生活遭遇让他们有了不同的生活体验，形成着他们对生活的不同的理解和感受。教师就必须能够对留守儿童生活世界的这些变化以及他们自身的生活体验和感受等做出敏锐的反应。尤其需要注意的是，留守儿童心灵关怀的需要在未表现为极端性的外显行为之前往往是以隐性的方式存在着的，不易被察觉和知晓，只有教师对留守儿童具备一定的敏感性，才会感受和觉察到，并及时给予关怀，防止极端事件的发生。

教师还要成为留守儿童忠实的听众。佐藤学先生在《静悄悄的革命》中写道："倾听学生的发言，如果打一形象比喻的话，好比是在和学生玩棒球投球练习。把学生投过来的球准确地接住，投球的学生即便不对你说什么，他的心情也是很愉快的。学生投得很差的球或投偏了的球如果也能准确地接住的话，学生后来就会奋起投出更好的球来，这样的投球般的快感，我认为应当是教师与学生互动的基本。"① 的确，教师对学生进行准确的倾听能够焕发出学生内在的力量。对于留守儿童来讲，父母外出务工后，他们身边就缺少了可以依赖和倾诉的对象，心里对父母的思念、对温暖的家庭生活的渴望只能默默地压在心底，情感上的孤单感、恐惧感无处诉说。即使父母会跟孩子定期通电话，但是由于很多农村家长缺少教育知识，他们往往仅仅关心和强调的是孩子的学习成绩，而很少给予孩子心灵和精神层面的关心和呵护。尤其是离异、单亲家庭的留守儿童，他们内心所承受的压力、孤独感就更为严重。这个时候，他们需要一个合理的渠道来宣泄这些不良情绪，而来自教师的耐心倾听就是一种比较理想的渠道。所以说，在留守儿童教育中教师首先要自觉

---

① ［日］佐藤学：《静悄悄的革命》，李季湄译，教育科学出版社2014年版，第27页。

地充当留守儿童的听众,在此基础上还需要如佐藤学先生所说的要准确地倾听。

教师对留守儿童的信任会使其对自己战胜逆境保有信心。所谓信任,就是相信对方拥有某种自己所期待的品质和素质,并在跟对方相处的言行举止中保持这种态度。在教育中,教师要引导学生成长和发展的前提是教师要信任学生,构建师生之间的信任关系,这是因为"这种关系对教育具有无可估量的、怎么强调也不过分的意义。教育者控制儿童发展方向也取决于教育者如何看待儿童。如果他把儿童看作是诚实的、可靠的、助人为乐的……那么儿童的这些品质就会得到激发和增强。教育者的信赖可增强他所假定的儿童具有的那种出色能力。反之也完全一样:如果教育者把儿童视为好说谎的、懒惰的、阴险的……儿童就不会抵制这些行为,他们肯定会说谎、偷懒、耍诡计,正如教育者所猜疑的那样"[1]。由于父母双方或一方不在身边,留守儿童不仅会出现情绪低落、孤独寂寞等心理问题,还面临着留守生活中的诸多问题和困境,所以他们尤其需要教师给予信任。如果教师面对留守儿童时能够始终对他们保持信任和积极的期待的话,那么这种心理和情感上的支持会通过教师的眼神等肢体语言传递给他们,促使留守儿童朝着教师所期待的方向发展。

教师给予留守儿童的关爱是他们的人格健全发展的前提,是他们勇敢面对留守生活的动力之源。苏霍姆林斯基认为:"教育者最可贵的品质之一就是人性,就是对孩子们的深沉的爱,父母亲的亲昵温存同睿智的严厉和严格要求相结合的那种爱。"[2] 弗兰克尔也特别

---

[1] [德] 博尔诺夫:《教育人类学》,李其龙等译,华东师范大学出版社1999年版,第47页。

[2] [苏] 苏霍姆林斯基:《育人三部曲》,毕淑芝等译,人民教育出版社1998年版,第13页。

强调爱的意义，认为"人类的一切救赎都是经由爱而成于爱的"①。事实上，爱既可以使自己了解一个人，更能够发现所爱的人身上尚未发挥出的潜力，并且凭借爱的力量能够使所爱的人的潜力得到发挥。亲情缺失是留守儿童身上存在的最大问题，因此他们对爱的渴望极其迫切。人本主义心理学家马斯洛提出"满足健康"概念，认为童年时期的爱的需要的满足有助于成人后人格的健全发展。那么，给予留守儿童关爱就是在帮助他们人格的健全发展。此外，对于留守儿童来讲，教师给予他们的关爱还会使他们在学校里获得安全感，使他们形成依附的、有意义的、熟悉的、亲近的和易于交往的品格，并以教师为中介去认识和理解外部世界。总而言之，教师对留守儿童的关爱不仅会促进他们今后人格的健全发展，还会促进他们当前对留守生活的良好适应，正是在这个意义上，教师拥有关爱之心极其重要。因此，我们要唤醒教师对留守儿童的关爱之心，这样才能够让他们真正走进留守儿童的心灵世界，也才能够真正成为留守儿童心灵成长的引路人。

三、发挥心理咨询室的作用是补充

在农村学校里，留守儿童心灵关怀缺失问题通常是以隐性的方式存在的，不易被教师察觉和发现。往往是当留守儿童表现出极端的行为表现，如自杀、杀人或其他极端行为时，才会被教师清醒地意识到，但已为时太晚。其实，如果教师或其他成人能够积极关注留守儿童的心理变化，及时给予必要的心理疏导的话，这些悲剧性事件在很大程度上是可以避免的。2012年，教育部颁布了《中小学

---

① [德] 维克多·弗兰克尔：《活出生命的意义》，赵可式等译，生活·读书·新知三联书店1991年版，第31页。

心理健康教育指导纲要（2012年修订）》，明确把提高全体学生的心理素质，培养他们积极乐观、健康向上的心理品质，充分开发他们的心理潜能，促进学生身心和谐可持续发展，为他们健康成长和幸福生活奠定基础作为目标，并把建立心理咨询室作为中小学开展心理健康教育的重要途径。2021年，教育部颁布了《关于加强学生心理健康管理工作的通知》，提出要加强心理咨询辅导服务。2023年5月，教育部等十七部门联合印发《全面加强和改进新时代学生心理健康工作专项行动计划（2023—2025年)》，提出"健康教育、监测预警、咨询服务、干预处置""四位一体"的学生心理健康工作体系更加健全，学校、家庭、社会和相关部门协同联动的学生心理健康工作格局更加完善的要求。心理咨询作为心理健康辅导方式，在留守儿童教育中具有独特的价值，能够在留守儿童心理健康工作中发挥重要作用。

首先，心理咨询有助于留守儿童的消极情绪得到合理的宣泄。在心理咨询过程中，咨询师首先要做个忠实的听众，专心听来访者的倾诉，让来访者把内心的不良情绪宣泄出来。心理咨询师细心地聆听不仅是善意的表示和虚心的象征，更是建立同感的基础。倾听是心理咨询师必须掌握的艺术，正如有专家认为，对心理咨询师来讲"心理咨询就是出租你的耳朵"[1]。心理咨询师的耐心倾听不仅使来访者的情绪得到了宣泄，而且为咨询师和来访者之间建立良好的咨询关系打下了基础。可以说，心理咨询就是聆听的艺术。很多留守儿童在父母外出务工后，心理上的烦恼和困惑找不到合适的对象诉说，要么会变得沉默，要么就很暴躁。在心理咨询过程中心理咨询师耐心的倾听、友善的态度等可以让留守儿童获得安全感、尊重感，让他们彻底打开心扉，把内心的苦闷和烦恼等讲出来。当留守

---

[1] 岳晓东：《登天的感觉》，北京师范大学出版社1998年版，第52页。

儿童愿意敞开心扉向咨询师讲述自己的留守生活经历和体验时，他们内在的压力、孤独、寂寞等消极情绪在很大程度上会获得合理的释放，同时感受到来自咨询师传递给他们的理解、关爱和支持。

其次，心理咨询有助于留守儿童对自己的真实处境获得清楚的认识。在心理咨询过程中，心理咨询师还要站在旁观者的角度客观地帮助来访者分析和澄清问题以使来访者认识问题的本质。在这个过程中，咨询师犹如一面镜子，来访者可以通过咨询师这面镜子看到自己真实的处境。"在我看来，咨询最核心的作用是帮助来访者认识到他们自己的能力，发现是什么阻止他们使用他们的能力，澄清他们想成为什么样的人。"[①] 对于教育者来讲，最为关键的是要让留守儿童认清自己的真实处境，并唤醒和激发他们内在的具有本源性的道德意识，让他们勇敢地去面对生活中的一切挑战和困难。在心理咨询过程中，通过和咨询师的对话，留守儿童能够认清自己当前的留守生活处境，并能够消除自己的一些不合理的认识，更为重要的是，他们能够发现和体验到自我的力量和能力，找到解决问题的方向和路径。

最后，心理咨询有助于促进留守儿童自立自强地成长和发展。我国心理学者钱铭怡对心理咨询所下的定义是，"咨询是通过人际关系，应用心理学方法，帮助来访者自立自强的过程"，并且"对心理咨询的理解必须依据四点：第一，咨询的要素之一是人际关系，有良好的人际才可能达到帮助来访者的目的；第二，咨询是在心理学有关理论的指导下进行的活动；第三，咨询是一个过程，往往不是一次会谈就能解决问题；第四，咨询是帮助来访者自强自立，而不

---

① [美] Gerald Corey：《心理咨询与治疗的理论及实践》（第七版），石林等译，中国轻工业出版社 2004 年版，第 25 页。

是包办解决来访者的各种问题"。① 可见，心理咨询本身是帮助来访者自立自强的过程，心理咨询师的角色定位是助人自助，来访者在心理咨询过程中在对自身真实处境获得清楚认识的基础上发挥其自身内在的潜质和力量，从而成长为真正的自我。在这个过程中，心理咨询师要相信来访者自身的潜能，善于发现来访者身上的优点和闪光点，让来访者找到自信，看到希望，这是激发来访者内在精神力量的关键。对于留守儿童来讲，在心理咨询过程中，心理咨询师要充分地认识到留守儿童自身内在潜藏着战胜留守生活中的各种苦难的意识和能力，只有把他们身上的这些潜能唤醒和激发出来，留守儿童才能够更清楚地了解自己的处境，并生成战胜困难的勇气和信心，获得健康成长和发展的动力，成长为真正的自己。

通过以上的分析，我们能够清楚地认识到当前中小学心理咨询活动的开展在留守儿童教育中具有独特的意义和价值。但是与此同时，我们要清楚地认识到当前农村中小学开展心理咨询活动还面临着三重困境。在观念层面，很多教师和学生对心理咨询缺乏正确的理解，认为来访者都是有心理问题的人，而没有把心理咨询看作是个人保持心理健康的一种科学方式。在师资层面，缺乏专职和专业的心理咨询教师。农村学校里担任心理咨询工作的教师基本上是兼职的，由于是兼职做心理咨询工作，他们在时间和精力上不能全身心投入到心理咨询工作中。而且这些心理咨询教师通常都是非专业的，仅仅是对心理咨询工作感兴趣或将其作为业余爱好。由于缺乏专业训练，他们对心理咨询精神理解不到位，以及缺乏正确的心理咨询理念等，往往会导致心理咨询失败或效果不佳。在管理层面，心理咨询在农村学校整体工作中通常处于边缘地位。一般来讲，学

---

① 郑希付主编：《心理咨询原理》，广东高等教育出版社2003年版，第2—3页。

校领导对心理咨询工作重视程度不够，所以对心理咨询工作的经费投入不足，心理咨询教师的工作量权重计算方面会相对低些等，这些都会影响心理咨询教师工作积极性的调动。因此，心理咨询要真正发挥在留守儿童教育中的独特价值还任重道远，需要教育部门、学校管理者、教师和学生共同努力。

四、联合家庭德育力量是保障

家校合作是整合学校和家庭德育力量的有效方式，联合家庭德育力量是学校实施留守儿童心灵关怀德育的有力保障。苏霍姆林斯基认为，"学校和家庭不仅要一致行动，要向儿童提出同样的要求，而且要志同道合，抱着一致的信念，始终从同样的原则出发，无论在教育目的上、过程上还是手段上，都不要发生分歧"①。然而，当前学校在联合家庭德育力量中面临诸多障碍，包括留守儿童父母对家校合作的意义认识不到位、留守儿童父母外出务工后带来的家校合作在时空上的限制，以及缺乏家长委员会等有效的家校合作组织。因此学校要克服困难，在联合家庭德育力量中做出积极努力。

首先，学校在家校合作中要充分发挥主导作用，提升留守儿童父母对家校合作价值的认识。学校作为公共教育机构，承担着农村义务教育阶段适龄儿童的教育责任。教师都是专门从事教育工作的人员，接受过专业化的教育，拥有丰富的教育方面的知识和经验。而留守儿童家长的学历层次一般都较低，教育观念比较陈旧或者不合理，比如有些家长信奉"棍棒教育"，有些家长主张用物质奖励激励孩子等，这些都不利于孩子健康成长；有些家长认为"养"是家

---

① [苏] 苏霍姆林斯基：《给教师的建议》，杜殿坤译，教育科学出版社 1982 年版，第 264 页。

庭的责任,"教"是学校的责任,当他们把孩子送进学校之后,就把孩子的教育责任全部托付给了学校,没有认识到家庭教育在儿童成长中的重要性,以及家庭对学校教育所应担负的协助责任和义务等。正因为如此,学校要克服消极等待的思想,充分发挥主导作用,通过发放教育传单、开家长会等各种途径帮助家长树立正确的教育观念,让他们认识到家校合作的价值和意义。

其次,开展家访与校访相结合、面谈与电话沟通相结合等多种合作渠道。家访是一种传统的家校沟通的方式,现在由于留守儿童家长外出务工,教师家访时很难见到家长。相反,提倡校访的好处在于,家长可以根据自己的时间安排随时到学校了解孩子在校的情况,可以跟班主任、代课教师和学校领导交流,共同商讨孩子的教育问题。其实,由于农村教师的时间和精力有限,不可能对班上所有的学生进行家访,有些学生可能就会被"遗忘",校访能够避免这种情况发生。[①] 但是,校访却不能够代替家访。农村家庭在发生着巨大变化,离异、单亲家庭的留守儿童增多,家长在校访中不好表露这些情况,教师只有通过家访,走进他们的家庭,通过观察和交谈才能够了解到留守儿童的真实处境。而且家访中教师和家长、学生面对面地亲切交流对农村家庭也是一种心灵的慰藉。所以家访和校访都重要,二者要相结合。实际中,由于留守儿童家长外出务工,教师和家长面谈的机会较少,在很多情况下采用的是电话沟通的形式。因此,家校合作中教师要根据实际情况灵活采用多种沟通和交流的形式。

最后,组建以村落为单位的家长委员会。一般来讲,家长委员会都是以学校为本的,即按照年级、班级分别成立年级家长委员会和班级家长委员会,以及校家长委员会等。跟城市学校里的学生居

---

① 严卫林:《为"家长校访制度"叫好》,《教学与管理》2007年第11期。

住比较分散不同的是，农村学生基本上是以村落为单位居住的，在一村之内，大家相互之间都比较熟悉，家庭的基本情况相互之间也比较了解，所以农村学校家长委员会应该以家庭为本，以村落为单位来成立，而且家长委员会成员可以选择村落里面文化层次相对较高、有一定威信又热心公益事业的家长来担任。由于大家生活在一个村子里，相互比较了解，以村落为单位的家长委员会组织能够对本村里每一个在校学生的家庭状况做到心中有数，他们提出的教育建议在很大程度上就具有现实针对性和可行性。

第四节 留守儿童心灵关怀德育模式的实施案例

留守儿童是农村学校的特殊群体，关注和帮助留守儿童健康成长是农村学校的时代使命。SX省FX县LL镇中学、BJ中学和HF学校在实施留守儿童心灵关怀德育模式过程中进行了积极探索，积累了较为丰富的经验。

一、SX省FX县LL镇中学在留守儿童教育方面的努力

LL镇中学位于SX省FX县LL镇，是一所镇办初级中学。目前，全校共有13个教学班，433名学生，100名教师。近些年来，随着大量农民外出务工，留守儿童数量增多。据统计，全校有将近70%的学生父母双方或一方外出务工，其中父母双方都外出务工的学生占全校学生总数的30%。学校为促进留守儿童健康成长和发展，实施了切实可行的方案，取得了一些成果。

第一,成立留守儿童管护中心,关注留守儿童教育问题。LL镇中学领导非常重视留守儿童教育问题,清醒地认识到留守儿童父母双方或一方外出务工后,留守儿童教育面临着监管不力、心理问题增多等诸多问题。为了切实做好留守儿童教育工作,学校成立了留守儿童管护中心,专门负责留守儿童教育工作。一是在全校范围内开展留守儿童统计工作,做好留守儿童成长档案。每学期开学初,留守儿童管护中心都要开展留守儿童统计工作,对全校每个年级每个班级里的留守儿童都要进行登记,并详细记录每个留守儿童家庭的具体情况,包括父母的姓名、外出务工的地点、联系方式、监护情况、在校表现等。二是有针对性地开展留守儿童教育专题讲座。LL镇中学HYF老师负责留守儿童管护中心工作。H老师对心理咨询非常感兴趣,经过不懈努力,她已经取得国家二级心理咨询师证书,是LL镇中学唯一的一位心理咨询专业教师。在开展留守儿童教育过程中,H老师针对留守儿童普遍存在的问题开展专题讲座,包括留守儿童如何跟父母进行心理沟通、留守儿童消极情绪排解的方式等,引导留守儿童积极地面对自我,健康成长。

第二,建立"乡村少年宫",为留守儿童提供了充分发展的平台。2014年9月,在SX省教育厅的统一部署下,接受中央彩票公益金资助,LL镇中学建立了"乡村少年宫",并通过了BJ市教育局的检查和验收。乡村少年宫是LL镇辖区青少年校外教育活动的主阵地,建有田径场、篮球场、羽毛球场、音乐舞蹈室、绘画室、书法室、体育运动室、科技制作室、经典朗诵室、心理辅导室、手工制作室、电脑制作室、乒乓球室、棋艺室等,各部室均配备了相应的设备设施,能满足辖区内青少年课外及假期各项活动的需求。乡村少年宫辅导员队伍由三部分组成,即少年宫管理层队伍、本校专业教师队伍和外聘专长教师队伍。乡村少年宫的每个部室配备了专业教师，教师要制订出每学期活动开展的详细计划，积极培养学生的兴趣爱好，陶冶其情操，提升其道德素养以及综合实践能力。乡村少年宫的建立不仅丰富了留守儿童的课余生活，而且促进了他们全面健康地成长和发展。留守儿童可以根据自己的兴趣爱好选择参加少年宫的各种活动，充分地发展各方面的才艺。更为重要的是，在参加丰富多彩的少年宫活动的过程中，留守儿童能够排解内心的孤独感和寂寞感，体验到同伴互助协作的温暖和力量。

第三，班主任对留守儿童的积极情感投注。班主任是留守儿童学校生活的"重要他人"，班主任对留守儿童生活处境的关注和关怀，都会成为留守儿童成长的动力。事实上，留守儿童教育关涉的因素颇多，是一个复杂反复的过程，充满着艰辛，要成功地帮助留守儿童成长实属不易。以下是LL镇中学一位班主任的讲述：

> ZP今年15岁了，是一位留守学生。母亲在他6岁时抛下他离家出走了，父亲常年在外打工，留下他和78岁的奶奶在家。与其说是奶奶在照顾他，不如说孩子在照顾奶奶。初见ZP，我被那孩子的灵气、阳光所吸引，孩子积极热情，完全看不出是一个缺乏父母之爱的留守孩子，而真正认识ZP是因为他那双长满血泡的手。记得当时九月份开学第一周，这本让人很欣赏的男孩却屡屡不交作业……和他谈话时，他伸出那双稚嫩却布满血泡的手。孩子当时哭着说："我这几天一个人在家种小麦、挖地头……"我当时被那双手打动了……但说到他母亲时，他却没有丝毫的难过与想念……在后来的日子里，我格外关爱他！经常包容他的一些"小过失"，比如迟到、不按时交作业等，总觉得他比其他孩子多承担了一份额外的家庭责任和重担，

总想用润物细无声的方法去关爱这个孩子的成长。后来的事情让我很生气，他利用我的信任，在课外的大多数时间去上网。班级规定学生不准带手机，他竟然拿着两部手机上网，完全沉迷于虚拟的网络……我当时当着全班学生的面说，ZP，我最信任的斧头砍了我的脚！你就是那把斧头，在你这，老师对你的信任值多少？你可怜又可恨！（我当时太生气了，有点口不择言，甚至语气有点狠！因为从八年级到九年级我对他投注了过多的情感与关注）令我没想到的是，他当着全班学生的面把两部手机扔进了垃圾桶。我当时冷冷地加了句："手机无罪，你扔了手机就代表你不沉迷网络了吗？"那孩子当时很有骨气地说了句："老师，看我行动吧！"后来一个月的冷处理，一段时期我真信他会改变，但后来一个月后，他毛病依然……那时我最深切的感受就是：有时，教育不是万能的！留守儿童家庭课余生活的监督无力和缺失，有时让他们身上的毛病不断反复。孩子缺乏自制力，我们很理解，但这种长效监督很缺失。

二、SX省FX县BJ中学在留守儿童教育中的探索

BJ中学位于SX省FX县BJ镇，是一所寄宿制农村普通高中。目前，全校学生总数2086人，绝大多数学生来自农村家庭。2014年9月，学校对高一和高二学生调查统计结果显示，父母双方都外出务工的学生人数共计215人，占高一和高二学生总数的30%。当前，高考仍然是高中教育的指挥棒，在繁重的高考压力下，要抽出时间和精力关怀留守儿童的心灵成长是比较困难的。即使如此，BJ中学在留守儿童教育方面进行了积极的探索。

第一，实施"青春导师"制度，教师做好留守儿童心灵成长的

引路人。高中阶段是留守儿童人生观、价值观形成的重要和关键阶段，是一个由幼稚走向成熟的过渡时期，是一个朝气蓬勃、充满活力的时期，也是一个面临多种危机的危险期和动荡期。高中生具有不成熟和不稳定的心理特征。同时，高中阶段正值青春期，留守儿童随着生理的变化，成长的困惑较多，校园早恋现象比较普遍。BJ中学针对高中留守儿童面临的这些现实问题实施"青春导师"制度。学校充分发挥青年教师多的优势，给每位科任教师安排几位留守学生，开展一对一的交流和帮扶活动，教师承担留守儿童心灵成长的引路人的角色。导师在平时的学习和生活过程中了解帮扶对象的思想动态、生活状况等，相互交流和探讨，对其进行心理疏导，帮助他们树立正确的人生观、价值观，形成积极乐观的心态，勇于面对和克服各种困难，顺利地度过青春期。

第二，建立"亲情聊天室"，促进留守儿童跟父母的沟通。父母外出务工后，留守儿童跟父母的沟通和交流存在时空上的限制，BJ中学克服各种困难，从办公电脑中挪出四台电脑并连上网络，建立"亲情聊天室"，为留守儿童跟父母视频通话和交流提供便利。"亲情聊天室"的建立在一定程度上缓解了留守儿童跟父母不在一起而带来的亲情缺失问题。通过网络视频和对话，留守儿童可以了解父母在外务工的情况，同时父母也可以了解孩子的生活、学习、心理等方面情况，促进相互理解。

第三，开展校内外实践活动，丰富留守儿童的课余生活。BJ中学是寄宿制高中，特别是对于留守儿童来讲，学校就是他们的家。但是高中的学习生活是单调和枯燥的，较难让他们在心理上产生学校即家的温暖和惬意的感觉。学校为了丰富留守儿童的课余生活，增强他们对学校生活的依恋感和归属感，开展了一系列校内外实践活动，包括教室、宿舍文化建设活动，感恩教育活动，校园艺术节系列活动（比如航模表演、书画展览、手工小制作展览、小发明小创意展览、科普展览、文艺晚会、体操比赛、电影晚会等），带领部分学生到西安参观科技馆，到杨凌参观农业科技城，还跟 FX 县的长青工业园、西凤酒厂达成协议，带领学生参观生产和酿造现场。总之，开展这些实践活动，丰富了留守儿童的课余生活，开阔了留守儿童的视野，培养了他们各方面的才艺，促进了他们创新精神、实践能力、审美情趣、道德素养的提升。

第四，邀请专家开展心理健康讲座和留守儿童教育问题研讨。BJ 中学没有心理学专业教师，无法开展个体心理咨询活动，但是为了给留守儿童提供专业的心理辅导，近年来学校先后邀请校外专家做心理专题讲座多次，包括针对高一学生的高中生活适应专题讲座、青春期女生的心理讲座，以及教师职业幸福和消除职业倦怠的讲座等。此外，BJ 中学还成功申请到留守儿童教育方面的 SX 省教育科学规划课题，开展留守儿童教育问题的科学研究工作，组织教师开展对本校留守儿童的调查研究，制作调查问卷和了解留守儿童在学习、生活、情感等方面的状况，并寻找解决的策略。BJ 中学还积极借助高校研究团队的支持，开展留守儿童教育问题研讨。2013 年 5 月，副校长 ZXJ 等两位教师参加了宝鸡文理学院教育科学研究所组织的"多学科视野中的留守儿童教育问题研究"研讨会，并做了题为"农村薄弱高中留守学生教育的问题及思考"的发言。2014 年至 2016 年，BJ 中学和宝鸡文理学院教育科学研究所联合开展"农村留守儿童教育论坛"，来自 FX 县十多所农村中小学校的教师，以及 FX 县妇联、关工委、团委的工作人员共计 100 余人参加研讨会，提交研讨论文共 80 余篇，全部编入《农村留守儿童教育论文集》。参会教师均从自己的教育经历和感悟出发，共同分析了留守儿童教育中存在的问题，分享了留守儿童教育的经验和体悟，并提出了促进留守儿童健康成长和发展的对策。

即便学校已经高度关注留守儿童教育问题，然而在高考的重压之下，学校和教师对留守儿童给予的关怀还是有限的，这正如BJ中学副校长在发言中所指出的："像我们这样的学校，是留守学生的聚集之地，但也是教育严重异化之地，留守学生需要个性化关爱的心理需求，与现行体制下目中无人的教育现实之间的矛盾，可以说是我们很多教育问题的症结所在。而这样的学校在全市、全省、全国大量存在。但是对留守学生到底做了多少工作，可以说微乎其微。"① 因此，关注和关怀留守儿童教育，促进留守儿童健康成长和发展仍然任重道远。

三、HF学校开展农村留守儿童教育帮扶的探索与实践

HF学校是一所农村九年制寄宿制学校，位于SX省FX县西北边陲的丘陵地带，距县城20公里，属于山区乡村学校。校园占地20719.01平方米，建有一个200米环形跑道运动场、2个水泥篮球场。现有教职工37人，有9个教学班，学生82名，其中留守儿童42名，单亲家庭学生29名，残疾学生2名，少数民族学生1名。在经历省级标准化建设和先进县创建及复验工作之后，学校建成一个农村留守儿童管护中心，内部增添了农村留守儿童图书、益智玩具等，配备了校外心理辅导教师。2018年5月，宝鸡文理学院在HF学校建立宝鸡文理学院教育学院农村留守儿童教育精准帮扶基地。

---

① 2013年时任彪角中学副校长张小军在宝鸡文理学院教育科学与技术系举办的"多学科视野中的留守儿童教育问题研究"研讨会上的发言。

近几年来，学校因地制宜，因校施策，立足实情，针对本校农村留守儿童较多、单亲家庭问题突出、家庭教育不力等现状，全面落实教育扶贫资助政策，以及各种防流控辍等措施，将农村留守儿童教育工作作为学校办学和整体发展的目标之一。学校结合当地精准扶贫政策，有机结合教育扶贫工作特点，以"三秦教师"教育帮扶计划为载体，以农村留守儿童为主体，内强外联，依托宝鸡文理学院教育学院课题组的教育管理理念引领和专业帮扶团队，校内以政教处为责任部门，班主任为帮扶骨干，校外以社会爱心人士和公益团体等为强援，每年定期或不定期组织各级各类农村留守儿童教育关爱活动，助力农村留守儿童健康成长，同时通过专项培训、专题研讨、走访跟踪等，已经逐步形成农村留守儿童教育精准帮扶机制。

第一，积极落实立德树人根本任务。学校认真落实《中小学德育工作指南》，把德育工作纳入学校发展规划和各项管理制度，融入各项活动和学生学习生活的全过程，成立德育工作领导小组，制定德育工作制度、道德讲堂管理制度、德育工作年度计划等。德育活动载体丰富，形式多样。组织开展了"中国梦·爱国情·成才志"中华经典诵读活动；防电信诈骗宣传教育活动；"德润宝鸡·书香陈仓"德育行动计划；传统美德教育、核心价值观教育、感恩教育主题活动；"中国梦·我的梦"主题教育活动；向国旗敬礼，清明节网上祭英烈，我们的节日——端午节、元宵节、中秋节等传统文化教育活动，精彩纷呈。通过这些有意义的校内外活动，让学生增强爱国主义情感，懂得感恩，学会立志，早日成才，回报社会。

第二，寻求高校教育专家引领、更新教育理念，拓展农村留守儿童教育途径。经学校领导多方努力，在 FX 县教育体育局的大力支持下，HF 学校于 2018 年 5 月与宝鸡文理学院联合确立该校为宝鸡文理学院教育学院党支部留守儿童德育教育基地。以党建引领，全面深入开展农村留守儿童教育的探索与实践。宝鸡文理学院教育学院先后多次组织领导、教育专家、一线教师、在校研究生来HF学校深入了解留守儿童教育现状，先后举办师生专题讲座、班级主题班会、心理团体辅导、个别心理咨询等十余次。为留守儿童捐赠的学习用品、生活用品、校园图书价值2000余元。

第三，依托教育扶贫，实施农村留守儿童教育精准帮扶。在脱贫攻坚"三秦教师"帮扶计划实施中，HF学校全体教师对本校及部分外校贫困学生进行了一对多精准帮扶，每名教师对自己帮扶的学生，立足扶志、扶智、扶技、扶心诸方面进行全方位、全程跟踪帮扶，通过《贫困家庭在校学生教育脱贫帮扶纪实簿》做好帮扶纪实。同时定期深入孩子家庭与家长或监护人共同关注留守儿童的身心健康成长，每学期不少于3次。在家校共建中，指导提升农村家庭家长或监护人教育孩子的教育理念、教育方法，开辟了家校共育的新思路和新途径。

第四，发挥网络信息桥梁作用，构建网络亲情教育平台。随着大量农村父母外出打工或创业发展，农村留守家庭、留守儿童日益增多，孩子们在生活、学习无忧的前提下，更多的是渴望亲情关爱、亲人陪伴与抚慰。学校建立了农村留守儿童关护中心，设立了亲情电话，网络视频亲情聊天室，班级家长微信群、QQ群，定期开展"给爸爸妈妈的一封信活动"，使远离父母正处在6岁至15岁的留守儿童，建立起与父母保持零距离心灵沟通的网络交流渠道，使父母能随时了解和把握孩子的思想动态和身心健康状况，并进行有效的内心交流和思想沟通。同时，学校充分利用夏忙、秋种、开学之际等家长回家的有利时机，召开由爸爸妈妈亲自参加的家长会，面对面共话孩子教育问题，及时弥补网络教育的不足。

　　第五，开展农村留守儿童教育课题研究，探索切实有效的教育策略。每学年开学报名之时，学校对全体学生进行摸底登记，建立《HF学校留守儿童成长档案》，对每名贫困学生的个人信息、家庭信息建立台账，针对个人学习、生活中的具体问题，确立帮扶教育的重点。同时确立帮扶教师，制订帮扶计划，开展定期帮扶活动，落实跟踪帮扶教育。班主任针对本班的学生实际，重点做好特殊儿童、问题儿童的关爱教育工作，期末收集个人的教育叙事。学校引导教师课题研究向留守儿童身心健康方向探索。学校领导和教师先后参与省级课题《留守儿童德育研究》、县级课题《农村留守儿童自信心的培养》《农村留守儿童问题及对策研究》《农村学校留守学生厌学的原因与对策研究》等的研究工作，有力推动了学校农村留守儿童的教育工作。

　　第六，努力争取社会各界爱心关怀，确保留守儿童身心健康成长。近几年，先后有企业、政府、社会人士到HF学校为农村留守儿童捐赠图书、学习文具、生活用品、体育用品和衣物等十余次，价值共计十余万元，为农村留守儿童解决了现实困难和问题，让他们切实感受到了来自社会各界的关心和关怀，有力地促进了农村留守儿童的健康成长。

　　尽管学校在农村留守儿童教育方面积累了一些经验，但还面临着诸多问题。一是农村留守儿童家庭教育缺失严重，学校教育势单力薄。当前学校教育五天制，农村留守儿童双休日、寒暑假、节假日的教育管护不够健全，甚至出现"2>5"的现象。二是构建社区农村留守儿童关爱中心势在必行。为了形成留守儿童教育的闭合化与长效机制，做到与学校教育有效衔接，填补留守儿童教育的空白，迫切需要加强社区化留守儿童关爱教育活动，借助行政部门、教育部门联合行动，通过社区志愿者来实现。三是农村留守儿童需要物质捐助，更需要心理援助。近年来，不同形式的关爱留守儿童献爱心活动非常多，大多以捐赠生活物资、学习用品为主，而且是一种短期行为，对留守儿童的心灵关爱，人生志向、前途理想教育比较匮乏，虽然有但没有形成长效性、系统性的教育机制，导致部分留守儿童和家长"等、靠、要"思想严重，个人求进步、求改变的行为变少，学生个人志向低迷，胸无大志。部分学生心理健康有待辅导。

总之，农村留守儿童教育的现状已经出现非常大的变化。目前农村留守儿童都已能全部入学，随着精准教育资助政策及一系列惠民政策的真正落实，留守儿童的学习生活全部得到政策性的保障。但在留守儿童身心健康教育方面，只有调动城镇社区教育关爱的力量、为个别特殊家庭儿童制定个性化帮扶方案和教育行政部门、社会团体联合施教，方可真正实现留守儿童教育健康持久的发展。

第三章

城乡儿童相互融合
德育模式

流动儿童是中国当前社会转型时期由农民工问题产生的另一个特殊的社会群体。跟留守儿童不同的是，这些孩子跟随父母在城市里生活和学习，可以和父母一起生活，享有亲情的关爱，但是他们却面临着其他的问题和挑战。在中国城乡二元社会结构体制下，"城乡是两个不同的生活世界，城市人和乡下人处于两种不同的生存境遇中，意味着两种不同的身份和地位"①。"儿童出生在城市还是农村，在什么样的家庭环境中成长，决定了他的身份。"② 受长期以来国家实施的城市优先取向的国家政策的深刻影响，流动儿童虽然在城市里生活和学习，却会受到排斥和歧视，处于城市的边缘。城乡儿童相互融合德育模式致力于消除和化解排斥和歧视，让城乡儿童相互理解和尊重，融洽相处和健康成长。

---

① 余秀兰：《中国教育的城乡差异——一种文化再生产现象的分析》，教育科学出版社2004年版，第31页。
② 余秀兰：《中国教育的城乡差异——一种文化再生产现象的分析》，教育科学出版社2004年版，第223页。

第一节　从排斥到融合：流动儿童教育的应然选择

20世纪90年代以来，随着大规模的农民进城务工，流动儿童规模也在逐渐增大。从年龄方面来看，绝大部分流动儿童正处于义务教育年龄段，接受义务教育是流动儿童首要的和主要的生活。自2001年《国务院关于基础教育改革和发展的决定》确立了农民工子女接受义务教育"以流入地为主，以公立学校为主"的"两为主"解决思路以来，国家出台了一系列政策措施，保障农民工子女的受教育权利。这些政策措施的实施发挥了积极的效果，农民工子女上学问题在很大程度上得以解决。从现实情况来看，流动儿童在城市里就读的学校主要有两类，一类是专门接受进城务工农民子弟的打工子弟学校，另一类是城市公办学校。在农民进城务工初期，流动儿童主要是在打工子弟学校就读，之后随着国家对随迁农民工子女在城市上学政策的逐步完善，越来越多的流动儿童已经进入城市公办学校就读。截至2017年，在公办学校就读的进城务工人员随迁子女比例稳定在80%左右，30个省份实现进城务工人员随迁子女在流入地参加高考，15万名进城务工人员随迁子女在流入地报名参加高考。[①] 客观地讲，这是我国政府在推进流动儿童教育公平发展方面取得的显著成绩。但是我们不得不清醒地认识到，由于长期以来受中国城乡二元社会结构体制的深刻影响，当来自农村的流动儿童和城

---

① 曾天山：《新时代教育肩负新使命》，《中国教育报》2017年10月31日。

市出身的城市儿童在城市学校相遇时,他们在生活环境、身份背景等的差异,必然会给学校教育带来诸多的问题和挑战。

一、流动儿童:城市学校里的特殊群体

虽然流动儿童在城市学校里生活和学习,但是他们跟城市学生有着诸多的不同之处,属于城市学校里的特殊群体。一方面,流动儿童家庭经济条件普遍比较差。从实际情况来看,绝大部分流动儿童父母在城市里从事的都是体力劳动,比如建筑、保洁、卖水果蔬菜或早点等,工作比较辛苦,但收入却很微薄。这在很大程度上决定了流动儿童在城市里的物质生活是相对比较简陋的,无法享有同龄的城市儿童一样的相对较为优越的物质生活条件。王杏是一位初中二年级学生,她在小学四年级时就随父母从乡村到距离家乡较近的一个城市生活,她已经在城市度过了四年多的流动生活。父亲平时开着一辆三轮车拉货,收入不稳定,情况好时月收入两千多元,不好时只有五六百元,母亲在一家制衣厂工作,收入比较稳定,每月挣一千四百元。他们家一直租住的是一间不到十五平方米的房子,厨房、卧室、客厅三合一,家里没有写字桌,王杏只好趴在床沿看书和写作业,由于房子狭窄和照明条件也比较差,她的眼睛早就近视了。她说由于自己家里没钱,她很少买零食吃,逛超市时买的东西都是最便宜的。她也很少买新衣服穿,她穿的衣服大都是在城市里的堂姐穿过后给她的。母亲在她七八岁时就已教会她做饭、洗衣服等一些家务活。① 总体上讲,由于父母收入普遍较低,流动儿童在城市的物质生活水平也普遍较低。当然,只有极少数流动儿童的父

---

① 2017 年调研材料。

母由于文化层次稍高和个人能力较强等方面的原因，他们可以从事收入较高的行业，这些务工人员的子女的家庭生活状况随之也会有所改善。

另一方面，流动儿童父母基本上无力对子女进行学业上的指导。从根本上来讲，生存需要还是绝大多数流动儿童父母的首要选择，父母要整日在外奔波挣钱养家糊口，他们自然无法顾及孩子的教育情况。调查研究发现，流动儿童的父母中，只有26%的父母经常检查子女的作业，57.2%的父母有时检查子女的作业，16.8%的父母从不检查子女的作业。而且有一半以上的流动儿童放学回家后，父母并不在家，他们只能与兄弟姐妹在家或者自己一个人在家。父母往往要到晚上七八点后或更晚才回到家，所以这些孩子基本上要承担家务劳动。① 实际上，农民受教育的整体水平偏低，一般情况下，他们也不能对孩子的功课进行有效辅导。况且他们出于生存理性的考量，要把绝大部分时间用来务工赚钱，也没有闲暇时间来检查孩子的作业。在调研中我发现，很多进城务工人员都把孩子托付到"小饭桌"②，将孩子的午饭、午休和作业辅导交给别人来管理。正因为如此，流动儿童的学业发展主要依靠学校和教师，以及他们自己的自觉和努力。当然，很多流动儿童父母对孩子的学习寄予了厚望，希望他们能够通过学习改变命运，将来过上较好的生活。与此同时，有些流动儿童父母的教育意识不强，教育观念落后，导致他们对孩子的教育引导不力。

此外，在城市学校里流动儿童在生活习惯和方式、语言表达、

---

① 袁振国主编：《中国教育政策评论2004》，教育科学出版社2004年版，第191页。
② "小饭桌"是近年来兴起的一种现象，服务对象主要是中小学生，负责他们的午饭、午休和作业辅导。

生活观念和态度等方面都存在着差异，这些都表明他们是不同于城市儿童的特殊群体。总而言之，在当前中国城乡二元社会结构体制下，城乡是两个不同的生活世界，造成了城市人和农村人不同的生活境遇和生活背景，城市学校是城市儿童学习和生活的场所，当流动儿童进入城市学校学习和生活时，他们就成为学校里的特殊群体。

二、对流动儿童的排斥和歧视：不容忽视的现象

中国的城乡二元社会结构体制在很大程度上成了城乡之间相互沟通的壁垒和障碍。这种"城乡二元经济结构最突出的制度弊端在于它以制度的方式确定了一种泾渭分明的关于城市与农村的边界，同时也确定了'城市人'和'农村人'的边界"[1]。在长达五十多年的社会发展历程中，国家奉行的实际是"农业哺育工业和农村支援城市"的发展方略[2]，国家的种种制度安排因而也存有明显的"偏袒城市"和"偏袒城市人"的倾向。而且，也正是对城市和城市人的偏袒，使得中国的城乡发展呈现出不平衡的态势，这种不平衡的发展态势不仅体现在经济领域，更是已经渗透到文化领域、教育领域，更为重要的是深入到了城市人和农村人的思想观念和意识之中，形成了城市人的优越心理和农村人的自卑心理。

已有大量的报告报道了农民进入城市务工后的尴尬境遇，他们没有城市的户籍，在城市里买不起房子，生活在城市的边缘地带，没有城市人的最低生活保障，还受到城市人的排斥和歧视，沦落为城市里的"二等公民"。零点调查公司持续3年对京沪汉等地外来人

---

[1] 张乐天：《城乡教育差别的制度归因与缩小差别的政策建议》，《南京师大学报（社会科学版）》2004年第3期。
[2] 闫威、夏振坤：《利益集团视角的中国"三农"问题》，《中国农村观察》2003年第5期。

口的调查显示,"有18%的外来务工经商人员感觉到当地居民的强烈歧视,45%的外来务工经商人员感觉有时会受到歧视或会受到来自某些城里人的歧视"①。李强通过对北京地区70多个农民工的访谈后发现,"多数农民工觉得'被人家看不起'和'受歧视'是最难以忍受的,物质上的、生活上的艰苦倒在其次"②。2004年在广东省东莞市,某公园门口悬挂着一个告示牌上,竟然明目张胆地写道:"禁止外来工入园,违者将罚款100元。"③ 可见,城市人的优越心理已经深深地嵌入他们的意识深处,当农村人跟他们相遇时,就会自然而然地表现出来。与此同时,农民工虽然在城市里工作和生活,推动着城市的建设和发展,但不仅承受着身体上的劳累和艰辛,还受到了城市人对他们的排斥和歧视,承受着精神上的伤害和痛苦。

　　流动儿童,作为农民工的子女,他们在城市中的生活遭遇跟其父母的遭遇毫无二致。这是一位农村孩子在城里的一次经历,他说:"早晨我去上学,一个阿姨骑自行车把我撞了一下,不仅不说'对不起',还扭头瞪了我一眼:'长眼睛了没有?乡下人!'"④ 一篇题为《南京农民工子弟学校入驻高档小区遭业主集体抵制》的文章中说,南京红山民工子弟学校在教育局的协调下落户东方城小区,正在全校师生为有了新校舍高兴时,却遭到小区业主的抗议,认为民工子弟学校"影响了小区形象",红山农民工学校五年级的一名同学投书

---

① 王章华、颜俊:《城市化背景下流动人口社会融合问题分析》,《江西农业大学学报(社会科学版)》2009年第4期。
② 李强:《社会学的"剥夺"理论与我国农民工问题》,《学术界》2004年第4期。
③ 《公园悬挂告示牌"禁止外来工入园"》,http://news.sina.com.cn/s/2004-07-05/05533607020.shtml,2011年10月15日。
④ 黄传会:《我的课桌在哪里——农民工子女教育调查》,人民文学出版社2006年版,第21页。

报社，质问道："我们是不是真的和城里的孩子不一样？我们不也是城市的主人吗？为什么一些叔叔阿姨看不起我们……"看到这样的质问，我们应该引起高度警惕，这些孩子在城市里体验不到对他们的公平对待的话，他们将会如何看待社会，如何看待自己，将会在内心植入什么样的价值观和人生观？

事实上，社会上对农民工及其子女的排斥和歧视现象也已经延伸到了学校。一位由农民工子弟学校转入公办学校就读的初一女生谈到在两类学校里同学之间交往中的差别时讲道："以前在农民工子弟学校时，大家都一样，都是农村来的，谁也不会看不起谁，相互之间很自然，而且大家讲着各自家乡不同的事情，觉得蛮新鲜的，也没有孤独感。现在这里的农民工孩子，在与当地同学相处的过程中，我觉得在表面上同学之间还比较融洽，但如果用心去感受的话，城里的同学对外来同学还是有些歧视、瞧不起的。我在班里有时感到很孤单，孤零零的，心里很难受。"[1] 有教师也讲道："在去年迎元旦排练舞蹈节目时，一个农民工孩子主动报名参加，几个同学嘲笑说：'这样的土老帽也能上台？'"[2] 我在一所城市小学调研时很多教师认为，进城务工人员的子女最大的问题是生活习惯较差，特别是卫生差，不洗澡，尤其是夏天的时候他们身上会散发出臭味，其他学生都躲着他们，远离他们，也不和他们交往和说话。教师还讲道，跟城市学生普遍多才多艺不同的是，进城务工人员的子女基本上没有什么特长，课外书读得少，因此平时表现中显得不自信，甚至有些自卑。[3] 一位城市小学生讲到发生在他们班上的事情：来自

---

[1] 马多秀：《留守儿童和流动儿童生活方式的质性研究》，《江苏教育研究》2009年第10A期。
[2] 鄢展邦：《给农民工子女多一份关爱》，《成才之路》2009年第1期。
[3] 在2014年9月16日在一所城市小学调研时教师的谈话。

农村的女生小华在班里学习成绩排在最后一名，尤其是数学最差，在班里没有人愿意和小华来往，都躲着她，但她还总想逗别人玩。有一次，她故意跟班上男生调侃，结果导致八个男生对她进行围殴。对北京农民工子弟学校的调查发现①，有一半以上的流动儿童（58.3%）不喜欢甚至讨厌北京的孩子，理由主要是他们欺负人（26.2%），看不起人（37.1%），有些孩子甚至从来没有和北京的孩子接触过（3.1%）。教师是流动儿童在城市学校里的"重要他人"，教师对流动儿童入读公办学校的态度在很大程度上也会直接影响到他们在学校的生存处境。研究发现，"虽然教师对流动儿童入读公办学校的总体态度比较积极，但教师关于流动儿童入读对班级教学及自身会产生怎样的影响，是应该把流动儿童单独编班还是混合编班，是否应该给流动儿童做出教学上的改变等方面持中立或偏消极的态度，有相当比例的教师持消极态度"②。总之，"无论是农民工，还是其随迁就学的子女，在融入城市生活的过程中均遭受到各种各样的困难，承受着城市社会种种形式的歧视和排斥。现实表明，城市人对乡村人的歧视已成为一个不容回避的社会问题"③。

事实上，城市人对农民工的歧视和排斥会直接影响到他们融入城市的程度，会"使得农村流动人口在感情上与城市社会产生距离，从而影响他们与城市居民的交往，产生各种各样的紧张、矛盾和冲

---

① 袁振国主编：《中国教育政策评论 2004》，教育科学出版社 2004 年版，第 191 页。
② 曾守锤：《教师对流动儿童入读公办学校的态度研究》，《教育导刊》2008 年第 7 期。
③ 朱小蔓：《关注心灵成长的教育——道德与情感教育的哲思》，北京师范大学出版社 2012 年版，第 122 页。

突，反过来进一步强化他们与城市的不融合"①。有学者通过对93篇农民工子女的作文进行文本分析后发现，有四成左右的学生认为当地人歧视、排斥外地人，因而厌恶城市和自我封闭，怀念乡村生活，迫切希望回到老家；有两成左右的学生认为城市和乡村各有优缺点，既来之则安之，主动适应城市，但认为城市毕竟不是自己的家；不到两成的学生认同并积极融入城市，认为父母在哪里，家就在哪里。②另有研究表明，只有8.3%的农村流动人口对城市社会有"家"的感觉，其他则或是没有"家"的感觉，或说不清楚，或没有答案。③由此可见，对于流动儿童来讲，虽然他们在城市里学习和生活，但一方面城市还没有真正接纳他们，还对他们存在着排斥和歧视，另一方面城市人对他们的排斥和歧视致使他们产生远离城市的心理，总之他们没有真正融入城市之中。而且在城市学校里对流动儿童的排斥和歧视不仅不利于流动儿童的健康成长，也不利于城市儿童的健康成长。正因为如此，消除对流动儿童的排斥和歧视，让流动儿童跟城市儿童相互融合是当前流动儿童教育中面临的困境和挑战。

三、走向融合：流动儿童教育的理性选择

联合国教科文组织在《教育——财富蕴藏其中》的报告中开篇讲道："面对未来的种种挑战，教育看来是使人类朝着和平、自由和

---

① 王春光：《农村流动人口的"半城市化"问题研究》，《社会学研究》2006年第5期。
② 熊易寒：《城市化的孩子：农民工子女的城乡认知与身份意识》，《中国农村观察》2009年第2期。
③ 王春光：《农村流动人口的"半城市化"问题研究》，《社会学研究》2006年第5期。

社会正义迈进的一张必不可少的王牌。因此，委员会在其会议结束时，着重表明了它的这一信念，即教育在人和社会的持续发展中起着重要作用。教育并不是能打开实现所有上述理想之门的'万能钥匙'，也不是'芝麻，开门吧'之类的秘诀，但它的确是一种促进更和谐、更可靠的人类发展的一种主要手段，人类可借其减少贫困、排斥、不理解、压迫、战争等现象。"[1] 教育作为社会的组成部分，既要受到社会的制约，同时还肩负着改造社会的责任，是人们追求美好生活的可能路径。学校教育作为专门培养人的活动，拥有着大量经过专业培训，具有良好的教育素养的教师，需要对各种社会问题和挑战做出积极的应对。当前整个人类社会发展日新月异，不确定性增加，教育环境也在不断变化，学生的生存和生活境遇在改变，这对教育提出了种种严峻的问题和挑战。

　　创建和谐社会是当前中国社会建设的总目标，而教育和谐发展是实现社会和谐的重要基础。中国社会在迅速变迁过程中出现的各种社会矛盾和问题在教育领域的延伸，已经成为建设和谐社会的障碍。在当前中国社会转型时期随着农民工进城务工随迁至城市的流动儿童在城市学校里受到排斥和歧视的遭遇，是教育失谐的现实表现，这也是摆在学校教育面前的一个亟须解决的教育问题。实际上，城乡儿童之间的排斥现象是相互的，当城市儿童排斥和歧视以及远离流动儿童时，流动儿童对城市儿童也会产生情感上的隔阂，也就远离了城市儿童。客观地讲，这种现象和问题的存在不仅不利于流动儿童的健康成长，也不利于城市儿童的健康成长。"城乡变动是我们需要面对的生存样态，城乡矛盾是我们对生存状态的感受，城乡

---

[1]　联合国教科文组织：《教育——财富蕴藏其中》，联合国教科文组织总部中文科译，教育科学出版社1996年版，第1页。

理解是我们对新的价值的诉求。在这一历史进程中，学校要培养数以亿计的学生，向这些发展中的人传播和传递契合社会发展的价值观是学校教育的使命"①。

　　融合教育是二十世纪六七十年代兴起于美国的教育思潮，主张把有障碍的儿童放入正常学生的班级学习和生活，让他们的潜能得到发挥，从而使他们的身心获得健康发展。之后，融合教育的内涵扩展到移民子女的学校适应教育，等等。在本研究中，我将融合教育理念引入到流动儿童教育之中，意在指流动儿童在城市学校里和城市儿童一起学习和生活，他们之间能够相互理解和尊重，共同地健康成长和发展。而且，只有城乡儿童走向相互融合，才能够真正消除流动儿童在城市学校被歧视和被排斥的问题和现象，也是消除城市儿童对流动儿童排斥和歧视的根本路径。总而言之，在当前中国具体的国情下，要实现教育的和谐发展，把融合教育理念引入到流动儿童教育中，消除对流动儿童的排斥和歧视，是流动儿童教育的应然选择。

---

① 朱小蔓：《关注心灵成长的教育——道德与情感教育的哲思》，北京师范大学出版社2012年版，第122页。

第二节　城乡儿童相互融合德育模式的理念解析

在前面的分析中我们已经讲到，城乡是两个不同的世界，城市儿童和农村儿童有着不同的身份和条件、不同的生活观念和习惯等，而且受城乡二元社会体制的深刻影响，城市人在农村人面前具有较强的优越感。那么，当流动儿童进入城市学校的时候，他们也会受到城市儿童对他们的排斥和歧视。城乡儿童走向相互融合是流动儿童在城市学校适应的基础，也是城乡儿童共同健康成长的必要条件。城乡儿童相互融合是指流动儿童在城市学校里和城市儿童共同学习和生活，相互理解和平等相处，共同获得健康的成长和发展。城乡儿童相互融合德育模式的目标是营造和构建适合城乡儿童共同健康成长和发展的学校教育氛围和环境，让城乡儿童相互理解、相互尊重和相互接纳，平等相处和共同成长。当然，城乡儿童相互融合既是城乡儿童相互融合德育模式的目标和结果，更是一个不断求索和迈近目标的过程。具体地讲，城乡儿童相互融合德育模式包含以下基本理念。

一、理解是城乡儿童相互融合的基础

理解即了解、明白、清楚的意思。理解包含两层含义：一是对物的理解，即个体逐步认识事物的联系、本质和规律的一种认知活动；二是对人的理解，即在人际交往中双方相互之间达到共同的认知和情感。在此，理解综合了这两层含义，既包含人与人之间情感

上的认同和接纳,也包含对人之背后的事物的了解。理解不仅是一种认知和情感的智慧行动,还是一种德行表现。当一个人对他人予以理解的时候,是真正站在对方的角度看待和思考问题,内心是一种包容和大度的心态,充满着善意和温暖。在很大程度上来讲,流动儿童在城市学校里受到歧视和排斥是由缺乏理解导致的。在城乡儿童相互融合德育过程中,城市儿童、流动儿童和教师之间的理解是促进城乡儿童相互融合的基础。

在中国城乡二元社会结构体制下,城乡是两个不同的世界,由于生活环境和处境不同,城市人和农村人形成了不同的价值观念、生活方式等。虽然随着中国城市化进程的快速推进,城乡之间人口的流动速度也在加快,但主要是农村人口向城市的流动,而城市人口向农村的流动还较少。而且,以电视为代表的电子媒介的内容也主要传播的是城市生活的内容,而农村生活内容的题材则相对较少。因此,农村儿童对城市文化和城市生活方式越来越熟悉,但是城市儿童只能通过书本和影视等途径了解农村以及农村人的生活,也缺少丰富的农村生活经历和体验,从而不能对农村和农村儿童形成较为客观和真实的认识。在这种情况下,需要学校和教师采取多种方式让城市儿童更多地了解农村的状况和流动儿童的状况,引导城市儿童形成正确的农村和流动儿童观念,认识到农村在中国建设和发展中的重要地位,以及流动儿童真实的生活和生存处境。

朱小蔓教授指出:"人际间的差异性是重要的学习资源,是丰满人的个性的明镜与土壤。"① 城乡之间本来存在着巨大的差异,而且流动儿童又来自不同的地域,各自携带着独特的地域文化,当城市

---

① 朱小蔓:《情感关注:班级育人的基础》,是朱老师在2015年3月14日"第二届全国田家炳中学优秀班主任论坛"的演讲。

儿童和流动儿童聚集在一所学校的时候，他们相互之间呈现出来的差异性是最显著的特点。因此特别需要教师清楚的是，我国是一个地域广阔、区域文化和民族文化多样化的国家，农民工的跨省份、跨区域流动也是文化的跨省份和跨区域流动的过程。正因为如此，流动儿童身上蕴含着丰富多样的教育资源，能够为城市学校教育提供生动鲜活的教育素材，他们所讲的天南海北的方言和各种民间故事、传说，以及从行动中展现出的各种生活习惯等都能够开阔城市儿童的视野，让他们真切感受和体验到中国文化传统的博大精深和丰富多彩，而且这些都会比在书本和影视中看到的更为真实和真切。那么，教师如何很好地开发和利用流动儿童身上所蕴含的这些丰富的教育资源也是他们教育智慧的重要体现。

与此同时，流动儿童在城市学校生活和学习过程中也需要主动积极地去理解城市儿童的价值观念和生活方式。跟农村社会属于熟人社会以及人与人之间的情感联系较为紧密不同的是，城市社会是一个陌生人社会，人与人之间交往中对对方的社会背景缺少了解，相互之间情感联系不够紧密，使得城市人在人际交往中理性参与较强。对于流动儿童来讲，他们需要对城市人的生活环境有较为清楚的认识，并能理解他们在为人处世中的态度和行为习惯。而且深受中国 1949 年后实施的城乡二元社会结构体制的深刻影响，城市人具有较强的优越心理，这对城市儿童来讲也已经成为一种天然的社会文化心理。当城市儿童在学校生活中面对流动儿童的时候，这些心理倾向和特征也会自然地表现和流露出来。流动儿童要对城市儿童在人际交往中表现出来的这些倾向的社会基础具有较为客观的认识，并要对与他们之间的友好和谐相处抱有信心。

实际上，在城乡儿童相互融合过程中除了需要城市儿童和流动儿童之间相互理解之外，还需要教师对城市儿童和流动儿童的深刻理解，这是因为教师是城乡儿童在学校生活中的"重要他人"，教师的观念和行为对他们发挥着榜样和引导作用。一方面，教师要形成正确的流动儿童观念。在实际生活中，受生活条件和环境的限制，流动儿童普遍在个人卫生、生活习惯、学业成绩等方面都存在各种各样的问题，这会给教师开展班级管理工作带来困难，致使一些教师对流动儿童产生心理和情感上的排斥，在很大程度上这会成为流动儿童适应城市学校生活的不利因素。对于教师来讲，不能仅仅从外在和现实的表现来评价流动儿童，而需要更多地思考和寻找背后的原因，更多地从长远的发展的眼光来对待他们。这意味着教师要能够设身处地为流动儿童的健康成长和发展着想，从心底真正地接纳他们。如果教师缺乏对流动儿童的真正理解和体谅的话，则难以促进城市儿童对流动儿童的理解和接纳。另一方面，教师要形成正确的城市儿童观念。由于城市经济文化生活水平较高，而且独生子女学生占绝大多数，父母在子女学业发展中参与度较高，所以城市儿童在学业、才艺等各个方面的表现会较为突出。此外受长期的生活环境的影响，城市人优越的社会文化心理也会在城市儿童身上得到映射，这都会使得城市儿童在学校生活中跟流动儿童相处时占据优势地位，成为他们平等相处的障碍。那么对于教师来讲，要对此有较为深刻的认识和理解，以发展的眼光来看待他们，给予城市儿童在价值观念方面以合适的引导，同时还要对城乡儿童之间融洽相处抱有信心。

事实上，教师对待城乡儿童过程中会受到"惯习"的支配。"惯习"是法国社会学家布迪厄提出的一个概念，是指一套持续的、可转换的性情倾向系统，是处于同一社会阶层的人的"集体无意识"，能够使个体以共同的特有的态度进行分类、选择、评价和行动。比如，在部分城市人的眼里农村人就是"乡下人""土巴佬"，这是一种歧视性的称谓，他们看不到农民身上的朴实、朴素，即使感受到了也通常会认为是落后的表现。同样在部分农村人眼里，城市人的做事方式太势利，不厚道。这些就是人们在交往中无意识地遵循着"惯习"逻辑的体现，即个体会按照自己所形成的那套认知方式和性情倾向去看待对方。① 这意味着，具有不同"惯习"的教师对待城乡儿童的方式也会不同。一般来讲，城市出身的教师和城市儿童之间，以及农村出身的教师和流动儿童之间各自会容易形成共识和认同，相反，城市出身的教师和流动儿童之间，以及农村出身的教师和城市儿童之间各自会容易产生矛盾和冲突。因此在很大程度上来讲，教师要形成正确的城乡儿童观念，促进城乡儿童之间的相互理解，首先是要克服他们自己在长期的生活环境影响下所形成的"惯习"的不利影响。总之，城乡儿童之间相互理解是他们相互接纳的前提，也能够为他们相互融合奠定基础。

二、平等是城乡儿童相互融合的关键

城乡儿童之间要走向相互融合，除了要相互理解之外，还需要建立平等的关系。这是因为在人际关系中，如果双方不是平等的关系，那么双方之间就没有站在同一个起点上，也是难以实现相互融合的。然而事实上我们需要清楚地认识到，城乡儿童之间不平等的关系却是客观事实。这是因为在当前城乡二元社会结构体制下城乡之间发展不均衡，城乡教育资源分配也不均衡，农村儿童学业发展要远远落后于城市儿童，以及长期的城市中心取向政策的影响，致

---

① 马多秀：《不同对待的逻辑——基于场域视角的课堂师生关系透视》，《当代教育科学》2010 年第 22 期。

使城市人形成了优越心理和农村人形成了自卑心理。这些倾向也会深刻地在城市儿童和流动儿童的潜意识中烙上痕迹,成为城乡儿童相处时不平等关系的社会心理基础。在这种不平等关系的社会心理映射下,城市儿童面对流动儿童时会流露出他们的优越心理,也不可能真正尊重流动儿童,流动儿童也不可能从跟城市儿童的相处中获得自信,同时流动儿童也不会真正把城市儿童看作同伴,城市儿童也难以获得流动儿童的友谊,这样他们之间也就无法相互靠近、相互尊重、平等相处。这种不平等关系的客观存在意味着城乡儿童之间建立真正平等的关系面临着诸多困难,将是一个长期和艰难的过程。

主体间性理论对于城乡儿童之间建立平等关系具有重要启迪。"主体间性又被译为'交互主体性'或'共主体性',是指人作为主体在对象化的活动中与他者的关联性","哈贝马斯通过交往理性把片面的主体性升华为交互主体性,展示了主体—主体的新结构,从而超越了主体性哲学,使主体与主体可以直接面对和平等交流,揭示了主体与主体间的共通性。它把片面的主体性升华为交互主体性,从而也肯定他者的主体性,并承认只有主体间的平等对话,才能全面、充分地体现自我和他我的共主体性"。[①] 把主体间性理论运用到城乡儿童关系建构中对于建立他们之间的平等关系至关重要。按照主体间性理论的要求,城乡儿童之间建立主体间性的平等关系具有三层含义:一是要承认城乡儿童在相互交往中都具有主体性,是人对人的主—主关系,而不是人对物的主—客关系,也就是说城市儿童和流动儿童属于共主体性关系;二是城乡儿童作为交往主体,他

---

① 陈绍芳:《城市化进程中文化融合的哲学解读》,《社会科学家》2010年第5期。

们之间的关系是平等的,而不是一个主体高于另一个主体的不平等关系;三是城乡儿童之间是相互依存和相互依赖的关系,他们只有相互承认和肯定对方才能够真正获得对自身的承认和肯定,他们相互之间是共在和共生的关系。

不可否认的是,这种城乡儿童之间平等关系的建立面临着诸多困难和挑战,既需要整个社会消除城乡二元社会结构体制的消极影响,促进城乡之间和谐发展,又需要城市人和农村人之间平等关系的形成,更需要城乡儿童自身观念的更新和转变,还需要和谐、平等的学校人际关系的形成和建立。事实上,整个社会的宏观环境的改变需要一个较长的过程,也是教育者个体难以实现的,但是学校微观环境的建设和改善却是可能的和可控的,可以由微环境的改善入手去促进整个社会环境的改善,而且在学校教育中城乡儿童之间平等关系建立的关键是教师要做好教育引导。最为重要的一点是,教师要清楚地认识到,在城市学校里城市儿童和流动儿童之间是共在和共生的,要一起上课、一起自习、一起活动等,他们之间是相互影响的,而不是相互割裂的。因此,教师在教育过程中要为他们创造相互共处和合作的条件与机会,让他们在相互对话和交流中获得彼此的肯定和承认,建立平等的共主体关系,从而真正促进平等关系的建立。

综上所述,只有城乡儿童之间建立主体间性的平等关系,他们才能够相互承认和肯定,在共在和共生中走向融合。所以说,城乡儿童之间建立主体间性的平等关系是他们相互融合的关键。

三、提升流动儿童的"内生力"是城乡儿童相互融合的重心

"内生力"缺失是流动儿童普遍存在的问题。我在调研中发现,

很多教师讲道:"流动儿童在学校生活中普遍比较自卑、胆小、沉默,不仅学习习惯不好,不按时完成作业,拖欠作业,即使完成了也会错一大片!而且,他们的生活习惯和卫生习惯也较差,他们对自己要求不严格,各方面表现松散、随便,对任何事都满不在乎。"实际上,这些既是流动儿童缺乏内生力的原因,也是他们缺乏内生力的现实表现。当然我们明白在很大程度上流动儿童身上出现的这些问题根源在于家庭教育的缺失,是跟他们所处的家庭环境紧密相关的。但是当他们来到城市学校的时候,学校则要自觉承担起相应的教育责任,因此学校教育要力争弥补家庭教育的缺失和缺位,给予他们鼓励和支持,让他们找到学习和生活上的勇气和自信。当流动儿童内在的精神品质和力量增强的时候,才能够展现出积极、乐观、向上的姿态,才能够与城市儿童自信地相处并获得对方的赞赏和肯定。因此不断提升流动儿童的内生力是学校促进城乡儿童相互融合的重心。

所谓流动儿童的"内生力"是指培养他们的自主意识以及自强、自立、自信等内在的精神品质。[①] 这种精神品质是流动儿童在日常的教育生活中通过不断实践由内而外地生成的,是支撑流动儿童在城市学校良好适应的内在力量。在实践中,不少教师已经积累了丰富的经验来培养流动儿童良好的学习和生活习惯,增强他们的自信心,帮助流动儿童不断地提升内生力。这些经验可以归纳为以下三点。

第一,教师要经常与流动儿童交流和沟通,了解他们的内心世界和心理困惑,并提供一些帮助。对于流动儿童来讲,他们从农村来到城市,会存在生活习惯、行为方式等方面的不适应问题,而且

---

① 湛卫清:《融合教育:农民工随迁子女教育的新策略》,《人民教育》2009年第11期。

由于生活和学习环境的改变,会出现畏惧、担忧等心理方面的问题。正因为如此,教师要多和流动儿童谈心,及时掌握他们的真实状况,提供必要的支持。在学业方面,教师可以亲自给他们辅导功课,答疑解惑,或派优秀学生帮扶流动儿童学习功课,以此提升流动儿童的学业成绩,增强他们学习方面的信心。与此同时,教师还要及时进行家访,跟家长积极沟通,取得家长对学校教育的支持与配合,并让家长想办法多为孩子的成长和教育付出时间和精力,多关心和照顾孩子,发挥家庭教育的优势。此外还可以通过家长会等途径帮助部分家长改变不良的教育观念,并树立科学的教育观念,督促家长积极地履行教育孩子的责任,从而实现家校联合,达到协同育人的目的。

第二,教师要善于发现流动儿童身上的闪光点。由于流动儿童以前主要在农村生活和学习,绝大部分流动儿童相较于城市儿童来说心理都比较单纯,思想比较封闭,而且他们渴望关怀和爱,特别是教师和同学对他们的认可和肯定对他们树立自信是尤为重要的。苏霍姆林斯基指出:"如果儿童不仅知道而且体会到教师和集体对他个人的优点既注意到了,又很赞赏的话,那么他就会尽一切努力变得更好。事实上教育技巧的全部奥秘也就在于如何爱护儿童这种积极向上的精神和努力提高道德水平的积极性。"[①] 因此,老师要尽量多发现流动儿童身上的闪光点并给予肯定和表扬,借此帮助他们树立在全班同学心目中的威信,让他们在班级中抬起头来自信地做人、愉悦地学习,从而培养他们努力拼搏的精神和积极进取的心态,以及内在的自信和勇气。

---

① [苏]苏霍姆林斯基:《要相信孩子》,汪彭庚译,教育科学出版社2009年版,第9—10页。

第三，教师要鼓励流动儿童积极参加学校组织的各种文体活动，锻炼他们多方面的才艺素质，促进他们全面发展。提升才艺素质既是儿童全面成长和发展的组成部分，也是丰富他们的日常生活和提升他们的自信心等内在力量的重要方式。重视和开发儿童的各种才艺潜质和培养他们的才艺素质已经成为诸多家长和教师的共识。但受家庭经济条件等方面的限制，流动儿童在才艺方面的训练和培训较少，他们在才艺素质方面的表现较为普通，不利于内生力的提升。一方面学校和教师要多创造条件和机会组织各种个体性活动，另一方面教师要鼓励流动儿童积极参与学校组织的各种文体活动，提升才艺方面的能力和素质。当流动儿童自身的才艺能力和素质提高后，他们的精神面貌会焕然一新，内在的信心和勇气会增强，就能够比较自信地、积极地跟城市儿童交流和交往，从而走向融合。

第三节 城乡儿童相互融合德育模式的实施策略

一、城乡儿童相互融合需要教师的有力引导

"重要他人"这一概念是社会学家米德提出的，是指在个体的发展和成长过程中具有重要影响的人物。毫无疑问，在学校生活中教师是儿童的"重要他人"，对他们的成长和发展发挥着至关重要的影响。马克斯·范梅南指出，现代社会是一个急剧变化的社会，分居和离婚是许多现代家庭生活的现实环境，"有些孩子根本就没有父亲或母亲，或者没有像真正的父母那样的父母，或者家庭中缺少父亲

或母亲""教师们正与一群来自多元化的背景和有着不同的广泛经历的孩子生活在一起。这些教师对这些托付给他们照看的孩子履行着一种'教师替代父母'的职责"。① 这意味着，在学校生活中教师对儿童的健康成长和发展要承担和肩负起更加重要的教育责任。具体地讲，在城市学校中，城乡儿童的相互融合在很大程度上要取决于教师的有力引导，或者说教师的有力引导是城乡儿童相互融合的保障。那么，教师在引导城乡儿童相互融合过程中需要做到哪些方面呢？

首先，教师自身要公正地对待所有学生，尤其是不能歧视和排斥流动儿童。朱小蔓教授认为，道德范畴中最核心的因素就是尊重和公正，只有在尊重和公正基础上营造的德育氛围，才有助于道德人格的塑造。② 尤其是对于流动儿童来讲，他们本身有自卑心理，他们对教师的态度体验更细致、更深刻，也更渴望得到教师的公正对待，获得心理上的自尊和自信。然而在教育实践中，部分教师自身对流动儿童存在偏见心理倾向，不仅导致流动儿童无法从这些教师身上获得自信，还导致城市儿童的优越心理更强，对流动儿童的歧视和排斥更严重。因此，教师消除一切偏见，公平公正地对待所有孩子是引导城乡儿童相互融合、和睦相处的基本前提。

其次，教师要拥有一颗敏感的心灵，能够及时觉察和发现不同儿童行为表现和内在心理的变化，并给予他们适当的引导。教师要引导城乡儿童相互融合和愉快相处，除了自身拥有一颗公正的心灵之外，还需要拥有一颗敏感的心灵，要能够及时感受和体悟到城乡

---

① ［加］马克斯·范梅南：《教学机智——教育智慧的意蕴》，李树英译，教育科学出版社2001年版，第8页。
② 杨韶刚：《道德教育心理学》，上海教育出版社2007年版，第247页。

儿童交往过程中出现的各种问题，给予妥善的解决，引导他们相互理解和尊重，和睦相处。《现代汉语词典》中对"敏感"的解释是"生理上或心理上或对外界事物反应很快"，它的反义词则是迟钝、麻木。也就是说，敏感指的是个体对外界信息的快速识别和反应。如果一个人身处各种危机之中但他对此毫无知觉，那么这个人就缺乏敏感性，他对外界事物及其变化反应是比较迟钝的，其后果自然是不可想象的。一方面，流动儿童进入城市学校后，他们自身面临着多方面的适应需要，心理体验肯定是复杂的；另一方面，城市儿童自身的生活环境也在发生着变化，会导致他们心理出现波澜起伏的变化。教师对城乡儿童心理上的变化要能够迅速地觉察到，并采取适当的措施应对。当然，教师对儿童持有的敏感之心往往是以爱为基础的。苏霍姆林斯基指出："教育者最可贵的品质之一就是人性，就是对孩子们的深沉的爱，父母亲的亲昵温存同睿智的严厉和严格要求相结合的那种爱。"[①] 当教师对学生倾注了满腔的爱心时，他们就会对学生的教育事务比较敏感，能够体察学生的处境，产生移情性理解。

最后，教师要营造城乡儿童相互融合的教育氛围。教育氛围就是教育气氛，它是一种摸不着、看不到，但是可以感受和体会到的心理氛围。教育氛围是教师和学生在长期的教育生活中逐渐形成的，本身具有价值引导的作用。教育氛围不同，对学生的价值引导也就不同。需要清楚的是，在教育氛围形成过程中教师要发挥主导作用，也就是说，教师的引导是什么样的，教育氛围就会是什么样的，教师要实现什么样的目标，就需要营造什么样的教育氛围。实践中，

---

① [苏]苏霍姆林斯基：《育人三部曲》，毕淑芝等译，人民教育出版社1998年版，第13页。

教师要促进城乡儿童相互融合，就必须努力创造相应的教育氛围。比如，教师可以组织开展城乡儿童手牵手和交朋友活动，这样有助于他们相互了解和相互靠近；可以开展寻找同学优点活动，让每个儿童都感受到相互的认可和肯定，自信地相互交往和成长；可以开展以"我的家乡"为主题的演讲活动，增进城乡儿童对不同地区文化风貌和城乡特征的了解等。总之，城乡儿童相互融合需要适宜的教育氛围，教师在创造适宜城乡儿童相互融合的教育氛围中要发挥主导作用。

此外需要提醒的是，由于受长期的城乡二元社会体制的深刻影响，城市人的优越心理已经成为一种独特的社会心理，那么当城乡儿童在城市学校相遇时，他们之间发生矛盾和冲突是在所难免的，对于教师来讲，如何化解矛盾和冲突是考验教师智慧和能力的重要契机。在教育实践中我们看到个别教师不想动脑筋解决问题，只会采取简单的分离的办法，即把流动儿童和城市儿童分开，不让他们相互接触，认为这样就避免了矛盾和冲突的发生。事实上，这是最省事当然也是最缺乏智慧的处理方式。对于具有强烈的责任心和丰富的教育智慧的教师来讲，他们则会仔细地查询矛盾和冲突产生的过程，以及认真地思考隐藏在事件背后的原因，耐心地引导城市儿童和流动儿童进行自我反思，让他们各自发现自身存在的问题，从而在改变中走向相互的理解和接纳。这才是从根本上解决问题，也才是真正充分发挥教师的引导作用。

二、城乡儿童相互融合需要多样化的课程设置

教学是学校的中心任务，课程是开展教学活动的内容载体，课程本身体现出来的价值倾向会直接影响城乡儿童的融合教育。长期

以来，我国中小学实施的课程都是由国家统一制定的，而且还具有明显的城市中心取向，"整个教育内容都以城市文明为旨归，缺乏相应的农村生活经验"①。在国家统一课程设计和安排下，由于课程内容是城市儿童所熟悉的，所以城市儿童在学习中就易于理解和掌握，相反这会给农村儿童对学习内容的理解和掌握带来更多的困难，在很大程度上讲，这也会造成很多农村儿童成为学业发展上的失败者。正因为如此，可以说这也是阻碍城乡儿童相互融合的重要因素。对于城市学校来讲，当流动儿童进入城市学校后，生源的多样性和异质性要求课程设置也要多样化。确切地讲，在当前城乡二元社会体制下，要实现城乡儿童的相互融合，就必须走出单一的国家课程的限制，为城乡儿童提供多样化的课程选择，让他们都能够在课程学习中获得成功体验和学习信心。新课程改革中提出了"三级课程"的设置构想，包括国家课程、地方课程和校本课程，这为学校课程的合理设置提供了空间，课程设置的灵活性、适切性有了更好的政策条件和保障，这也为城乡儿童相互融合提供了课程多样化的政策基础。

那么对于城市学校来讲，如何在国家课程之外，充分利用校本课程的空间，从而提出多样化的课程设置以适应学生异质性和多样性的现实情况呢？一方面，需要增设农村题材和体现农村文化的课程。由于流动儿童对农村题材和体现农村文化的课程比较熟悉，理解和掌握起来较为容易，因此他们参与学习的积极性肯定会比较高。这也能够为流动儿童创造自我展示和表现的机会和条件，充分发挥他们的主体性，使他们真正融入教学过程之中，与此同时这也能够为城市儿童提供了解农村生活和文化的机会，增进城乡儿童之间的

---

① 庞守兴：《困惑与超越——新中国农村教育忧思录》，广西师范大学出版社2003年版，第12页。

相互认识和理解。另一方面，要吸纳流动儿童身上隐含的文化元素，加强校园隐性课程建设。校园是儿童生活的重要场所，校园的设计和规划的理念，以及所有可见的教室、图书馆和一草一木等都是重要的隐性课程，对城乡儿童产生着潜移默化的影响。因此，在校园环境建设和文化氛围营造中要积极渗透农村生活和文化的元素，特别还要把来自不同区域和不同民族的流动儿童所特有的文化元素吸纳进来，让校园环境中包含的隐性课程呈现出多元化和多样化，从而让所有城乡儿童在校园生活中都能够体验到亲切感和找到学校归属感。总而言之，多样化的课程设置不仅是对现行国家课程中存在的城市取向的一种纠偏，更能够照顾城乡儿童异质性和多样性的特点，促进城乡儿童之间相互的认识和了解，让他们在相互分享和交流中走向融合。

三、城乡儿童相互融合需要合理的班级编排

班级是学校组织和管理的基本单位，也是学生在学校生活和学习的基本组织单位。流动儿童在城市学校里生活和学习还面临着班级编排问题，而且班级编排的方式也是直接影响城乡儿童融合教育的重要因素。当前在城市学校里对流动儿童的班级编排问题上存在两种方式，一种是"分班"方式，另一种是"混班"方式，前者是专门把流动儿童编成一个班级，跟城市儿童区别开来，后者是把流动儿童和城市儿童混合在一个班级内。从城乡儿童相互融合的角度来看，分班编排虽然是基于城乡儿童学业发展水平差异以及生活习惯不同等方面的现实考虑，但是却把城乡儿童相互切分和隔离开来，他们失去了共同生活的空间和机会，无助于城乡儿童相互融合。对于分班方式存在的弊端，有专家已经严肃地指出，"有的学校对城市

和乡村不同生源的学生实行'分离'的管理政策，异校、异班区分安置，人为地增加了不同生源之间的隔阂"①。所以说，分班方式是一种不利于城乡儿童相互融合的班级编排方式。相反，混班编排方式为城乡儿童提供了共同生活和学习的机会和平台，不仅能够减少城乡儿童之间相互的隔阂，还能促进相互的对话和沟通，以及更好地促进流动儿童对城市学校生活和学习的适应，同时还促进城乡儿童包容、开放等品质的生成。正是从这个意义上讲，混班编排方式是促进城乡儿童相互融合的比较合理的班级编排方式。当然，到底采取何种班级编排方式，这跟学校教育的基本理念是紧密关联的。如果学校仅仅是执行上级教育行政机关的政策，允许流动儿童在城市学校接受教育，但又担心流动儿童给学校带来不利影响的话，他们就会采取分班编排方式；反之，如果学校是从促进流动儿童在城市学校良好适应和促进他们健康成长的角度出发的话，他们就会采取混班编排方式。

需要注意的是，在混班编排的班级内部也要防止对流动儿童的另类对待。在教育实践中我们发现存在有些班主任或任课教师区分对待学生的现象，他们会给那些学业成绩差、行为习惯差的学生设置特殊座位，比如会把这些学生安排在教室后面的角落或教室前面的角落，把他们和班上其他学生隔离开来，故意地孤立这些学生，给他们贴上特殊学生的标签。由于流动儿童的学习基础普遍较为薄弱，行为习惯也存在各种问题，他们往往会成为被隔离的对象，被教师人为地从班级中孤立出来。毫无疑问，当出现流动儿童由于学业或行为问题而被教师隔离的情况后，这些流动儿童自身会降低参

---

① 朱小蔓：《关注心灵成长的教育——道德与情感教育的哲思》，北京师范大学出版社 2012 年版，第 124 页。

与班级活动的积极性,他们的自信心也会随之降低。与此同时,班级其他同学也会对他们形成"坏孩子"等负面的心理认识,也会减少跟他们的接触和交流,这种流动儿童在班级内部被隔离的状况不利于他们的健康成长和发展。事实上,教师在班级内区别对待和隔离学生的做法违背了教育的真义,这会对班级所有学生造成负面的影响。所以,教师要警惕班级内部的这种隔离现象,深刻认识到这种现象对城乡儿童相互融合的不利影响,从而更要自觉地防止和抵制这种现象的发生。总之,只有那种没有隔离和孤立的混班编排才能够真正地促进城乡儿童的相互融合和健康成长。

四、城乡儿童相互融合需要根植于生活的实践体验

城乡儿童相互融合既是积极促进流动儿童在城市学校良好适应的教育策略,更是一种促进城乡儿童身心健康成长和发展的价值观教育。作为一种价值观教育,城乡儿童相互融合教育不仅需要教师让城乡儿童对融合教育的内涵以及意义和价值有较为深刻的认识和理解,还要让城乡儿童把走向融合作为他们的一种自觉的价值追求。那么,教师要想让一种价值观念真正内化为儿童内在的价值信念,并作为他们自觉履行的道德要求,必须诉诸儿童真实的生活实践的体验才有可能。体验是指个体对自己所经历的情境或活动的内在感受和领悟,教育现象学非常重视体验在教育中的价值,认为尽管体验包含着高度个体化和个性化的特征,甚至有较大的模糊性,但是"如果在我们的思考中不注意生活经历的意义这一极为捉摸不定的因素,那么现象学也就没有存在的必要"[①]。对于城乡儿童来讲,他们

---

① [加] 马克斯·范梅南:《生活体验研究——人文科学视野中的教育学》,宋广文等译,教育科学出版社 2003 年版,第 66 页。

只有通过自己真实的经历和体验才能够对某种价值观从内心深处产生情感上的认同和行为上的遵守。正因为如此，城乡儿童相互融合的价值观教育必须要为城乡儿童提供多种多样的生活实践和体验的机会。

那么，城市学校可以组织城乡儿童参加什么样的生活实践以提升他们的融合教育的效果呢？参加农业劳动、社会调研、参观等都是可供选择的生活实践和体验的教育方式。一是城市学校可以组织城乡儿童奔赴农村参加农业劳动体验活动。对于城市儿童来讲，他们到农村体验乡村生活，参加一些农业劳动，体验生产劳动的艰辛和快乐，能够增强对农村和农民生活的了解和体验，同时会更了解农村儿童本身的生活环境和条件，增进对他们的认识和理解。二是组织城乡儿童开展有关农民工生活状况问题的社会调研。城市学校可以组织城乡儿童开展对进城务工人员的调研活动，通过访谈、问卷等，了解他们的生存境况，加深对这个群体的认识和了解。他们甚至可以用流动儿童父母为调研对象，这样不仅能够让流动儿童对父母劳动的艰辛产生深刻的体验，还可以增强城市儿童对流动儿童的家庭情况的了解。此外，城乡儿童还可以到进城务工人员较为集中的地方参加志愿活动，如为进城务工人员表演节目等，丰富他们的业余生活。三是城市学校可以组织城乡儿童共同到城市科技馆等开展参观活动，城市儿童和流动儿童结对参观，感受和体验城市的先进科技文化，在这个过程中增进彼此的了解和增强彼此的友谊。总之，城市学校通过组织这些社会实践活动，可以增强城乡儿童对城市和乡村生活的体验和感受，增进相互的理解和认同，促进相互的接纳和融合。

第四节 城乡儿童相互融合德育模式的实施案例

城乡儿童相互融合德育模式旨在促进城乡儿童之间相互理解、相互平等的教育氛围的形成以促使他们共同健康地成长和发展。SX省BJ市WB区HT小学、XJL中学和JEL小学在城乡儿童相互融合德育实践中积累了较为丰富的经验。

一、HT小学在城乡儿童融合德育实践中的探索

HT小学位于SX省BJ市WB区，原名为QYLQ子弟学校，是一所工厂子弟小学，2013年和XJZ小学合并后更名为HT小学。近些年来，随着大量的农村青壮年劳动力进城务工，HT小学生源的异质性成分增多，除了工厂子弟和XJZ小学原来的当地农民子弟外，还包括部分外来务工人员的子女，即流动儿童，而且这部分学生数量大概占到全校学生总数的三分之一。学校为了积极应对学生成分的变化，促进城乡儿童相互融合，采取了一些措施，并取得了较好的效果。

第一，城乡儿童"混班"编排，为城乡儿童创造共同生活和学习的空间。从城乡儿童相互融合的角度来看，分班编排虽然在很大程度上是基于城乡儿童学业发展水平差异的现实考虑，但是它把城乡儿童相互切分和隔离开来了，城乡儿童没有共同学习和生活的班级空间，这不利于城乡儿童相互融合。而"混班"编排方式为城乡

儿童提供了共同生活和学习的平台，能够减少相互的隔阂，更好地促进流动儿童的城市生活适应力，促进城市儿童包容、开放等品质的生成。正是从这个意义上讲，"混班"编排是促进城乡儿童相互融合的比较合理的班级编排方式。HT 小学采取的是"混班"编排，流动儿童和城市儿童混合在一个班级内共同学习和生活，这样有助于他们相互交流和沟通，也有助于他们相互理解、彼此平等的教育氛围的生成。

第二，开设丰富多彩的课外活动，提升流动儿童的"内生力"。从教育实践来看，流动儿童普遍存在学业成绩较差、文艺才能发展不足等现象，这在很大程度上导致他们在城市学校生活和学习的过程中出现自卑、胆怯、不自信等心理，而提升他们自强、自信、自立的"内生力"是促进他们在城市学校良好适应的基础。HT 小学从这一实际情况出发，充分利用下午课外活动时间开设丰富多彩的课外活动，既包括学科辅导，如语文、数学、英语等，也包括文艺和体育项目，如舞蹈、绘画、朗诵与主持、足球、篮球等，还包括科技项目，如航模、机器人等。全校学生可以自由选择参加自己喜欢的项目，特别鼓励流动儿童积极参加各项课外活动以弥补学业基础的差距，以及文艺才能发展不足的差距，并帮助他们逐渐树立自信心以及自立、自强的意识，激发他们内在的精神力量，提升他们的"内生力"。

第三，教师在城乡儿童相互融合德育中的有力引导。"向师性"是儿童发展的重要心理特征，在日常的学校生活中教师的言行举止都会直接影响到儿童思想和行为的发展。正因为如此，在城乡儿童相互融合过程中教师的有力引导会产生预期的效果，也就是说，教师在日常教育教学生活中努力做到公平公正和创设城乡儿童相互融合的教育氛围等都有助于促进城乡儿童的相互融合和健康成长。需要特别指出的是，班主任在中小学生管理中居于非常特殊和重要的地位，班主任对城乡儿童相互融合德育的认识以及对待流动儿童的态度等都会直接影响到班级氛围的形成和城乡儿童的相互融合的效果。以下是HT小学一位班主任的讲述，我们可以感受到这位班主任在城乡儿童相互融合过程中发挥了重要的引导作用。

> 我们班共有50名学生，其中流动儿童有15名，这些流动儿童存在的主要问题是学习基础薄弱，也几乎没有什么特长，在平时跟别的同学相处中显得比较胆小和自卑。作为班主任，我知道中国城乡差异较大，农村孩子进入城市后面临着很多问题，对学校生活的适应可能是最重要的问题之一。为了让这些流动儿童能够在学习方面取得进步，我通常会把学习成绩好的同学调给他们当同桌，让同桌在平时的学习过程中帮助他们答疑解惑。同时，我还鼓励流动儿童多参加学校举办的各种课外活动，培养他们的文艺特长等。一般来说，这些孩子家长基本上都能意识到自己孩子跟城市孩子的差距，他们也会给孩子积极报名参加各种课外活动。在平时的教育教学过程中，我有意识地引导班上同学要相互团结，互帮互助，相互信任，相互支持，建立团结向上的班集体。我观察和感受到，一学期下来这些流动儿童的学习成绩普遍会有明显提高，文艺特长方面也有了发展，他们在跟其他同学的相处中也显得自然、自信了许多，大家基本上能够相互接受和包容，整个班级气氛比较和谐。

二、XJL 中学在城乡儿童融合德育实践中的努力

XJL 中学位于 BJ 市 WB 区，是一所初级中学，目前全校学生数量已有 3000 余人，教师总数是 178 人。2012 年，XJL 中学和 SX 省 EGS 学校合并，合并后有两个校区，即 XJL 中学校区和 EGS 校区。伴随大量农村青壮年劳动力进城务工，诸多流动儿童也进入 XJL 中学就读，据统计目前流动儿童约占全校学生总数的 15%。近年来，XJL 中学在积极应对流动儿童教育方面也做出了各种努力。

第一，举行"走进家庭，携手育人"教师家访活动。随着城市化步伐的加快，城乡流动更加频繁，XJL 中学的学生的异质性也在增强，生源呈现出多样化的特征。为了更好地联合家庭教育力量，XJL 中学举办了"走进家庭，携手育人"教师家访活动，要求教师要特别关注和了解特殊学生的家庭状况，包括流动儿童、单亲家庭学生、父母离异学生等。由于学生人数较多，教师家访的任务较重，教师只能在繁忙的教学工作之余，抽出时间和精力进行家访。通过家访活动，教师了解了流动儿童的家庭生活状况，对他们在城市的生活处境有了更深的认识和感受。需要指出的是，部分责任心不强的教师在家访过程中也存在敷衍了事、消极应付的现象。家访活动为教师了解学生家庭情况、建立良好的家校关系、联合家庭教育力量，以及更好地开展教育活动奠定了基础。此外，XJL 中学在每学期还要举办家长会，教师给家长通报学生在校的表现，跟家长共同探讨和分析学生发展中存在的问题和解决的策略。

第二，设置多样化的课程，促进城乡儿童相互理解和包容。长期以来，我国中小学实施的课程都是由国家统一制定的，而且还具

有明显的城市中心取向。对于城市学校来讲，在流动儿童进入城市学校后，生源的多样性和异质性则要求课程设置也要多样化，需要增设农村题材和体现农村文化的课程，这样才能够为流动儿童创造自我展示和表现的机会和条件，充分发挥他们的主体性，使他们真正融入教学过程之中。同时，多样性的课程设置还能够促进城乡儿童相互的认识、了解，让他们在相互分享和交流中进行自我教育。新课程改革中的三级课程设置，使地方课程和校本课程有了更多的发展空间，课程设置的灵活性、适切性有了更好的政策条件，这也为城乡儿童相互融合提供了课程多样化的政策基础。一方面，XJL中学上级主管部门要求，专门安排课时让学生学习地方课程，该课程图文并茂，插图生动美观，文字言简意赅，介绍了当地的地理风貌、风土人情等，特别是集中概括了当地十二个县区的主要特色，是学生了解本地特色的优秀读本；另一方面，XJL中学教师结合自己所授课程，尽量把体现农村生活和文化的题材增加到课程教学中来，克服国家课程设置的城市中心取向。总之，课程设置方面的改善，增强了城乡儿童相互间的理解和交流，更为重要的是提升了流动儿童在课程学习中的主体性和积极性。

第三，教师在日常的教育生活中引导城乡儿童相互理解、融洽相处。一方面，教师公平公正地对待每一个学生，尤其是不歧视任何一个流动儿童，让每一个学生都能感受到教师对他们的关注和关怀，这有助于流动儿童从教师身上获得自信；另一方面，教师组织城乡儿童手牵手活动，以及同学之间相互找优点活动，促进他们之间相互了解和相互肯定，自信地交往和成长。

三、JEL小学城乡儿童融合教育探索

JEL小学位于SX省BJ市WB区，创建于1944年秋，是省教育

厅首批命名的省级示范小学，现有两个校区，占地面积约19506.7平方米。目前，学校师生总数共计3000余人，教师人数180余人。虽然地处繁华的市区，但近年来由于周围各地青壮年为了生计和子女的教育问题进城务工，因此学校也出现了大量的流动儿童，仅就学校2020年公办义务教育学校招生入学情况来看，起始年级班级人数为622名，随迁子女数为125名，占秋季新生人数的20%。为了更好地促进城乡儿童融合德育，学校以诸多入口为抓手，极大促进了城乡儿童的融合德育并积累了不少经验。

第一，以"全纳·体验"思想为依托，建立适合学生全面发展的成长体系。学校以"我是经小形象，我为经小代言，做最好的自己"系列活动为抓手分层开展德育活动，创新并构建了以"尚美"理念为指导，推行师生、家长、校工全员参与的"种子—花朵—果实"的集卡评价方式，细化评价体系，设置奖品兑换展台。学校各科老师包括校工在内可以对学生的行为做出实时激励，学生在学习、纪律、卫生等各方面表现良好即可获得一张种子卡，集够20张种子卡即可获取一枚花朵贴，集够10枚花朵贴，可换取一枚果实贴，集够一定数量的果实贴即可参加学校组织的研学活动。不论是本地儿童还是流动儿童，这种评价方式能够对学生不经意的、转瞬即逝的行为给予及时强化，提升城乡儿童的自主教育能力，同时更为城乡儿童提供了一个公平公正的平台，有助于城乡儿童之间的交流和竞争。

第二，三维德育实现育人功能。教育部颁布的《中小学德育工作指南》中提出了关于实施德育工作的六大途径，即课程育人、文化育人、活动育人、实践育人、管理育人、协同育人。其中，协同育人提出应该加强家庭教育指导、构建社会共育机制，争取家庭、社会共同参与和支持学校德育工作。基于此，JEL小学在对城乡儿童的德育工作中做出初步探索，即大力推进学校教育、社会教育、家庭教育的相互衔接，尚美育人向家庭辐射、向社会延伸、向社区拓展。为及时灌输学校德育思想，做到协同育人，学校积极开展家长线上讲堂以及线上家长会数次，旨在与家长进行密切沟通，积极配合学校做好孩子的德育工作，并组织城乡学生积极主动参加社区活动，孩子们在活动中相互交流学习，收获颇丰。学校、家庭、社会紧密联系，三维德育共同呵护学生向真向善向美。

第三，利用社团活动建立城乡儿童沟通的桥梁。在对各年级的班主任访谈过程中发现，流动儿童中大部分孩子存在普通话不够标准、文艺方面缺乏自信、与同学打交道时会产生自卑心理等问题。为了促进城乡儿童的交流，JEL小学从学生兴趣出发，组织了一系列社团活动，诸如学校合唱、秦腔、版画、科幻画、机器人、航模及体育社团并面向全校学生公开招募社员，其中秦腔、版画等富含地域特色的社团活动尤其受到孩子们的青睐。本地籍孩子对这些特色社团的课程接触较少，因此通过参加社团能够更熟悉这些课程，而流动儿童小时候受到周围环境的影响，对秦腔、版画等已有接触，在自己熟悉的领域似乎更得心应手，在社团活动时表现得也比较活跃，与本地籍儿童的交流更加频繁，在相互学习中促进了城乡儿童的交流和接触。值得一提的是，由城乡儿童合作表演的秦腔节目在WB区展演活动中获得了优秀表演奖。另外由体育社团组织的三、四年级班级足球联赛和五、六年级班级篮球联赛精彩纷呈，全校约1200名学生参与其中，极大地促进了城乡儿童的合作及交流。

第四，进行一对一帮扶，并对有问题的学生进行心理疏导。为了帮助流动儿童尽快适应学校的生活和环境。学校举行了"一对一帮扶"活动，开学初期由学校统一安排流动儿童的帮扶教师，并定期对其进行家访，与家长进行沟通，针对孩子学习上存在的知识漏洞提出建议，方便家长及时采取措施，在平时学校活动中，鼓励流动儿童积极参加，帮助他们快速融入班集体。另外，以尚美心灵成长课程为依托，学校积极开展心理健康教育的实践服务，完善心理健康教育校本教材，在学科教学中进行渗透，心理咨询室周四下午向全体学生开放，调适了不少流动儿童学生的心理问题，促进了"以美育人"目标的实现。

第四章

三位一体的
立体德育网络模式

第四章
三位一体的立体德育网络模式

在前两章里我们分别分析和探讨了留守儿童心灵关怀德育模式和城乡儿童相互融合德育模式，在本章中我们将集中分析和探讨针对第三类农村儿童的三位一体的立体德育网络模式。相比较而言，生活在农村完整家庭的农村儿童既没有留守儿童亲情缺失的苦恼，也没有流动儿童被排斥和被歧视的尴尬，但是他们的道德成长却面临着学校德育实效性低、家庭德育力量削弱和农村社区德育意识淡漠等困境。客观地讲，农民的文化程度普遍较低，在很大程度上限制着他们对子女实施适当的道德教育，同时伴随城市化的发展，一些农民盲目接受了城市文化中的消费主义、享乐主义等消极思想，致使他们的价值观念产生嬗变，这直接削弱了农村家庭的德育力量。而且很多农村社区组织建设也不够健全，缺乏对农村儿童履行德育的责任感和意识。学校是专门的教育机构，教师具有专业化的德育知识，联合学校以外的多方德育力量共同致力于农村儿童道德成长和发展,是学校德育取得实效的关键。正如美国当代著名教育家欧内斯特·L.博耶在《关于美国教育改革的演讲》一书中《基础教育》报告所指出的:"最近我们听到不少有关学校失败和教育革新的议论。然而,随着时间的推移,我越来越坚定地相信失败的不是学校,而是学校与家庭、社区及宗教机构的伙伴关系。"① 因此我们倡导以学校为主导,协同和整合家庭、社区的德育力量,构建学校、家庭和农村社区三位一体的立体德育网络模式,以共同致力于农村儿童道德的健康成长和发展。

第一节 构建三位一体的立体德育网络面临的困境

三位一体的立体德育网络模式旨在以学校为主导,把农村儿童周围的各种德育力量联合和整合起来,促进农村儿童健康地成长和发展。客观地讲,在当前我国社会转型的背景下,农村社会发生着翻天覆地的变化,构建三位一体的立体德育网络还面临着诸多困境,具体表现在以下几个方面。

一、学校德育实效性较低和学校德育责任的加重

当前,学校德育整体面临实效性低的困境,主要原因在于德育存在知识化和抽象化的倾向。德育知识化倾向主要表现在两个方面:一是把德育等同于道德知识的学习,遗忘了德行的生成不仅包括道

---

① [美]欧内斯特·L.博耶:《关于美国教育改革的演讲》,涂艳国、方彤译,教育科学出版社2002年版,第22页。

德知识还包括道德情感和道德行为。在实践中，通常采用考试的方式考查德育是德育知识化的典型表现。美国教育家杜威区分了"道德观念"和"关于道德的观念"，① 认为道德观念是能够促进良好品格和行为习惯形成的，是个人品格的一部分，而"关于道德的观念"则只是一种知识，与行为无关。他认为，讨论这两种观念的区别是道德教育的根本问题。事实上知识化的德育教给学生的只是"关于道德的观念"，只是一种知识，跟学生的行为无关。现实中经常发生的"知善行恶"的现象就是德育知识化的后果。二是德育是围绕着知识学习展开的，遗忘了学生生活的其他内容。在当前中小学应试教育环境下，学业成绩几乎成为衡量学校和教师教育成效的唯一标准，学校德育的开展往往也是围绕着知识学习展开的。在这种情况下，教师往往会忽视学生其他方面，特别是心理、情感等方面的需求。实际上在现代社会里，一切都在瞬息万变，不确定性在增强，学生的生活处境也在千变万化之中。在学校里学生的异质性增强，特别是现在离异家庭、单亲家庭孩子增多，以及随着农民外出务工，留守学生、流动学生也在增多，变化的生活环境肯定会给他们带来诸多心灵上的挑战，比如恐惧、不安全感、孤单、寂寞等。教师要更多地关注学生生活的具体遭遇并给予他们心灵上的支持、鼓励，才能够促进他们身心的健康成长和发展。所以，走出德育知识化的误区对于提高德育实效至关重要。

德育抽象化倾向主要表现在德育脱离了学生身心发展的具体情况。我们知道学生的身心发展是具有一定规律性的，不同年龄的学生身心发展会具有不同的特点，德育内容的设置要充分考虑学生的

---

① ［美］约翰·杜威：《学校与社会·明日之学校》，赵祥麟等译，人民教育出版社2005年版，第136页。

身心发展特征，不充分考虑学生的身心发展的年龄特征的话，任何德育都不可能取得预期的效果。"小学一年级小朋友给党过生日"的例子就是德育脱离学生实际的德育抽象化的闹剧。一位小学一年级的老师想在"七一"建党日那天给学生进行爱党教育，并策划了给党过生日的德育活动。于是"七一"那天，学生们都兴高采烈地来到学校，围坐在桌子前，在生日蛋糕上插上了蜡烛，等待着"党"的到来。这时，老师说："我们开始给党过生日吧。"可是学生说党还没来呢，生日聚会怎么就要开始呢？当然，不论他们怎么等，都不可能等到孩子们心中的那个可见的"党"。实际上，小学一年级学生的思维处于具体形象阶段，他们对事物的认知主要是通过具体实物来进行的，他们根本不能理解"党"这个抽象的概念。正因为如此，这位教师精心策划的爱党教育活动也不能取得预期效果。总而言之，不论是知识化的德育还是抽象化的德育都没有真正贴近学生具体的、现实的、完整的生活，也就难以真正地促进学生健康成长。当然，随着教育改革和课程改革的深入推进，以及农村教师自身的教育素养的提升，德育知识化和抽象化的问题会逐渐改善，但是这也将是一个漫长的过程。

学校德育还面临着责任加重的困境。在20世纪末，由于国家推行计划生育政策，学龄儿童数量减少，以及城镇化的快速发展，城镇入学需求增加等，于是2001年5月，国务院出台《关于基础教育改革与发展的决定》，要求各省市、地区因地制宜调整农村义务教育学校布局，按照小学就近入学、初中相对集中、优化教育资源配置的原则，合理规划和调整学校布局。伴随着农村中小学布局调整政策的实施，大量农村中小学撤并，在乡镇建立寄宿制学校，寄宿制农村中小学校数量逐渐增加。以陕西省为例，从2002年起陕西省开始对农村中小学进行大规模调整，计划从 2002 年至 2006 年，在 5 年内全省农村小学由 2000 年的 33336 所调整到 26336 所，减少 7000 所，校均规模由 144 人增加到 180 人；初中由 2000 所调整到 1844 所，减少 156 所，校均规模由 930 人增加到 1000 人以上。[①] 大量的村小撤并后建立起来的以乡镇为中心的寄宿制农村中小学校，学校规模普遍较大，而且农村学生在校时间也延长了。然而当前农村中小学校师资补充还存在着严重不足的问题，在这种情况下，在校教师不仅要承担日常繁重的教育教学工作，还要扮演生活教师的角色，承担寄宿学生的生活照料任务。从这个意义上来讲，学校德育的责任在明显地加重，"使得学校教育往往承担着儿童教育的全部责任，对教师的教育责任和期待也被空前提高"[②]。一句话，伴随大量的寄宿制农村中小学校的建立，农村儿童在校时间延长，学校德育责任也加重了，这是不能忽视的现实状况。另外从德育对象上来讲，我们已经清楚当前农村儿童分化成不同的群体，其中留守儿童是农村学校的特殊群体，由于父母双方或一方外出务工，留守儿童的亲情严重缺失，需要教师给予他们心灵关怀，学校德育既面临着严重的挑战，也使得学校德育责任加重。如前所述，由于父母外出务工，留守儿童的亲情需要往往不能得到满足，心理方面容易出现孤独、寂寞、脆弱、胆小、怨恨等倾向，特殊情况下还会导致自杀、犯罪等。这些现象表明这些留守儿童处于心灵关怀缺失的状况之中，满足他们心灵关怀需要是学校德育的责任和任务。所以在日常教育教学生活中教师不仅要完成课程设置要求的各项德育任务，而且要给

[①] 范先佐等：《中国中西部地区农村中小学合理布局结构研究》，中国社会科学出版社 2009 年版，第 42 页。

[②] 葛春：《变革背景下的农村教师"体制内生存"与日常反抗》，博士学位论文，南京师范大学，2010 年，第 49 页。

予留守儿童情感上的关怀和关爱，这无疑也会增加学校德育的责任和负担。当然我们也要清楚地认识到，由于寄宿制农村中小学校数量增多，学生在校时间延长，以及留守儿童是农村学校学生的重要组成部分，而且他们对教师有着特殊的渴望和需求，在这种具体情况下，教师要面对和迎接这些挑战和任务，需要他们具有较高的思想觉悟，以及投身教育的热情和积极性。正因为如此，培养高觉悟、高素质的农村教师队伍是当前农村教育发展的重中之重。

二、家庭德育力量的削弱和家校合作效果不理想

福禄培尔说："家庭生活在儿童成长的每一个时期，乃至在人的整个一生中，都是无可比拟地重要的。"① 家庭是儿童社会化的第一个场所，父母是儿童的第一任教师。颜之推说："夫风化者，自上而行下者也，自先而行后者也。"② 由于父母与子女之间具有血缘关系，所以父母的言行举止对子女时时刻刻都产生着潜移默化的影响。正如马卡连柯指出的："不要以为只有在你们同儿童谈话、教训他、命令他的时候才是教育，你们是在生活的每时每刻，甚至你们不在场的时候，也在教育儿童。你们怎样穿戴、怎样同别人讲话，怎么谈论别人，怎样欢乐和发愁，怎样对待朋友和敌人，怎么笑，怎样读报，这一切对儿童都有着重要的意义。"③ 一句话，子女的成长需要父母的教育引导，而且父母对子女的影响具有深刻性、全面性和终身性，家庭在子女道德成长过程中肩负着无与伦比和无法替代的

---

① ［德］福禄培尔：《人的教育》，孙祖复译，人民教育出版社 1964 年版，第 317 页。
② 张霭堂：《颜之推全集译注》（治家），齐鲁书社 2004 年版，第 24 页。
③ 吴金鹏：《母亲素质与未成年人犯罪预防》，《青少年犯罪研究》2005 年第 2 期。

重要责任。

然而在当前社会转型背景下部分农村家庭却难以承担起抚育和培养子女的责任,家庭德育力量在削弱。一方面,部分父母不能给子女提供完整的家庭生活。社会学家费孝通认为,"婚姻是社会为孩子们确定父母的手段""婚姻之外的两性关系之所以受限制还是因为要维持和保证对儿女的长期的抚育作用,有必要防止发生破坏婚姻关系稳定性的因素"。① 夫妻双方对婚姻的坚守是使子女获得完整家庭生活的前提和基础,也是父母正常地履行对子女的德育责任的保障,而父母婚姻关系的破裂则意味着家庭德育力量的削弱。但是随着城市化的发展,农民的婚姻价值观念发生了巨大嬗变,农民工群体离婚率在飙升。对重庆市农民工离婚状况的调查显示,2009 年重庆市农民工较多的区县离婚率都偏高:南川有 2040 对婚姻解体,结婚、离婚比例达到 2.5∶1;长寿区有 7774 对新人成为夫妻,有 2622 对夫妻成为陌路人,结离婚比例为 2.9∶1;璧山区的结离婚比例是 2.9∶1。另外,许多偏远的区县的结离婚比例超过重庆市平均结离婚比例 3.5∶1。2010 年,对重庆市 1000 余名农民工随机抽样调查发现,结离婚比例竟然高达 2.8∶1,这意味着 1000 个农民工中有 350 人处于离婚状态,远远高于 2009 年重庆市平均结离婚比例。② 以赣南某县法院受理的农民工离婚案件为例,2007 年 1 月至 12 月,共受理离婚案件 52 件,其中涉及农民工的离婚案件就有 25 件,农民工离婚案件占离婚案件总数的 48.07%,与 2006 年同期相比增长了 36.5%。这些现象一定程度上表明农民工高离婚率现象在全国都

---

① 费孝通:《乡土中国 生育制度》,北京大学出版社 1998 年版,第 125 页。
② 《2010 年重庆市农民工离婚现状调查情况》,http://www.docin.com/p-87609125.html,2010 年 11 月 15 日。

已成为普遍现象。这种现象不仅导致农民自身婚姻状况的改变，更为重要的是导致子女完整家庭生活的破碎化和肢解化。另外伴随农民工高离婚率现象，在农村还出现了诸多"第三者""婚外情"现象。这意味着这些家庭的孩子拥有完整的家庭生活的梦想已经破灭。事实上，父母能够给予孩子的最好的礼物就是父母之间相亲相爱、相互尊重，父母与子女之间父慈子孝，这样为孩子营造一个完整、温馨、和睦的家庭氛围，让他们享有充足的父爱和母爱，满足他们基本的情感需要，从而促进他们健康地成长和发展。

另一方面，由于社会转型时期整个社会价值体系的紊乱和不健全，父母的价值观也在发生嬗变，不能为子女有效地发挥道德榜样的作用。由于我们国家地域广阔，而且地域之间发展又不平衡，在当前社会转型时期，"前现代、现代、后现代这一时间顺序已然变成一种空间关系，它们共生并存"①。这导致当前我国现实的情况是传统的文化和价值体系正在消解，但是新的文化和价值体系却还没有建立起来，以致出现文化和价值的多元、混乱和冲突的局面。因此，我们在生活中经常会面临不知如何评判的尴尬境遇，比如传统社会主张"君子爱财取之有道"，但在市场经济社会里却只认"挣到钱"，而对"如何挣钱"概不关注，以致出现"笑贫不笑娼"等扭曲的价值观念。正是在这种观念主导下，农村出现一些青年男女通过从事黄色服务业来赚钱的现象。我在江苏中部一个乡调研时了解到，有个村子的许多男女青年跻身搓背行业，从事着涉黄的营生，这个村子被戏称为"搓背大军村"，而且这个村子里的离婚率也比较高。当然父母通过劳动赚钱和养家糊口是天经地义的，但是他们作

---

① 何中华：《多元文化时代的价值困境及其出路》，《烟台大学学报（哲学社会科学版）》2004年第2期。

为父母，对子女肩负着道德教化的责任，他们的一言一行都会对子女产生潜移默化的影响，深刻地影响着子女的价值观和人生观的建立，如果他们不考虑赚钱的途径和方法的话，就不能很好地履行这一责任。因此父母自身伦理道德价值观念偏离、扭曲的话，他们的思想观念和行为选择势必会对子女的道德认识和日常行为带来负面的和消极的影响，也就不能对子女发挥正面的和积极的道德榜样作用。毫无疑问，这会直接导致父母对子女的道德榜样作用的弱化，甚至丧失。通过以上论述和分析，我们可以看到当前我国建设社会主义核心价值体系具有紧迫性，党的文件中提出的社会主义核心价值观紧紧贴合了时代发展的需求，具有重大的现实意义和价值。

事实上，在家庭德育力量削弱的情况下，家校之间的合作在一定程度上可以实现为家庭德育补位的效果。然而当前农村学校在家校合作方面还存在着诸多困难，家校合作效果也不理想。由于我国城乡差距较大，农民的文化水平普遍较低，而且受城市化浪潮的深刻影响，大量农民外出务工，流动性较大，在这些客观的现实条件下，家校合作的效果直接关系到农村孩子的健康成长和发展。为深入了解当前农村学校在德育过程中家校合作的实际情况，我编制了有关农村学校家校合作状况的教师调查问卷，2016年12月在陕西省凤翔县、岐山县、陇县、商南县等共发放教师问卷300份，回收284份，回收率是94.7%。其中从性别来看，女教师占40.8%，男教师占59.2%；从年龄来看，30岁及以下教师占22.9%，31至40岁教师占41.5%，41至50岁教师占21.5%，51至60岁教师占14.1%；从学校类别来看，小学教师占43.7%，初中教师占39.1%，高中教师占17.3%。对统计所得数据资料采用社会统计软件SPSS21.0进行数理统计分析。与此同时，我编制访谈提纲，深度访谈三位教师和三位家长，收集了质性分析资料。在对收集到的封闭式量化数据和开放式质性资料进行分析的基础上揭示出当前农村学校德育中家校合作的现实状况。

一是家校合作观念比较淡薄。教师对"您认为农村家长对家校合作的重视程度的实际情况"的回答中，9.5%选择"非常重视"，20.4%选择"重视"，54.6%选择"不重视"，15.5%选择"很不重视"，可见有七成的教师认为农村家长不重视家校合作。以选择"不重视"和"很不重视"两项比例之和为例，小学阶段教师选择这两项之和的比例是75.0%，初中是70.3%，高中则是57.1%，呈现出学生的学段越低，农村家长对家校合作越不重视的倾向。在实地调查中发现，农村家长对孩子的关注主要是学业成绩，对其他方面基本不重视。一般来讲随着学段的上升，中考和高考成为学习的主要目标，家长对孩子学业的关注度也会随之提升。这正如家长 B 所说："学校就是教育孩子的地方，我们还要种田、打工，养活一家子。孩子上小学那会，我们基本上没有参加过家长会，上初三后孩子要参加中考，我们才和老师联系，问孩子的学习情况。现在孩子上高中了，我们最发愁的是孩子能不能考上大学了，现在只要老师喊我们，我们就会赶紧去学校。"

二是家校合作素养有待提升。教师对"您认为农村家长具备参与学校德育活动的素质和能力吗？"的回答中，选择"充分具备"的占 5.3%，选择"具备"的占 44.3%，选择"不具备"的占 43.7%，选择"说不清楚"的占 6.7%。可见，在教师的心目中只有一半的农村家长具备参与学校德育的基本素质和能力，与此同时还有近一半农村家长则不具备所需素养。事实上，农村家长的家校合作素养状况跟他们自身的文化水平较低有着直接的联系，这也是他们在家校合作中遭遇尴尬的主要原因所在。家长 C 在访谈中讲道："说实在的，我自己只有初中文化，孩子上小学时还凑合可以辅导，到上了初中后，就看不懂了。现在学校里搞的各种活动，我是有心想参加，但就是怕做不好。"家长 A 也讲道："由于自己文化水平不高，参加家长会的时候，老师讲的一些东西我也听不懂，心里很着急。"

三是家校合作途径多样化，但存在时空障碍。调查发现，农村学校的家校合作途径呈现出多样化趋势。其一是作为常规的家校沟通方式之一的家长会。教师对"您认为家长会在家校合作中的实际效果是"的回答中，选择"效果较好"的占 25.3%，选择"效果一般"的占 60.6%，选择"效果较差"的占 11.3%，选择"不清楚"的占 2.8%。可见，家长会仍然是一种行之有效的家校合作方式。其二是伴随信息技术发展而兴起的"微信"成为家校合作的新方式。教师对"您认为在自媒体时代'微信'作为家校沟通途径的地位是"的回答中，选择"非常重要"的占 18.0%，选择"重要"的占 67.3%，选择"不重要"的占 13.6%，选择"很不重要"的占 1.1%。由此可见，"微信"已经成为家校沟通的重要方式。此外，QQ 群也在家校合作中发挥着重要作用。其三，"家访"仍然是家校合作的重要方式。教师对"在信息化时代教师还有'家访'的必要吗？"的回答中，选择"非常有必要"的占 12.0%，选择"有必要"的占 72.8%，选择"不必要"的占 14.8%，选择"根本不必要"的占 0.4%。总体而言，家校合作途径呈现出多样化趋势，传统方式和现代方式并存，二者优势互补。在实际调查中发现，尽管家校合作途径较多，但还存在着诸多的困难。教师 B 讲道："很多家长外出打工，一年能回来两三次，还是农忙的时候，有的家长一年只回来一次，甚至有的家长几年都不回家。家长会的时候基本上都是爷爷奶奶到学校来，他们年纪较大，有的老人家连自己孙子孙女的教室都找不到。即使教师去家访，见到的还是爷爷奶奶，见不着父母。爷爷奶奶只要把孩子日常生活照顾好就不错了，其他方面基本顾及不上。"

四是家校合作效果不够理想。教师对"您认为农村家长支持学校德育工作的实际情况"的回答中，选择"非常支持"的占7.4%，选择"支持"的占45.8%，选择"不支持"的占43.3%，选择"非常不支持"的占3.5%。教师对"您认为农村家长参与学校德育的主动性情况"的回答中，选择"非常主动"的占3.2%，选择"主动"的占18.4%，选择"不主动"的占68.2%，选择"非常不主动"的占10.2%。可见有近一半的教师认为农村家长对学校德育工作持不支持态度，而且农村家长对学校德育的参与度也是极为有限的。这反映的是当前农村学校德育中家校合作的总体情况。但是，在访谈过程中我们也发现一些新的变化。教师C讲道："大概2000年以后，很多在外打工的家长看到城市家长对孩子的教育很重视，他们才真正认识到孩子教育的重要性，好多在外务工的中年人，多次打电话问孩子的学习情况以及在学校的表现，他们中的好多人甚至对自己的父母（孩子的祖辈）在学校闹事的做法向老师表示道歉，向我们解释自己父母的难处，还有部分在外打工的农民工利用假期专程来学校就自己子女的教育方法向老师或班主任讨教。"

通过以上的调查分析我们可以看到，当前农村学校里家校合作面临着家长合作意识淡薄、合作素质有待提升等诸多困境，难以实现理想的家校合作效果。因此在农村家庭德育力量削弱的现实情况下，在构建学校、家庭和社区三位一体的立体德育网络中学校如何充分发挥主导作用，多措并举地提升农村家长对学校德育的支持性力量，以促进家校合作效果的提升是需要考虑和解决的重要问题。

三、农村社区德育功能的弱化和农村德育资源利用不足

"社区"一词源于拉丁语，意思是共同的东西和亲密的伙伴关系。1887年，德国社会学家滕尼斯用韦伯的"理念型"方法构建了"社区"与"社会"这两个社会学概念。在他看来，社区是由自然意志形成的，以熟悉、同情、信任、相互依赖和社会黏着为特征的社会共同体组织；而社会是由理性意志形成的，以陌生、反感、不信任、独立和社会连接为特征的社会结合体组织。① 按照滕尼斯对社区和社会两个概念的区分，农村就是社区，而城市就是社会。20世纪30年代，费孝通翻译了滕尼斯的《社区与社会》一书，"社区"一词在我国被流传并广泛使用，但是关于社区的界定却出现多种理解和解释，比如"社区是生活在一定区域内的个人或家庭，出于对政治、社会、文化、教育等目的而形成的特定范围，不同社区间的文化、生活方式也因此区别开来""社区是某一地域里个体和群体的集合，其成员在生活上、心理上、文化上有一定的相互关联和共同认识"。② 事实上，社区既是地域的概念，也是文化的概念，是指生活在某一区域内的具有相同文化特征的群体。但是，在行政管理的视野中社区是一个行政区域的概念。我国城镇社区基本上是由城镇居民委员会改名过来的，而且城镇社区建设已经比较完善，相反农村社区建设还在发展之中，很多农村地区还没有真正的社区建制。

---

① 夏学銮:《中国社区建设的理论架构探讨》,《北京大学学报（哲学社会科学版）》2002年第1期。
② 汪波、李丽、朱江梅:《地方特色社区服务模式探讨》,《中国经贸导刊》2015年第29期。

因此在本研究中,农村社区指的是农村儿童除了家庭和学校之外而生活的范围和区域,也就是村落及其村民委员会等机构。

农村社区也就是村落,是农村儿童除了家庭和学校之外的一个重要的活动领域。在传统的农村村落里,村民长期在村落中生活、交往,村民之间是比较熟悉的,谁家有哪些亲戚,谁家有几个孩子,是男孩还是女孩,以及上几年级等都是熟知的,邻里之间也能互帮互助,也正因为如此,村落是一个能够给村民带来安全、信任等赖以生存和生活的地方。但是在当前社会转型时期,城市化快速推进,大量农民向城市流动,村民之间的凝聚力在减弱,陌生感和异质性在增强,村民之间情感的联系在淡化,理性交往的成分在增加,一些良好的邻里互助的风俗在消失。正因为如此,作为农村儿童赖以生存和成长的地方,村落自身的德育功能也在逐渐弱化。此外村委会是农村社会中的一种基层行政性社会组织,也是村落村民的服务性组织。农村儿童属于村落群体的组成部分,关注他们的健康成长和发展理应是村委会应有的职责。但是从实际情况来看,在一个村庄,村干部都是身兼数职,难以履行所有的责任。事实上在留守儿童问题突出的基层社区,大多数地区经济不发达,资金相当匮乏。目前农村社区对留守儿童教育保护工作往往是"心有余而力不足",作用停留在教育宣传、组织、服务关心的范围。[1] 我在江苏扬州农村调查时发现,村委会领导大都认为教育是学校的责任,村委会只要管好村子的治安和保证孩子的安全就可以了,根本没有对农村儿童实施德育的责任。以下是我在 D 村时的访谈内容。

---

[1] 叶敬忠、杨熙:《关爱留守儿童:行动与对策》,社会科学文献出版社 2008 年版,第 205 页。

我：请您介绍一下村里农民外出务工情况。

村支书：我们村总人口2980人，外出务工青壮年劳动力占到65%至70%，全国各地都有，还有出国的。

我：父母出去后，小孩怎么办呢？

村支书：外面不好找工作，孩子主要由不能出去打工的老人照顾。

我：那小孩的教育呢？

村支书：小孩的教育主要靠学校教育，早上送去，晚上再把他们接回来。

我：村里有没有为这些小孩教育做些什么事情？

村支书：我觉得这个不需要做什么事情，有学校和老师教育就可以了。

我还清晰地记得，在整个访谈过程中那位村支书一直坐在电脑前漫不经心地一边打游戏，一边应付似的回答着我的提问，给我留下了工作不认真、不严谨的不良印象，也足以表明基层组织成员基本素质的缺乏。除了村委会之外，农村社会机构还包括共青团、计生、妇女协会等，他们也应该承担农村儿童德育责任，然而从实际情况来看，这些组织机构也没有切实履行对农村儿童的教育责任。实际上整个农村社区机构的德育意识是非常淡薄的，他们不仅对自身理应履行的德育责任的认识相当模糊，而且整体的素质素养还有待提升，所以也就难以做出切实有效的行动。

从农村社区角度来讲，存在农村社区德育意识淡薄问题的同时还存在农村德育资源利用不足的问题。德育资源是促进德育目标实现的各种要素，充分整合和利用各种德育资源是提高德育实效的重要途径。按照不同标准，德育资源可以分为很多种类：有校内的，也有校外的；有自然界的，也有社会生活中的；有人力的，也有物质的；有显性的，也有隐性的；有文字的，也有活动的等。德育资源通常是以自然的和潜在的方式存在着的。① 的确，德育资源可以说是无处不在的，只要细心地观察和认真地思考，总能够发现丰富的德育资源。一方面，农村退休教师、干部是最优质的人力德育资源。退休教师和干部都是农村社会的文化人和知识分子，他们具有较高的文化素养，具备对农村儿童进行教化的基本能力，参加儿童德育工作也是发挥他们余热的机会。另一方面，大自然是最得天独厚的自然德育资源。对于农村儿童来讲，最得天独厚和最具有价值的德育资源便是大自然，广阔无垠的大自然是最宝贵的德育资源，孩子们在大自然里不仅能够呼吸新鲜空气，锻炼健康体魄，还能够识别各种动植物的物种，观察气象和地貌，充分地感受、领略和欣赏大自然的美妙和神奇。但是令人遗憾的是，由于整个农村社区建设不完善，德育意识淡薄，因此也就缺乏充分利用退休教师、干部以及大自然等这些德育资源的意识和行动。

---

① 刘济良主编：《学校德育》，北京师范大学出版社2015年版，第122页。

第二节 三位一体的立体德育网络模式的基本理念

构建三位一体的立体德育网络模式中的"三位"是指学校、家庭和社区;"一体"是指学校、家庭和社区各自发挥自身独特的德育功能,对共同的德育对象即农村儿童施加影响,形成一个教育整体;"立体"是指学校、家庭和社区是共时存在的,从而在农村儿童生活的时空中构成立体的德育网络。

学校、家庭和社区是农村儿童生活和成长的三个重要场域,它们各自对农村儿童的成长发挥其独特的德育功能。从影响方式来看,学校、家庭和社区既相互独立地直接对农村儿童施加影响,同时它们三者之间还存在相互影响和制约的力量,实现对农村儿童的间接影响。构建三位一体的立体德育网络模式的意图在于联合农村儿童周围的各种德育力量,形成一个立体的德育网络,从而共同促进农村儿童的健康成长和发展。

一、发挥协同效应是三位一体的立体德育网络构建的目的

20世纪70年代德国物理学家赫尔曼·哈肯提出了协同理论。协同理论认为,尽管系统千差万别,但是在整个环境中各个系统间存在着相互影响和相互合作的关系。哈肯认为协同是指系统的各部分之间相互协作,结果整个系统形成一些微观个体层次不存在的新的

结构和特征，从而形成一种良性循环态势。① 而且当系统处于协同状态，即良性的循环状态时，就会产生协同效应。当然协同效应取得的效果肯定会远远大于各个部分独立作用所能够实现的效果之和。由此可见，协同理论强调的是在一个系统内部为了实现总体目标，各个部分需要相互配合、相互支持、相互协作，以促进系统协调和良性循环，并产生协同效应。协同理论具有广泛的应用性价值，可以运用到多种学科研究以及社会生活的各个领域。当然，协同理论在教育学科研究和教育实践中也得到了普遍运用。

从根本上来讲，发挥协同效应就是构建三位一体的立体德育网络的目的。强调协同效应和系统思维的协同理论能够为我们构建三位一体的立体德育网络模式提供理论基础和借鉴。学校、家庭和社区是影响农村儿童道德成长的三个重要场域。家庭和学校不仅是他们成长的两个重要场域，父母和教师是直接影响着他们的道德成长的"重要他人"，同时肩负着引导农村儿童道德成长的责任和使命。除此之外，在农村社区里村委会和农村社会机构也是农村儿童生活和成长的重要场域，村干部和社会机构工作者也在很大程度上肩负着引领农村儿童道德成长的责任。总之，农村儿童德育是在由学校、家庭和社区构成的系统中展开的，虽然各个部分所承担的责任在轻重和大小上会有区分，但是都具有其独特的功能和作用，而且它们各自之间又是相互联系、相互作用和相互合作的关系，彼此之间是密切关联的。根据协同理论的观点，在农村儿童德育过程中学校、家庭和社区之间需要相互配合和支持，促进农村儿童德育系统的良性运转和系统协调，在这种状态下就能够产生协同效应，实现学校、

---

① 赫尔曼·哈肯：《协同学——自然成功的奥秘》，戴鸣钟译，上海科学普及出版社1988年版，第233页。

家庭和社区德育功能的最优化发挥。总而言之，构建三位一体的立体德育网络的真正意义和价值也就在于让学校、家庭、社区之间相互协作，产生协同效应以促进农村儿童道德的健康成长和发展。

二、学校在三位一体的立体德育网络中居于主导地位

虽然学校、家庭和社区是共同存在和发挥作用的，但是必须清楚的是，学校在构建三位一体的立体德育网络中居于主导地位，这主要是基于以下两点判断：一方面，在当前社会转型时期，大量农民外出务工的情况下，学校基本上是农村社会里唯一能够对农村儿童正常发挥德育功能的组织机构。从理论上讲，学校、家庭和社区共同承担着农村儿童德育的责任，但是从实际上来看，家庭和社区却没能正常履行这份责任。由于大量农民外出务工，他们既没有时间也没有精力来承担应有的对子女的家庭教育责任，而是把子女的教育责任托付给了祖辈或亲戚。祖辈通常只能照顾孩子的饮食起居，无力顾及孩子学习和心理方面的教育问题，亲戚在照顾过程中也往往由于不好掌握管理的尺度和分寸而疏于教育。在社区德育方面，由于中国本身发展不均衡，发达地区的农村社区组织比较完备，但是在落后地区，除了村委会根本就没有其他的社区组织，村委会成员也主要是在村民中产生的。而且村委会主要是组织和管理村落的人事、财务等事务，基本也无暇顾及农村儿童的教育问题。我在JS省YZ市YT乡调研中走访了Z村和D村。Z村处于YT乡街道，在Z村村委会院落里建有图书室，据Z村村支书介绍，图书室是按照上级要求建成的，现有藏书2000余册，但是平时来借书或阅读的人不多。由于Z村在乡街道，地理位置优越，乡政府的文化馆、体育建设器材等可以为Z村村民提供一些便利。D村距离YT乡街道约有

30公里，村委会院子里只有卫生室里两三个看病的村民、几个办公的村干部，显得格外冷清。其实在一乡之内，村与村之间的差别也是很大的。总体上看，当前农村社区组织的不完备和不健全使得农村社区也无力承担农村儿童的德育责任。在这种情况下，作为专门的教育机构，学校需要主动联合和协调家庭、村委会、社会机构等各种德育力量以共同致力于农村儿童德育。

另一方面，学校教师在德育专业知识层面具有相对优势。学校是专门的教育机构，教师是专门从事教育工作的专职人员，他们都具有教育法规所要求的学历，拥有专业的教育知识和能力，积累了较为丰富的教育经验和体验，能够比较恰当地对农村儿童履行德育责任。与此相对，农村家长的学历层次普遍较低，教育观念比较陈旧或者不合理，比如有些家长信奉"棍棒教育"，有些家长主张用物质激励孩子等，这些都不利于孩子健康成长。仅仅在这个意义上，农村家长也需要来自教师的在教育观念、教育方法等方面的指导。对于村委会和社会机构成员来讲，促进农村儿童道德成长只是他们应该履行的一个次要责任，这决定了他们不可能花费足够的时间和精力去研究和掌握有关德育专业知识和能力。因此学校教师在德育专业知识和能力方面具有优势，决定了他们在三位一体的立体德育网络构建中要充分发挥主导作用。

综上所述，三位一体的立体德育网络构建中学校居于主导地位是由学校自身的特性所决定的。这意味着学校在农村儿童德育中要自觉地承担更多的责任，但是与此同时绝不能忽略家庭、村委会和社会机构德育功能的充分发挥。

三、协同一致和信息互动是三位一体的立体德育网络取得实效的保证

我们在前面的论述中已经讲到,实现协同效应是构建三位一体的立体德育网络模式的目的。其实我们还需要清楚,实现这一目标的前提和基础是学校、家庭和社区之间要做到协同一致和信息互动。一方面,在三位一体的立体德育网络发挥对农村儿童德育的影响作用的过程中,学校、家庭、社区在德育目标、德育内容、德育方式等方面必须要保持一致,不能有分歧,这是产生协同效应和取得预期德育效果的前提和保证。苏联教育家苏霍姆林斯基始终在强调,家校合作中保持一致是取得预期教育效果的前提,说:"学校和家庭不仅要一致行动,要向儿童提出同样的要求,而且要志同道合,抱着一致的信念,始终从同样的原则出发,无论在教育目的上、过程上还是手段上,都不要发生分歧。"[1] 除此之外,学校和社区之间以及家庭和社区之间也需要始终保持方向和目标一致。只有学校、家庭和社区保持一致,才能取得预期效果。反过来讲,如果学校、家庭和社区之间出现分歧的话,它们各自教育力量的方向就会出现不集中和不一致的情况,对农村儿童德育的效果会降低,甚至会出现相互对立、无效或者引起混乱的情况。正因为如此,学校、家庭和社区之间保持协同一致是至关重要的,是取得协同效果的基础和前提。

另一方面,在三位一体的立体德育网络中学校、家庭和社区之间要保持信息互动,这也是取得协同效果的基础和前提。三位一体的德育网络对农村儿童发挥德育影响是一个动态的过程,每时每刻

---

[1] [苏]苏霍姆林斯基:《给教师的建议》,杜殿坤译,教育科学出版社1982年版,第264页。

各方面的信息都在发生着变化，这需要学校、家庭和社区之间信息流动的渠道畅通，真正实现信息的共享，从而对德育目标、德育内容、德育方式等达成共识。由于学校在三位一体的立体德育网络中居于主导地位，这也就决定了学校要采取各种方式促进有关农村儿童德育信息在学校、家庭和社区之间的互动和流通。学校既要从观念层面让三方对保持信息互通的重要意义和价值达成共识，这跟家长和社区工作人员自身的素质密切相关，还要从信息流动手段层面想方设法打通相互之间信息流动的渠道。当然在促进信息流动的手段方面，除了传统的信息流动的方式如电话沟通、家访、面对面交流、信函等之外，还需要充分运用现代互联网信息技术手段，如电子邮件、QQ、微信、微博、网上社区等。一句话，在三位一体的立体德育网络实施过程中只有学校、家庭和社区之间保持协同一致和信息互动才可能实现协同效应和取得预期的德育效果。

第三节　三位一体的立体德育网络模式的实施策略

一、明确学校、家庭和社区各自的地位和德育功能

在三位一体的立体德育网络中，学校、家庭和农村社区所处的地位和德育功能是不同的。从各自的地位来说，学校德育是主体，家庭德育是基础，农村社区德育是依托。《国家中长期教育改革和发展规划纲要（2010—2020年）》中明确提出："坚持全面发展。全面加强和改进德育、智育、体育、美育。促进德育、智育、体育、美

育有机融合，提高学生综合素质，使学生成为德智体美全面发展的社会主义建设者和接班人。"学校是专门的教育机构，代表着国家实施对未来一代的全面发展教育。家庭是儿童诞生和社会化的第一个场所，家庭的教养为未来一代的健康成长奠定了基础。社区也是儿童活动的重要区域，学校德育的实施需要社区的支持和配合。这也就是说，在三位一体的立体德育网络中居于主体地位的学校德育肩负着农村儿童德育的主要任务和责任，反过来讲农村儿童德育效果主要取决于学校德育的效果。与此同时，学校德育的实施是以家庭德育为基础的，家庭德育的状况会直接影响到学校德育的效果，只要家庭德育得到真正的贯彻和落实，就能促进学校德育效果的提升。此外，学校德育活动的开展需要社区的支持和配合，需要充分依托社区的德育资源来开展各项德育活动，离开农村社区广泛的德育资源，学校德育活动的开展会受到限制和制约。尽管学校、家庭和社区在三位一体的立体德育网络中的地位不同，但是它们之间是相互牵连和相辅相成的关系。

学校、家庭和社区在三位一体的立体德育网络中所处的地位不同，以及它们自身的独特性，决定了它们各自的德育功能也是不同的，那么我们需要对它们各自的德育功能做出明确的界定。一是学校在德育网络中的主体地位决定了学校要在三位一体的立体德育网络中发挥主导和引领作用。一方面，学校要充分发挥自身所拥有的教育专业优势，在德育目标的确定和德育内容的选择等方面要起主导作用，教师要在德育活动的设计、组织等方面发挥出专业优势和引领作用；另一方面，学校要积极联络家庭和农村社区，组建家校合作组织以及学校和社区之间的合作组织，组织各种形式的德育活动，促进德育工作顺利开展。二是家庭是农村儿童生活和社会化的第一个场所,要为他们的道德成长奠定良好的基础。苏霍姆林斯基指出:"儿童对人的世界的认识是从父母开始的。他首先认识的是妈妈怎样跟自己说话,爸爸怎样对待妈妈。由此而生成了他关于善和恶的最初概念和理解。"[1] 这就是说孩子的道德学习是在日常生活中进行的,父母要注重在日常的生活中给子女开展道德教育,最为重要的是为孩子做好表率和榜样。"家庭并非只是一个空间,空间的物理性也生不出太多的影响力,影响力来自家庭里的人所形成的'气氛':和谐的家人形成'祥和'而'温馨'的气氛;意见分歧的家人只会形成'冷漠'以至'暴戾'的气氛。"[2] 父母还要为孩子创造温馨和谐的家庭氛围,促进孩子的健康成长。三是农村社区是农村儿童的社会生活空间,也是他们道德生活的实践场所,为农村儿童创造温馨、和谐的生活和实践空间是农村社区德育的重要功能。当然,社区德育功能的实现也要借助于学校和家庭的支持和协助。虽然学校、家庭和社区各自的德育功能不同,但是它们都拥有共同的目标,即指向农村儿童的健康成长。

二、建立德育机制,整合学校、家庭和农村社区的德育力量

要使得学校、家庭和社区的德育力量形成合力,这需要相应的德育机制做保证。一是要建立全员育人的德育机制。一方面,学校内部要组建由班主任、政教主任和主管德育副校长组成的学校德育工作专门队伍,负责农村儿童在校期间的德育工作,与此同时其他教师则在日常的教育教学中贯穿德育,甚至也要动员学校的门卫、

---

[1] 蔡汀、王义高、祖晶主编:《苏霍姆林斯基选集》第 5 卷,教育科学出版社 2001 年版,第 608 页。
[2] 贾馥茗:《教育的本质——什么是真正的教育》,世界图书出版社 2006 年版,第 9 页。

食堂工作人员等参与到学校德育中来,实现学校全员育人的德育氛围。另一方面,学校要联合家庭、社区,发动一切德育力量参与到农村儿童德育中来,包括农村儿童家庭、村委会工作人员、农村社区机构工作人员,尤其是村党支部书记和村主任,以及农村社区机构领导等要切实担负起农村儿童德育的责任。

二是要建立学校、家庭和社区之间的合作机制。一般来讲,家长委员会是家校沟通的正式组织。在城市学校里通常是以班级为单位建立家长委员会,但是农村社会具有其独特性,村落是人们生活的基本单位,而且在一个村落里人与人之间是相互熟悉的,根据农村社会的具体状况可以设立以村落为单位的家长委员会。设立以村落为单位的家长委员会还可以有效地打通学校、家庭和社区之间的联络,真正地使家长委员会成为聚合学校、家庭和社区各方德育力量的组织机构。在家长委员会成员的遴选中要积极邀请既是家长又是农村社区德育工者的人员做家长委员会的委员。只有如此,家长委员会才能够联络学校、家庭和农村社区,传递、沟通和整合各方信息,聚合各种德育力量,形成教育合力,共同致力于农村儿童的健康成长和发展。

三是要建立学校、家庭和社区的全程育人的德育机制。苏霍姆林斯基指出:"实践证明,不论在校期间的教育内容多么丰富,多么有针对性,学校教育也不能随着毕业证书的颁发而告结束。"① 也就是说,学校不仅要负责学生上学期间的教育,还要在他们毕业后进行教育。那么对于家庭来讲,不仅要对孩子在家期间进行教育,更要关注孩子在校期间的状况并实施教育。对于社区来讲,不仅要关

---

① [苏]苏霍姆林斯基:《要相信孩子》,汪彭庚译,教育科学出版社2009年版,第140页。

注孩子在社区生活中的教育，对他们在学校和家庭中的教育状况也要给予关注。

三、建立完善的三位一体的立体德育网络的管理制度

一是建立信息互通制度。在前面的分析和论述中我们已经清楚，三位一体的立体德育网络实施中必须保持信息互通，只有这样才能实现协同效应。所以学校、家庭和农村社区之间要定期进行农村儿童德育相关信息的互动和流通，使各方及时地掌握农村儿童德育的全面信息以做出合适的反应和决策。在采取的途径和手段方面，我们可以充分利用现代互联网信息技术，包括微信、QQ、网上社区等，以达到信息传递的便捷和有效的结果。

二是建立德育工作人员培训制度。学校发挥专业优势，对父母和社区工作人员开展定期的培训工作，让他们能够掌握先进的德育理念和方法，提高德育效果。一方面，要开展对家长的德育培训。苏霍姆林斯基认为，学校要建立家长学校，而家长学校的任务是不断地提高父母们的教育修养水平。他还指出，在家长学校的各组里，我们都要专门讲到学校和家庭在教育影响上保持一致的问题。这种教育影响的方向就是培养关心人、体贴人、待人诚恳、对一切有生命的东西抱善良的态度等这些品质。如果儿童不在家庭里从事实际活动来加深和发展这些道德品质，我们学校是很难取得什么显著效果的。总之，通过对家长的德育培训就是要帮助家长树立科学的德育观念和提升家长的德育素养。另一方面，要开展对社区工作人员的德育培训。在培训中既要注重增强社区工作人员的德育意识，还要提升他们充分利用和开发农村德育资源的能力和素质。

三是建立德育工作的奖惩制度。在学校统一指导和领导下要定

期对学校、家庭和农村社区德育活动和德育成效进行考核，并根据考核结果进行奖惩。一方面，要对在三位一体的立体德育网络建设和实施中做出贡献的人员和单位给予肯定和表彰，比如评选"优秀家长""优秀学生""优秀教师""优秀德育工作者""优秀德育工作单位"等。通过表彰先进来树立模范和榜样，对其他人员发挥好带头和引领作用。另一方面，要及时指出三位一体的立体德育网络建设和实施中存在的问题，并对工作态度不认真以及不积极履行德育职责的人员进行批评教育，敦促他们积极改正。

第四节 三位一体的立体德育网络模式的实施案例

三位一体的立体德育网络模式旨在联合农村儿童周围的各种德育力量以促进他们健康地成长和发展。在德育实践中，很多学校在这方面已经摸索和积累了较为丰富的经验，在本文中我们以 SX 省 FX 县 BJ 镇教委、JS 省 YT 中学和 SX 省 L 县 WS 镇教委在构建三位一体的立体德育网络模式上的尝试为例来分析。

一、SX 省 FX 县 BJ 镇教委的探索

SX 省 FX 县 BJ 镇位于 FX 县城东南 15 公里外，全镇 17 个行政村 129 个村民小组，3.3 万人，3.7 万亩耕地，是 FX 县四大古镇之一。BJ 镇教委管辖 1 所镇初中和 11 所小学。其中小学包括 1 所镇中心小学、1 个教学点和 9 所村办小学。近些年来，随着农村人口大量向城市流动和农村人口出生率的下降，小学学生人数急剧下降，据

统计全镇小学生人数总计1098名，大多数村小学规模都在100人左右，并在逐年减少，其中李家源村教学点只有25名学生。BJ镇教委办公点设在BJ镇中心小学校内，便于和各个学校之间展开联络，在加强家校合作、整合各种德育力量合力解决问题等方面做出了大胆的尝试，并取得了较为满意的效果。

第一，开展"百人访千家"的教师家访活动。家访是教师走进学生家中，通过和学生家长交谈、观察、调研等全面了解学生和更好地教育学生的一种有效方式。2013年，BJ镇教委组织和开展"百人访千家"的教师家访活动，因为全镇小学教师约100名，学生人数约1000名，因此该家访活动以"百人访千家"为名。一方面，BJ镇方圆近40平方公里，学生居住较为分散，教师家访时要克服路途远的困难；另一方面，现在许多青壮年劳动力外出打工，孩子普遍由爷爷奶奶照管，教师在跟老年人的交流和沟通中还要克服方言、观念等多方面的困难。农村学校办学条件普遍较差，师资紧张，教师的教学任务和工作量比较重，但是教师还是在工作之余抽出时间甚至是牺牲自己的节假日休息时间进行家访。我在BJ镇调研中有位小学校长讲道，他所在小学一年级的一个学生每天早晨来校时都要骑在爷爷的脖子上，否则就会哭闹，而这位爷爷也顺从孙子的意愿，每天驮着孙子来上学。班主任给在外打工的孩子的父母打电话谈及此事，他们却认为很正常，这让学校和教师感到非常无奈。总之，"百人访千家"教师家访活动加强了家校之间的沟通和交流，增进了学校和教师对学生的全面了解，为更好地做好教育教学工作奠定了基础。

第二，形成镇教委、学校、关工委以及相关单位协同解决学生教育问题的机制。三位一体的立体德育网络模式的关键是要让各方德育力量达成共识，协同一致来致力于学生的健康成长和发展。各种德育力量的相互配合和协调是取得实效的保证。BJ 镇教委充分发挥自身在沟通和协调各方德育力量过程中的主导作用，积极、主动建立起协同解决学生教育问题的机制。镇中心小学 LS 同学父母离异后父亲精神受挫，出现精神失常症状，把 LS 锁在家中不让他上学。镇教委得知此情况后，积极联合镇中心小学领导和教师、镇关工委领导等到 LS 家了解情况，后来在镇派出所的鼎力协助下成功解救出 LS，并把其父送往市精神病院治疗。在教委、学校、关工委、派出所等各方协同努力下，LS 最终回到了学校，过上了正常的学习生活。BJ 镇中心小学教师 ZXH 对该事件整个过程是这样陈述的：①

> 我们班有一个叫 LS 的学生。他原本是一个活泼、聪明、非常乖巧懂事的学生，学习成绩一直名列班级前茅。可是后来他的父母离异了，而且他的父亲精神变得不正常。这件事情对孩子的打击很大，原本活泼可爱的他渐渐变得沉默，脸上的笑容越来越少，学习成绩也一路下滑。一天早上，我在例行晨检时发现 LS 并没有来学校，于是赶紧给他的父亲打电话，可是电话一直打不通。我把这件事情及时反映给学校领导，领导知道后非常重视，派我和 H 校长一起到孩子家去查看情况。我们到他家后才知道，原来是他的父亲把他锁在家中，不让他上学。我们和他的父亲交流了近半个小时，可是没有取得任何进展，他还是不肯让孩子上学。此后的几天，LS 一直没来学校，我也一直很揪心。镇关工委的领导知道此事后，也非常关心，我们一

---

① 2014 年 12 月 29 日 BJ 镇中心小学教师以《爱的召唤 爱的陪伴》为题在宝鸡文理学院教育学院和 BJ 中学联合举办的留守儿童教育论坛上的发言。

起商量怎样才能让这个孩子回到校园。我和学校领导及关工委的同志多次到LS的家，做他父亲的思想工作。终于功夫不负苦心人，在我们的耐心劝导下，他的父亲终于同意LS继续上学了。那一刻，我流下了激动的泪水。可是LS返校的前几天，总是闷闷不乐，郁郁寡欢。看到孩子这样，我心里很难受。我多次把他叫到我的办公室，和他进行推心置腹的交谈，关工委的同志也经常来看他。班上的同学知道LS的事情后，也向他伸出了友好援助之手，在班长的倡议下，班上的学生主动给他捐款、捐学习用品。在那一刻，他流下了感动的泪水，感受到了集体的温暖，知道老师和同学是多么爱他，他并不孤单。现在，我们在他的脸上经常可以看到灿烂的笑容，他又和同学们一起快乐地上学了。

在调研中BJ镇教委教师还讲道，近几年镇中学先后有四位学生由于学业成绩差，对学习丧失兴趣和信心而不愿继续读书，经常出现旷课和逃学等现象。镇教委跟学校、学生家长和学生充分沟通和交流后建议这四位学生转入职业学校就读，学一技之长以利于今后在社会上立足和发展。同时，镇教委和职业学校进行沟通和协商之后，四位学生顺利转入职业学校就读。当然，这四位学生厌学问题的成功解决是镇教委、学校、家庭、职业学校等之间的有效沟通和协同努力的结果。

BJ镇街道长约1.5公里，集中了所有的行政机构，各个机构之间联系较为方便，便于信息的互动和传播，也便于相互协调行动。BJ镇教委充分发挥了这一优势，初步形成了镇教委、学校、关工委以及相关单位协同解决学生教育问题的机制。

第三，开展"家长学校""校长接待日""教学开放日"等活动，加强学校和家庭的联系和协作。家校合作是提高学校教育质量和效果的重要举措，学校在家校合作过程中主导作用的充分发挥至关重要。近几年，BJ镇教委为了联合家庭德育力量，构建家校一体的教育格局，先后开展了"家长学校""校长接待日""教学开放日"等活动，有力地推进了学校和家庭的沟通和合作，提高了学校教育效果。"家长学校"是家校沟通的组织形式，一方面，学校通过家长学校向学生家长开展教育知识宣传教育活动，帮助家长提高教育意识和教育能力；另一方面，学生家长代表可以通过家长学校把家长们对学校教育的建议和意见反映到学校，促进家庭和学校的沟通和联系。在"校长接待日"里，任何家长都可以到学校直接和校长对话，就学校发展、学校教育、教师和学生管理等问题交流看法，旨在共同提升学校教育质量。在"教学开放日"里，任何家长都可以推门进教室听课，了解学校日常的教育教学活动的状态，了解孩子在学校的表现，落实自己对学校教育情况的知情权，同时可以和教师面对面沟通，交换孩子成长等各方面的信息和意见。坦率地讲，这些活动的开展在一定程度上确实为加强家校沟通建立了渠道，加强了家校之间的联系，促进了学校教育效果的提升。但是需要指出的是，当前农村家长的教育水平普遍较低，拥有的相关教育专业知识较少，参与学校管理的意识较低，这决定了他们在家校合作中参与学校事务的深度是不够的，存在表面化和肤浅化倾向。家庭缺失理论[1]认为，缺乏文化培养和文化水平低的家庭，家中缺少教育传统，父母不注重教育，对长远的教育成就没有足够的追求，因此趋于较少参与子女的教育。因此政府要切实提高农村家长的教育水平

---

[1] 何瑞珠：《家庭学校与社区协助——从理念研究到实践》，香港中文大学出版社2002年版，第7页。

才能够真正提升他们参与学校事务的意识和参与学校事务的程度，以使家庭确实成为学校教育的支持性力量。

二、JS省YZ市YT中学在构建立体德育网络中的努力

YT中学位于JS省YZ市YT乡，是该乡唯一的一所寄宿制农村初级中学。近年来，随着农村学龄人口的减少和大量农村人口向城市流动，YT中学的学生规模在逐年减少，目前全校学生总数只有200余人，其中绝大多数学生家长双方或一方外出务工，很难正常履行教育孩子的责任和义务。为了联合各种德育力量，共同致力于学生的健康成长和发展，提高学校的教育质量和效果，YT中学做出了诸多努力。

第一，定期召开家长会，加强学校和家庭的沟通。YT中学每学期在举行完期中考试后都会定期召开家长会，给家长通报学生在学校的综合表现，在一定程度上加强了教师和家长对学生教育方面的信息的互动和交流。但是由于很多学生家长外出务工和忙于生计，难以顾及孩子的教育，致使家长会期间会出现一些令人尴尬的场面。有位班主任老师这样讲道：

> 开家长会时让人感到很尴尬。你看很多家长在校园里转，他们不知道孩子在哪个班级，也不认识班主任，甚至有走错教室的。我们开家长会通常是以班级为单位进行，有些家长进错了教室，听了一半发现不对，就说"我的孩子在不在这个班上啊"，若不在，他就问在哪个班，然后又去找。因为家长很少来学校，当然就不知道了。什么时候家长来学校次数多呢？一般是初三要毕业的时候，家长关心孩子能不能上高中就知道往学校跑和老师联系了。

第二，联合社会德育资源，共筑德育网络。YT中学位于YT乡街道，与其毗邻的单位较多，包括乡政府、乡法院、乡派出所、乡文化馆等。YT中学充分调动各种社会德育资源来促进学生健康地成长和发展。一方面，YT中学每年都会邀请乡法院工作人员到学校给学生做法制报告，结合生动鲜活的案例讲解对学生实施法制教育，增强学生的法律意识和法律观念，提高学生的法律能力；另一方面，近几年校园安全事故增多，为了有效防范安全事故的发生，YT中学和乡派出所积极联系和沟通，增强了校园安全防范的力度。乡派出所给YT中学门卫专门发放了抵御外来侵犯的器械，还派遣人员加强了在学校周围的巡逻，防止日常校园安全事故的发生。此外乡派出所还在YT中学举行的校外德育实践活动中履行安全防卫工作，YT中学负责安全工作的总务主任告诉我：

> 我是负责学校安全工作的，现在安全方面非常重要。今年清明节那天我们学校组织学生去烈士陵园扫墓。虽然烈士陵园离学校不是很远，但是我们也不能掉以轻心。那天我们是组织初一学生去扫墓的。每个班级共有三个教师跟班，班主任总负责，走在班级队伍前面，另外两位老师分别走在班级队伍左右两侧。乡派出所两名警察开着摩托车在前面开道。我们的安全防范工作做得很到位，来回一切都很顺利。

第三，家访和校访相结合，形成教育合力。家访是一种传统的学校和家庭沟通的方式，是教师到学生家中了解学生的情况，和学生家长交流以共同促进学生成长和发展。校访则与之相反，是家长到学校来了解孩子在学校生活和学习等方面的表现，和教师主动交流，以促进孩子的成长和发展。YT中学规定每位教师每学期至少家访五位学生,并要做好家访记录以作为学生成长档案资料。在坚持教师家访的基础上,学校还提倡家长随时校访,以加强家校沟通和交流,形成教育合力,共同致力于学生教育和促进学生的健康成长和发展。尽管学校倡导家长随时校访,但主动到学校校访的家长较少,一方面是由于大部分家长忙于生计,没有时间来校访,或者由爷爷奶奶代替到学校来了解孩子的情况,另一方面则是由于家长和教师之间存在观念上的偏差和沟通的不畅。我在访谈中与一位家长有这样一段对话:

  我:请问您孩子上几年级了?
  家长:初二。
  我:您经常跟老师联系,了解孩子在学校的情况吗?
  家长:现在很少跟老师联系。孩子上小学的时候,老师基本上都是村上的,相互很熟悉,说起话来方便,和老师接触得多。孩子上初中后,感觉初中老师跟小学老师不一样了,人家都是大学毕业生,知识层次高,也不知道该说什么了。而且有些老师看不起我们农民,我们去了也只是应付一下,还耽误人家时间。现在,只有开家长会时去学校,其他时间没有联系。
  我:您孩子各方面表现都好吗?
  家长:自上初中后,小孩爱上网了,成绩比小学时差了。其实,我也很想和老师说说,但是就是不知道怎么去说。

第四,成立学校家长委员会,健全家校沟通组织。在国内很多城市学校大都成立了家长委员会,它是家校沟通的一个群众性组织,在一定程度上通过家长委员会,家庭与学校之间能够达到顺畅的沟通和交流。但是对于农村学校来讲,要成立家长委员会面临着一些现实困难，其中最主要的是大部分家长在外务工，一是他们没有时间参加学校组织的家校沟通活动，二是他们普遍存在"养是家庭的责任和教是学校的责任"的认识偏差，对学校家长委员会不会投入很大的热情和积极性。此外，家长的受教育水平普遍较低，他们参与学校管理、课程改革等程度有限，难以充分实现建立学校家长委员会的最初的意愿。而且从实际情况来看，YT 中学虽然按照上级部门的要求成立了学校家长委员会，但实质上却没有发挥应有的作用，徒有虚名而已。这可能正如 YT 中学主管德育的副校长所讲的一样：

> 我觉得像这个家长委员会如果真的搞起来，还是不错的啊。但是操作起来实在是很难的，学校这边即便你有时间和人力去做，但是家长那边他是没有时间的。家长会认为这种事情就是你们学校的，我们哪有时间啊，我们没时间。比如讲，像我们上一次几个学生闹点矛盾，相互斗殴，我们就约请双方家长见面来化解这个事情。家长就说我没工夫，我要请假，要扣工资的。他们一般都在私办厂里面，而且来的大部分都是女同志。农村目前就是这种现实情况，即使家长委员会成立了，家长没有时间参加，也很难取得什么实际效果啊。

三、SX 省 L 县 WS 镇教委的实践

SX 省 L 县 WS 镇位于县城西北 7 公里处，北与回族乡接壤、东与新窑镇接壤，辖区总面积 325 平方公里，耕地 10.3 万亩，林地 16 万亩，以"畜牧、核桃、烤烟、乡村旅游、劳务输出"为主导产业。WS 镇所辖 16 个行政村，全镇共有初中 1 所、中心小学 3 所、普通小学 5 所（含附设幼儿班）、镇中心幼儿园 3 所。全镇小学在岗在编

教师133人，小学在校学生2323人，65个教学班；幼儿园在岗在编教师27人，在园幼儿778人，27个教学班（含附设幼儿班）；中学在编教师61人，在校学生598人，15个教学班。WS镇教委办公地点设立在WS镇中心小学，便于开展日常工作，加强与学校之间的联络，联合社会教育力量，已经形成了三位一体的立体德育网络，有效发挥了德育合力功能。

第一，搭建家校互动桥梁，促进家校形成合力。一是成立家长委员会。为了得到广大家长的配合与支持，WS镇教委引导各所学校成立家长委员会，充分发挥家长委员会监督、建议的作用，组织家长和学校共同研究学生中存在的问题和交流教育孩子的经验，并向家长宣传。二是定期召开家长会。学校每学期召开两次家长会，通过教师与家长之间密切的交流，对教师与学生之间能和谐地相处、对家长能更多地了解和关注学校工作等都起到了很大的作用。在家长会上，学校可以向家长提出德育方面的建议和要求，通报学校开展的德育活动，听取家长的意见，请家长介绍教育子女的经验，还可以全方位地展示学生在校的表现情况。如学生在校学习生活的小片段，学生的各科作业、作品等，让家长对孩子在学校中的表现有了一个更深的了解。同时，家长之间的互相交流也让家长们学到了一些优秀的教育孩子的方法。在家长会组织形式上，根据学校工作目的分层召开全体学生家长会、寄宿学生家长会、家庭经济困难学生家长会，分类召开家长会增强了家长会的功能和实效。三是让家长走进校园。对于寄宿学生多的学校，学校允许家长周末进入学校探望学生，照顾孩子生活，沟通亲情。通过家长开放日让家长走进孩子的校园，这不仅增进了亲子关系，更激发了学生学习和参与的兴趣，于无形中渗透了情感教育，也使学校的相关工作达到了事半功倍的效果。学校和家庭教育互相作用，互相影响。四是通过电话、微信群和家长进行联络。学校可不受时间和地域的限制，随时与家长沟通。学校能及时向家长通报学生日常表现、学校重大活动、学校提出的要求和建议，家长也能及时反馈学生思想状况，对学生出现的问题给予及时处理。五是建立校长直通车制度。学校办公座机、校长电话、班主任及科任教师电话，通过多种方式向家长公开，家长可随时向班主任、科任教师了解孩子在校学习、生活的表现，向校长反馈孩子的教育问题。六是建立线上家校平台。学校开通了公众号和美篇，通过网络平台及时发布学校各种通知与德育、安全、健康等专项教育内容，发布学校工作动态，向家长打开了了解学校的窗口。在疫情防控期间，学校多次组织线上家长会，加强家校沟通。七是坚持家访、送教上门。学校坚持家访制度，安排教师定期家访，了解孩子在家学习与生活的状态，宣传教育扶贫政策，开展教育帮扶活动。

第二，联合社会力量，助力农村儿童成长。一是聘请L县法院院长、L县WS镇派出所所长担任学校法制副校长，开展法制安全教育，指导红领巾法学院活动，指导学校抵制校园欺凌、落实一号检察建议等工作的开展。二是聘请WS镇医院院长担任学校健康副校长。组织每年一次的学生体检、健康教育、疾病防控、校园卫生等各项工作。三是积极联系L县铁路派出所、L县交警队、L县敬老院、L县禁毒大队、L县青少年活动中心、BJ市传统文化促进会、L县慈善协会、L县非物质文化传承人及各慈善机构开展"走出去，请进来"活动。交通安全、禁毒教育、科技教育、传统文化校园、非物质文化进校园等活动经常开展。四是开展真情奉献活动，将敬老院开辟为学校的德育实践基地，为敬老院打扫卫生、整理房间、表演节目,听老战士、老模范、老农民讲人生历程,体会勤劳节俭的传统美德。开展农耕体验活动,参与翻地、播种、除草、收麦、剥玉米等传统农业生产,让孩子不忘农民根、家乡情。五是开展手拉手体验活动,与城市学生定期互动,同吃、同玩、同表演、同交流;与志愿者互动交流,体验家庭般的关怀;带领留守儿童到 BJ 市参观机械厂、博物馆、医院,观看 3D 电影,增强感恩之心、坚定人生志向。六是积极联系社会上的公益资助活动。福建泉水基金会捐赠专款用以改善教室照明设施,梅赛德斯—奔驰捐赠音乐教室,北京阳光志愿者协会捐赠木头屋,米公益捐赠图书数字化管理系统等,大力提升了学校办学条件,赛格集团、壹基金等多家公益机构和个人多次开展贫困助学和送温暖活动。

第三,关怀农村留守儿童和寄宿生,营造良好的成长环境。建立留守儿童管护中心并开通亲情话吧,通过视频或微信聊天,让每一位学生能及时与家长沟通感情、分享喜怒哀乐;建立观影区、活动区、阅读区,方便孩子学习和娱乐。改善寄宿生的生活设施,达到"十有五配套"标准;装扮学生宿舍,提供开水,营造温馨家园。建立"留守儿童档案卡",建立"代理妈妈"工作机制,由学校教师担任留守儿童代理家长,结对负责,开展心理访谈、生活帮助、学习辅导等关爱活动。建立住宿生帮扶机制,由代理妈妈及大同学帮助小同学穿衣、叠被子、整理床铺、梳头、洗脸。开展寄宿生内务整理、快乐晚讲、我为父母送祝福等活动,丰富寄宿生生活,为留守儿童创建家庭般的温暖。

WS 镇中心小学和 WS 镇火烧寨中心小学先后被评为省、市级营养改善计划示范校,WS 镇火烧寨中心小学和 WS 镇中心小学先后被评为市、县级文明校园,WS 镇中心幼儿园、WS 镇火烧寨中心幼儿园、WS镇李家河中心幼儿园先后顺利通过市级一类园创建验收，WS镇中心校被县局评为校园文化建设五星级示范学校。WS镇火烧寨中心小学成功创建为市级绿色校园。WS镇中心小学、WS镇火烧寨中心小学、WS镇李家河中心小学农村寄宿制学校办出了各自的特色，受益学生600多名，给留守儿童创建了温馨、舒适的就学与生活条件，让家长能在外安心工作。WS镇闫家湾小学邀请本村民间社火脸谱艺人担任课外辅导员，让传统文化走进校园、走入学生。

第五章

传承农村本土文化的校本德育模式

2016年11月，习近平总书记在中国文学艺术界联合会第十次全国代表大会、中国作家协会第九次全国代表大会开幕式上的讲话中指出文化是一个国家、一个民族的灵魂。历史和现实都表明，一个抛弃了或者背叛了自己历史文化的民族，不仅不可能发展起来，而且很可能上演一幕幕历史悲剧。文化自信，是更基础、更广泛、更深厚的自信，是更基本、更深沉、更持久的力量。坚定文化自信，是事关国运兴衰、事关文化安全、事关民族精神独立性的大问题。2017年12月，教育部颁布的《中小学德育工作指南》中提出中小学德育工作要开展家国情怀教育、社会关爱教育和人格修养教育，传承发展中华优秀传统文化，大力弘扬核心思想理念、中华传统美德、中华人文精神，引导学生了解中华优秀传统文化的历史渊源、发展脉络、精神内涵，增强文化自觉和文化自信。文化是民族的血脉，是我们的精神家园，文化自信是更基本、更深层、更持久的力量。

乡土性是中国社会的本色,在乡土性基础上孕育而生的农村本土文化是中国文化的底色,也是农村社会得以维系和发展的基础,而且农村本土文化蕴含的丰富的道德文化是我们传承和弘扬中华优秀传统文化的重要内容。但是在当前中国社会转型时期,伴随农村人口向城市的大规模流动和信息技术的迅速发展,城市文化快速地向农村蔓延,致使农村本土文化处于衰落的境地,也造成农村儿童对农村本土文化的自信心降低。农村学校位于农村社会之中,与农村社会有着千丝万缕的联系,农村学校德育承担着传承农村本土文化和提升农村儿童对农村本土文化自信的责任和使命,构建传承农村本土文化的校本德育模式成为应对社会转型时期农村社会变革的必然选择。

第一节 传承农村本土文化是学校德育的使命

文化是一个含义非常丰富的概念,从形态上来讲包括物质文化、制度文化和精神文化三种类型。本土文化相对的是外来文化,它本身也是一个相对性概念,具有较强的地域性意味,不同地域都能够形成包含该地域特征的本土文化。西方学者斯图尔特认为,构成本土文化的成分应包括语言、风俗习惯、民族和种族特征、地区特性和宗教信仰。而且只有当所有这些特征的成分形成一种社会价值,并对人们的日常生活带来实质性的影响时,才会产生文化。① 在本研究中,本土文化指的是农村本土文化,就是基于我国农业文明和农村生活孕育而生的各种生活方式、风俗习惯和价值观念等,与之相对应的是外来的城市文化。比如与现代社会讲求法治不同,乡土社会是礼治社会,正如费孝通指出,"乡村社会秩序的维持,有许多方面和现代社会秩序的维持是不相同的""我们可以说这是个'无法'的社会""但是'无法'并不影响这社会的秩序,因为乡土社会是'礼治'的社会""维持礼这种规范的是传统"。② 那么在乡土社会里礼是衡量一切行为的对与错的标准,也形成了独特的农村本土道德文化。

在当前中国社会转型背景下,随着工业化迅速发展,城乡之间的壁垒被逐步打破,出现农村人口向城市的快速流动,以及互联网时代的到来,电视、网络等电子媒介对城市文化的大量传播,致使农村本土文化处于逐渐衰微的境地之中。农村本土文化是农村社会赖以存在和发展的基础,也是滋养农村儿童成长的精神养料,正是在这个意义上,我们认为传承农村本土文化成为农村学校德育的时代使命。

一、农村本土文化蕴含着独特价值

农村本土文化具有乡土气息,是根植于土地之上的,乡土性是农村本土文化的根本特征。相对于城市文化来讲,农村本土文化具有其独特的价值,就是农村本土文化体现了人与自然和谐相处的价

---

① Stewart. *Culture of the Mind*, from Culture in the Communication Age, edited by Lull, James. London: Routledge, 2001, p. 24.
② 费孝通:《乡土中国 生育制度》,北京大学出版社 1998 年版,第 49—50 页。

值。2018年1月,中共中央、国务院颁布的《关于实施乡村振兴战略的意见》中指出:"良好生态环境是农村最大的优势和宝贵资源。必须尊重自然、顺应自然、保护自然,推动乡村自然资本加快增值,实现百姓富、生态美的统一。"费孝通在《乡土中国 生育制度》中就明确指出:"乡下人离不开泥土,因为在乡下住,种地是最普通的谋生办法。"而且"靠种地谋生的人明白泥土的可贵。城里人可以用土气来蔑视乡下人,但是乡下,'土'是他们的命根"。"而种地的人是搬不动地,长在土里的庄稼行动不得,侍候庄稼的老农也因之像是半身插入了土里,土气是因为流动而发生的。"[1] 所以说,农村跟大自然最接近,农业生产跟土地联系最紧密,农民对土地有着深厚的感情,人与自然之间良好的生态环境是农村天然的优势。而农业文明和农村生态是孕育农村本土文化的土壤。农业文明主要是农耕文明,农业耕作既是农民主要的生产和生活内容,也是农民生存的主要方式。由于农民的生存主要依赖于自然的环境和条件,耕地、农作物等本身是自然的组成部分,所以农民通常会对自然心存敬畏和神秘感,这使农民行事时也会比较谨慎和小心,对自然既亲近又敬畏,维系着人与自然的和谐共处,实现了"天人合一"的境界。在农业文明状态下,参与农业生产劳动是农村儿童日常生活重要的组成部分,也是他们成长过程中的重要经历,他们在跟随成人参与农业生产的过程中与自然保持着密切的联系,形成了热爱自然、关注自然和感受自然的情感倾向,也在参与生产劳动过程中学会了如何与自然和谐相处的学问。因此,这种人与自然和谐共处的价值理念和行为方式是农村文化独特的组成部分。

---

[1] 费孝通:《乡土中国 生育制度》,北京大学出版社1998年版,第6—7页。

我是20世纪70年代在农村出生的，整个童年是在农村长大的，之后由于求学才进入城市学习和生活，但是童年时期在农村的时光为我的一生奠定了生命的基调。20世纪70年代末至80年代初，我国处在计划经济时代，整个国家比较贫穷，相比城市，农村更穷。在当时的人民公社时代，农民以生产队为组织单位，日出而作，日落而息，一年四季在土地上劳作，开展农业生产劳动。童年的我们也会时而加入生产劳动行列，学校会放"忙假"，即农忙时节给学生放假，让回家参加劳动。忙假主要有两次，一次是收麦子的时候，另一次是收玉米的时候。特别是每年收麦子放忙假的时候，白天里小孩子们会成群结队到麦地里捡麦穗，大家还相互比赛，看谁捡得快又多，最后拿到生产队去称重。晚上的时候，小孩子们在打麦场上玩耍，围着麦草垛做游戏、打闹，享受着丰收带来的喜悦。

　　而且那个时候农村里几乎每家都会养猪，到春节时宰杀卖钱，同时留一小部分过年待客吃。一般来讲，农村家庭里小孩子基本要承担打猪草的任务，基本上是在放学后大家相互约着去地里打猪草，穿梭在田地里，或者玉米地里，或是麦地里，认识了很多种草，流了很多汗。当打满一筐猪草后，大家又欢天喜地回到家。至今记忆犹新的是每年麦黄的时候，布谷鸟就开始鸣叫，每天上学和放学路上都有清脆的鸟鸣声陪伴。童年的日子很平常，但是很惬意，田间是我们的游乐场，我们离土地、离大自然很近很近。①

　　农村本土文化孕育了人们良好的品质和美德。农业生产是农业

---

① 一位教师对自己童年农村生活的回忆。

文明的主要内容，是农民最重要的日常生活方式。艰苦的农业劳动让人们在付出汗水之时又享受着收获的喜悦，让人们反复地体验着劳动的辛苦和收获的幸福，正是在劳动过程中人们养成了勤劳、朴素、顽强、不怕艰苦、持之以恒等良好品质。苏霍姆林斯基指出："劳动不是最终的目的，而是达到教育过程中一系列属于各个方面——社会、思想、道德、智力、创造性、美学、情感——目的的一种手段。"[1]"劳动，只有劳动，才是一个人全面发展的基础。如果一个人根本体会不到劳动的乐趣，那全面发展就无从谈起。"[2] 2015年8月，教育部等部门颁发的《关于加强中小学劳动教育的意见》中指出："充分发挥劳动综合育人功能，以劳树德、以劳增智、以劳强体、以劳育美、以劳创新，促进学生德智体美劳全面发展。" 2020年3月，中共中央、国务院颁布《关于全面加强新时代大中小学劳动教育的意见》强调："劳动教育是国民教育体系的重要内容，是学生成长的必要途径，具有树德、增智、强体、育美的综合育人价值。" 当前，国家高度重视劳动教育在学生全面成长和健全发展中的作用和价值，必须强调的是劳动是促进个体美德生成和全面发展的重要方式。

在农业文明时代里，由于农村社会属于熟人社会，人与人之间彼此相互熟悉和知根知底，欺骗和欺诈根本就没有用武之地。因此，熟人的农村社会塑造了农村人相互之间高度诚信的美德。这正如费孝通在《乡土中国 生育制度》中讲的，在一个熟悉的社会中，人们已经从熟悉得到了信任，而且乡土社会的信用并不是对契约的重

---

[1] 蔡汀、王义高、祖晶主编：《苏霍姆林斯基选集》第3卷，教育科学出版社2001年版，第170页。
[2] 蔡汀、王义高、祖晶主编：《苏霍姆林斯基选集》第5卷，教育科学出版社2001年版，第209页。

视，而是发生于对一种行为的规矩熟悉到不假思索时的可靠性。① 农业文明中人们所孕育的这些品质和美德不仅是维系农村社会本身稳定和发展的基础，它们也是农村人走出农村，在城市生存和发展要具备的品质和素养。有学者就曾指出，"城市里边许许多多有所成就的、对社会乃至人类发展做出贡献的那些人，他们宝贵的品质，比如刻苦、专一、忠诚、谦逊，等等，绝大部分都来源于农村文明的滋养，真正的城市文明恐怕不能很好地养成那些品质"②。因此对于农村儿童来讲，他们参与农村农业生产劳动和农村生活的过程正是生成刻苦、专一、忠诚、谦逊等美德和品质的过程，将来他们不论立足农村还是在城市发展，这些美德和品质都将发挥基础的作用和价值，能够有助于农村儿童获得事业发展和人生幸福。

二、社会转型促使农村本土文化衰微

客观地讲，在当前中国社会转型背景下，城市文化向农村的蔓延和入侵直接促使农村本土文化走向衰微。一方面是进入城市的农村人对农村本土文化的淡化和遗忘。随着城市化进程的深入推进，农村人口大量地向城市转移，他们进入城市后往往会在城市文化的浸润下渐渐地熟悉和认同城市人的价值观念和生活方式，并逐渐按照城市人的价值观念和生活方式来看待事物和生活。由于远离农村在城市生活，久而久之他们会淡忘甚至抛弃农村本土的价值观念和生活方式。另一方面是留守在农村的农村人与农村本土文化的渐行渐远。随着以传播城市文化为主的电视、网络等电子媒介在农村的

---

① 费孝通：《乡土中国 生育制度》，北京大学出版社1998年版，第10页。
② 黄平主编：《乡村中国与文化自觉》，生活·读书·新知三联书店2010年版，第289页。

普及和广泛运用，留在农村的农民也越来越熟悉城市文化，而且许多农民对城市文化产生向往和崇尚的心理。一个非常明显的现象是在农村里越来越多的农村儿童开始讲普通话，而对农村本土语言越来越陌生，甚至有些农村儿童不会讲农村方言。事实上，语言是文化最直观的表达，方言蕴藏着丰富的农村本土智慧和文化。对农村方言的陌生足以表明这些留守在农村的农村人与农村本土文化已经渐行渐远。

与农村本土文化所倡导的接近自然、勤劳、谦虚、专一价值取向等不同的是，城市文化则是远离自然，尤其是当前以消费和娱乐为主的城市文化，里面包含着诸如暴力、享乐、欺诈等消极和灰暗的思想观念，对人们价值观的形成产生着许多负面的影响。城市文化在电视、网络等媒体中得以广泛传播，特别是消极和有害成分在农村以及农村人中大肆渲染的情况下，农村本土文化正走向衰微。一方面是人们对自然的远离和破坏。随着大量农民进城务工，在农村到处可见闲置和抛荒的耕地，农民改变依靠自然的生存方式的同时，也远离了自然，失去了通过农业生产所养成的勤劳、吃苦等习惯和品质。有些人甚至在农村兴办工厂，特别是一些工厂产生大量废弃的垃圾，破坏了人赖以生存的自然环境，也造成了人与自然的对立。另一方面是农村本土伦理观念的沦丧。中国本身属于伦理本位国家，农村本土文化中蕴含着浓厚的伦理道德色彩，这也是农村社会维系和发展的文化基础。但是在城市文化冲击和洗礼下，农村伦理文化传统却面临着消亡的危机。孝敬老人是中华传统美德，但是在当前社会转型时期受经济理性观念的主导和支配，这种美德却遭遇严重危机。据报道，有些农村地区子女暴打老人和不赡养老人的现象层出不穷，反映了这些人心中农村文化传统中"敬老""养老"等观念的沦丧。此外,"当前农村中'笑贫不笑娼'的现象已很普遍,不少农民认为,无论钱的来路如何,只要能在村里盖起楼房就是有本事"①。这些都表明当前农村本土文化正面临着凋敝的危机。

  邻居周家是村里比较有实力的家庭。20世纪80年代,村子统一划分宅基地建房时,绝大部分家庭只能盖一层瓦房,但由于周家老父亲承包过工程,有积蓄,所以他给两个儿子分别盖了四间二层楼房,而且两座房子挨着并要到了第一排的好位置,在村子里特别显眼。周家先后给两个儿子办理婚事,后又生了孙子孙女,家庭势力越来越大。但是随着时间的推移,到了2000年前后,老父亲和老母亲逐渐年龄大了,干不动了。那时村子已经发生了翻天覆地的变化,许多农民进城务工,赚钱的途径和方式多了。两个儿子把原来的二层楼拆掉,重新盖了更时兴更漂亮的楼房。本来老两口一直跟二儿子一起住,但是随着他们年龄变大,家庭矛盾也爆发了,二儿子两口想把他们赶到大儿子家去住,老两口不愿意,就会出现以脏话骂人甚至出手想打老两口的现象。由于长期过得不开心,不久老父亲就去世了,剩下老母亲被强行送到了大儿子家。起初一切都还过得去,不料老母亲不慎跌倒,腿摔断了。大儿子把老母亲拉到医院治疗不久又拉回来了,还骂自己的母亲是老不死的。当然,没过多久,老母亲也离世了。老两口的寿命都没有过70岁,要说现在大家有钱了,生活条件好了,应该长寿的。村上人都说

---

① 贺雪峰:《农村价值体系严重荒漠化》,《环球时报》2014年6月24日第14版。

周家老两口命不好，摊上这没有孝心的子孙，哪能长命！要我说呀，是世道变了，农村人现在都盯着的是钱，人老了，没有用了，年轻人就盼着你早点走了好。①

总之，在当前社会转型时期农村本土文化正在面临着衰落的危机，重振农村本土文化是刻不容缓的任务。因此从农村学校德育角度审视，如何应对当前我国社会转型时期农村本土文化衰微的危机成为必须认真思考和应对的重要议题。

三、学校德育肩负着传承农村本土文化的使命

农村学校是农村社会中的专门教育机构，拥有受到专门训练的师资力量，是农村社会中最具文化特色的组织机构。农村本土文化不仅是维系农村社会发展的精神养料，更是滋养农村儿童精神成长的养料。农村学校德育肩负着农村儿童精神成长的教育责任，要促进他们素质提升和全面发展，为其一生成长奠定坚实基础。但是在当前社会转型时期，农村儿童处于农村本土文化衰落的境遇之中，因此积极回应时代难题和困境是农村学校德育的时代使命。

2017年，教育部颁布的《中小学德育工作指南》中指出，中小学德育工作途径包括课程育人、文化育人、活动育人、实践育人、管理育人和协同育人等六种途径。以课程育人为例，课程分为德育课程和学科课程，前者发挥直接德育功能，后者发挥间接德育功能。一般来讲，学校德育课程主要包含两个方面，一是国家德育课程，二是校本德育课程。国家德育课程是由国家教育主管部门组织专家编写的，且必须在全国范围内实施的德育课程，自2017年秋季学期

---

① 一位农村大叔对我的讲述。

起全国中小学校已经实施由教育部统编的《道德与法治》课程；校本德育课程是学校根据地方本土文化特色而创设的德育课程。伴随着第八次基础教育课程改革和"三级课程"理念的提出，学校越来越重视校本课程建设，而且越来越多的校本课程被开发和使用，在传承和弘扬地方文化方面发挥了重要作用。比如山东省嘉祥县是我国古代圣人曾子的故乡，曾子终身研究和践行"孝"道，还著有《孝经》，为了大力弘扬和传承孝文化传统，嘉祥县教育局组织专业人员编写《孝德读本》等校本德育教材，对学生实施孝德教育，既传承了地方本土文化，又对学生实施了有效的道德教育，提升了学校道德教育质量。又如江苏省月塘乡盛产茶叶，月塘乡拥有茶文化传统，因此月塘中学专门开辟了茶园，开设茶文化校本课程，让学生在种植茶树、摘茶、炒茶等过程中熟悉、体验和传承茶文化，与此同时还在劳动过程中培养学生亲近自然、勤劳、朴素、热爱劳动等品质和美德。

农村本土文化是农村学生精神成长的天然养料，农村学校作为专门的教育机构，要意识到农村本土文化的意义和价值，自觉地阻断农村本土文化衰落的进程，积极地把农村本土文化吸纳到学校德育中来，传承和发扬农村本土文化。正是在这层意义上，我们说传承农村本土文化是农村学校德育的时代使命。当然这需要教育主管部门和农村学校自身对学校德育所面临的社会环境有比较清楚的认识和了解，能够深刻地认识到在当前社会转型时期农村本土文化正在遭遇城市文化的冲击和洗礼，面临着边缘化和凋敝的危机，作为专门教育机构的农村学校德育要自觉地承担起传承农村本土文化的时代使命。但是需要指出的是，教师不仅是农村学校德育的实施者，肩负着引导农村儿童树立正确的世界观、人生观和价值观的神圣使命,还是农村学生在学校生活中的"重要他人",教师自身对农村学校德育处境和德育使命的清晰认识直接影响着学校德育的实施和成效。一般来讲,提升农村教师自身的德育意识和责任包括两条路径,即提供培训的外在路径和自我教育的内在路径。一方面,教育主管部门和农村学校通过师资培训等途径,帮助教师了解和认识当前农村社会发展的现实情况,特别是农村本土文化面临衰落和凋敝的危机,激发和培养教师的教育使命感和责任感;另一方面,教师需要通过自我教育和反思,增强自身传承和发扬农村本土文化的使命意识和责任意识,感受到自己从事德育的神圣感和价值感,这样他们就能够从内心深处产生强大的从事传承和发扬农村本土文化的校本德育的精神动力。

第二节 传承农村本土文化校本德育模式的基本理念

通过以上分析我们清楚地明白,在当前社会转型时期随着城市文化向农村的蔓延,农村本土文化面临着种种危机,传承农村本土文化成为学校德育的时代使命。学校在实施以传承农村本土文化为主的校本德育中以促进农村本土文化的传承与发展为使命,在此过程中要增强农村儿童对农村本土文化的自信和培养农村儿童良好的品质。

一、促进农村本土文化的传承和发展

农村学校位于农村社会之中,跟农村社会有着千丝万缕的联系,

会在思想和价值观念等方面推动农村社会发展，而且农村学校作为培养人的专门机构，肩负着培养农村社会未来建设者的责任和使命。在农业文明中孕育而生的农村文化不仅是维系农村社会发展的基础，而且是农村人的精神家园，正因为如此，促进农村本土文化的传承和发展是当前农村学校德育的时代使命。

传承农村本土文化意味着不能让农村本土文化在受到城市文化侵袭之时被埋没或消失，而是要积极采取措施和办法让农村本土文化得以延续和发展。当然农村学生是农村学校的培养对象，他们也是农村社会未来的建设者，农村本土文化要在他们身上得以传承和延续。在传承农村本土文化过程中，农村学校要在课程设计和实施方面着力。一方面，农村学校要在实施国家课程之中自觉地渗透农村本土文化方面的内容，充分发挥国家课程在传承农村本土文化方面的间接作用；另一方面，在开设国家课程之外还可以开发和设计专门的具有农村本土文化特色的校本德育课程，充分发挥校本德育课程在传承农村本土文化方面的直接作用，从而让传承农村本土文化得以落实。

习近平总书记指出，优秀传统文化是一个国家、一个民族传承和发展的根本，如果丢掉了，就割断了精神命脉。我们要善于把弘扬优秀传统文化和发展现实文化有机统一起来，紧密结合起来，在继承中发展，在发展中继承，要坚持古为今用、以古鉴今，坚持有鉴别的对待、有扬弃的继承，而不是搞厚古薄今，以古非今，努力实现传统文化的创造性转化、创新性发展，使之与现实文化相融相通，共同服务以文化人的时代任务。事实上，在传承农村本土文化过程中还需要充分考虑时代因素，要具有与时俱进的意识和观念。这是因为时代在变革和发展，对农村本土文化也要进行创新的继承和发展。比如关于"孝"的理解,传统观念中认为"父母在,不远游",但是在当前社会发展由农业社会向工业社会转型的时代背景下,大量农村劳动力要外出务工,不可能守在父母身边敬老,因此对"孝"的理解应该变为"常回家看看",要经常回家看望父母,始终要跟父母保持精神上的联络。总之在对农村本土文化进行创新性传承过程中我们一定要注意处理好本质与形式的关系问题,也就是说要在保持农村本土文化的本质不变的基础上进行形式方面的创新。

二、帮助农村儿童重新建立农村本土文化自信

在当前社会转型背景下,农村本土文化面临着城市文化的侵袭,致使农村儿童对农村本土文化的自信心降低。在实地调研中我们发现,有些农村儿童对父母外出务工、辛勤劳动以养家糊口缺乏正确认识,甚至认为那是父母没有本事,而认识不到父母身上的勤劳品质;有些农村儿童喜欢看城市生活情景剧,向往过城市生活,而表现出对农村生活的厌弃等。从这些现象中我们可以清楚地感受到农村儿童对农村本土文化缺乏自信心。"客观地讲,在我国走向现代化的征程中乡村学生追捧城市文化是无可厚非的,但是他们对乡村文化的漠视和乡村文化自信的丧失却是不能忽视的,毕竟乡村是他们的生命之根。"[1]

一方面,在当前社会转型时期,随着社会经济的迅速发展,电视和网络基本上已在农村普及,只要打开电视,播放的电视剧和电视节目大都是体现城市生活题材的内容,网络中也充斥的是跟农村

---

[1] 马多秀、朱明侠:《陶行知的乡村教师本土化培养教育思想及其启示》,《现代教育论丛》2018年第1期。

儿童现实生活相去甚远的城市生活内容，这更加速了城市文化对农村儿童的吸引力。正是因为如此，农村儿童已经对自己赖以生存和生活的农村自然、生态、礼仪、风俗和文化渐渐陌生，更为重要的是在强大的城市文化的冲击和洗刷之下，他们理应引以为豪的农村本土文化的自信心也在降低甚至虚无化。有学者就指出："在当前快速城市化的背景下，伴随网络、手机等电子媒介的普及，城市文化和价值观迅速地蔓延和渗透到乡村社会生活之中，乡村学生越来越熟悉城市文化，而对乡村本土文化却越来越陌生，而且城市生活的富裕、奢华、自由等观念逐渐地占据了乡村学生的精神世界，挤脱了他们对贫穷、落后的乡村生活的留恋和热爱。"[1]

另一方面，农村儿童对农村本土文化自信的降低还与社会制度本身和学校课程设置等密切相关。由于长期以来我国实施的是城乡二元社会结构体制，城市中心取向不仅体现在政治、经济等领域，也深深地渗透在教育领域。其中中小学教材的编写中，体现城市生活题材的内容要远远多于体现农村生活题材的内容，"乡村在中小学教材中也基本上是缺席的，乡村社会只是作为宏大历史主题的点缀，乡村自身的价值在我们的教材中基本阙如"[2]。对于农村儿童来讲，城市中心取向的教材内容不仅由于远离于他们自身的生活现实而造成他们学习上的困难，而且这种教材内容的安排给他们遐想城市生活留下了空间，还有意无意中给他们暗示着城市文化的优越。在一定程度上来讲，这种教材的编制本身发挥着让农村儿童降低农村本土文化自信的消极作用。

---

[1] 马多秀、朱明侠：《陶行知的乡村教师本土化培养教育思想及其启示》，《现代教育论丛》2018年第1期。
[2] 刘铁芳：《文化破碎中的乡村教育》，《天涯》2007年第3期。

正因为如此，帮助农村儿童重建农村本土文化自信，让他们自觉传承和弘扬农村本土文化，这是农村学校德育在积极应对农村本土文化衰落问题中必须思考和回答的问题。农村学校作为专门的教育机构，学校德育要自觉肩负起帮助农村儿童重新建立农村本土文化自信的责任。习近平总书记讲"道路自信""理论自信""制度自信"之后，讲到"文化自信"，并认为文化自信是其他三个自信的基础，这是因为文化渗透在每一个人的心里、血脉中，是深层次的、是不容易改变的。在五千多年文明发展中孕育的中华优秀传统文化，在党和人民伟大斗争中孕育的革命文化和社会主义先进文化，积淀着中华民族最深层的精神追求，代表着中华民族独特的精神标识。通俗地讲，文化自信是指个体从内心深处认可某一种或某一类文化的价值，对之持肯定和积极的态度，并付诸自己的实践活动。农村本土文化是从农业文明中生成的文化样态，是维系和促进农村社会发展的精神养料。

农村儿童对农村本土文化自信首先要建立在他们自身对农村文化独特价值的认可之上。当农村儿童深刻地认识和感受到农村文化的魅力和力量的时候，他们内在的文化自信心就会自然生成。帮助农村儿童领会、感悟，以至认同农村文化的精神品质是农村学校德育帮助农村学生树立文化自信的重要方面。因此在传承农村本土文化校本德育中教师既要引导农村儿童正确认识和理解农村本土文化的价值，特别是农村本土文化在滋养农村儿童精神成长方面的重要意义；教师还要给农村儿童创造体验和实践的机会，让他们在参与和活动过程中增强对农村本土文化的体认，从内心深处真正认同和接受农村本土文化。事实上，当农村儿童内在的文化自信心生成之后，他们不仅能够在城乡文化的冲突中保持对自身的农村人身份和农村本土文化的自信，还能够自觉地接受和内化农村文化精神，从而在自己的生活中自觉地传承和发扬农村本土文化。因此我们认为帮助农村儿童树立农村本土文化自信是传承农村本土文化校本德育的重要任务。

三、促进农村儿童良好品质的培育

亚里士多德认为，德行分为理智德行和道德德行，前者是通过教导而发生和发展的，后者是通过习惯养成的，因此"从小养成这样的习惯还是那样的习惯绝不是小事。正相反，它非常重要，或宁可说，它最重要"①。这表明道德品质本身具有实践性，或者说个人的道德品质是通过道德实践生成的。传承农村本土文化校本课程德育主要通过实施丰富多彩的德育活动，农村儿童在积极参与德育活动过程中会对农村本土文化形成深刻的认识和理解，在情绪情感方面产生深刻的体验和体悟，形成良好的行为习惯，从而促进农村儿童良好品质的培育。因此我们说促进农村儿童良好品质的培育是传承农村本土文化校本德育的重要任务。当然不同校本德育在培育农村儿童品质方面会有所侧重。

培育农村儿童热爱自然和热爱劳动的品质是传承农村本土文化校本德育的重中之重，南京浦口行知小学充分发挥了学校地处农村和拥有丰富的自然教育资源的优势，在培育农村儿童热爱自然和热爱劳动品质方面堪称典范。一是学生在行知小学的实验农场体验劳动的快乐。校长杨瑞清先后向村委会要了一些地，创建了实验农场，包括一片茶园、一片桃园、一片毛竹林，还有一大片种苗木花卉的

---

① [古希腊]亚里士多德：《尼各马可伦理学》，廖申白译，商务印书馆2008年版，第37页。

地。教师和学生一起下农场干活，体验劳动的快乐。杨瑞清讲道："我感觉到学生参与劳动实践的过程其实是很美的过程，很快乐的过程。我们总是以为小孩劳动他们肯定不高兴，但恰恰相反，孩子们真喜欢劳动，孩子们真喜欢在大自然里劳动。"[①] 对孩子们来讲，劳动过程是放松的、愉快的和开心的，既是劳动能力的培养，还是从劳动过程中获得价值感的体验过程。二是打造校园、花园、果园，整合农村教育优质资源。在行知小学的东面，有一个占地400亩的荷花池，被称为"艺莲苑"，种植了四五百种荷花和睡莲，其中不少品种是全世界独一无二的。艺莲苑是行知小学的一本活教材，教师经常带着学生在里面劳动、欣赏和讨论，师生对劳动过程归纳出五个特征，即美、富、高、苦、乐五个字，其实这五个字里蕴含着师生的知识、人生观、理想、审美观、道德观等。在行知小学的南面有一片200亩的枣园，里面种着80多种枣树。这和种植着桃、李、杏、梅、石榴、枇杷、无花果等的行知基地，一起被称为"百果园"。百果园是行知小学的活教材，学生可以从这里学习丰富的知识，还可以陶冶性情，品味人生。三是讲好"八棵柿子树的故事"。行知小学校园里有八棵柿子树，每年从春天挂果到秋天成熟，在长达半年的时间里，累累果实把树枝压得很低，学生们天天在柿子树下活动，一年级最矮的学生都能够摸到、闻到，但是没有学生去摘。每到柿子成熟的时候，行知小学会举办柿子会，大家把柿子摘下来，放到盆子里，丰收的气象就呈现出来了。教师会告诉学生，柿子不是一般的果实，它们是劳动之果，是道德之果，是智慧之果，是艺术之果，赋予了柿子丰富的意涵。然后把柿子分给学生，让他们带回家，跟父母一起分享丰收的果实。正是通过参与这些德育活动，

---

① 杨瑞清：《走在行知路上》，高等教育出版社2004年版，第104页。

孩子们养成了热爱自然、热爱劳动、热爱生活的情感和品质。此外山东嘉祥县是曾子的故乡，嘉祥县教体局充分挖掘曾子的"孝"文化思想，组织教师编写孝德教育校本课程，在全县实施孝德教育，传承和发扬"孝"文化，培育孩子们敬老爱老的品质。《孝经》中讲，"身体发肤，受之父母，不可毁伤，孝之始也"。我们的身体都是父母给予我们的，不爱惜自己的身体或者伤害自己的身体，是不孝的表现。孝德教育还可以增强青少年的生命关怀观念，让他们爱惜自己的生命和身体。

总而言之，农村本土文化中蕴含着丰富的道德教育的内容和素材，学校要善于开发和利用这些道德教育内容和素材，实施特色鲜明的以传承农村本土文化为主题的校本德育，与此同时注重促进农村儿童道德品质的培育。

第三节　传承农村本土文化的校本德育模式的实施策略

一、要对农村本土文化进行选择性传承

文化具有时代性、地域性等特征，也有精华和糟粕之分，要秉持客观、科学的态度，取其精华，去其糟粕，扬弃传承，代代守护，薪火相传。与此同时，还要把传承发展农村本土文化放在当代文化的语境之下，赋予其新的时代内涵和现代表达形式，使其适应现代社会发展的需要。事实上从教育与文化关系的角度来讲，教育本身具有文化选择的功能，就是说在向年青一代传授文化时，教育者根

据社会发展需要和教育对象发展需要，必须对所传授的文化知识进行选择，要去粗存精，选择那些优秀的文化传递给教育对象，让优秀文化得以传承和发扬。

具体到传承农村本土文化问题上来说的话，也必须对农村本土文化进行选择性传承并要进行创造性转化和创新性发展。一方面，要传承体现人与自然和谐共处的价值理念和实践方式。农村处于广袤的自然环境之中，农业文明建立在人们对自然资源的依赖和利用之上，农民在田间的劳作是跟大自然对话和交流的活动。在农村孩子跟随父母在田间劳动的过程中，他们既亲近了大自然，感受到大自然的气息，跟大自然共呼吸，还体验到了劳动的艰辛以及劳动收获后的喜悦和劳动创造财富的幸福，从中呈现出的是人与自然和谐共处的美好画面。对于农村儿童来讲，他们在跟大自然亲密接触中产生的这种体验和感受是工业文明时代最珍贵的财富。那么在农村学校里教师在向学生进行价值引导过程中要强调和鼓励他们积极走近和走进大自然，建立人与自然和谐共处的价值观念，并要重视劳动教育，鼓励和肯定学生走进田间、参加生产劳动的行为，帮助他们树立正确而健康的劳动价值观念。与此同时，还要清醒地认识到随着城市化的迅速推进，大量农村儿童进入城市生活和学习，已经没有体验生产劳动的机会，而且即使是生活在农村的农村儿童，由于城市郊区的耕地越来越少，参加生产劳动的机会也越来越少。因此对于这些农村儿童来讲，需要学校为他们创造接近大自然和体验生产劳动之艰辛和幸福的机会和条件，同时还要在没有机会和条件亲自接近大自然和体验生产劳动之艰辛和幸福的情况下，通过回乡参观、观看农村题材视频等方式让他们了解农村生活和文化，培养对农村本土文化的自信。

另一方面，要传承体现人与人之间和谐共处的价值理念和实践方式。费孝通在《乡土中国　生育制度》中指出，农村是一个熟人社会，人与人之间是非常熟悉和知根知底的，所以人们之间是非常讲究诚信的。在以熟人社会著称的传统农村社会里，一个人一旦失去诚信就会被众人皆知，没有立身之地。正因为如此，诚信成为农村人为人处世的一条自觉原则，渗透到他们的言行举止之中，而且这种基本的价值理念也通过农村民俗艺术的形式表现出来。比如关中地区春节期间表演的血社火，是以《水浒》中武松杀西门庆为武大报仇的故事为题材，包括以剪刀、镰刀、斧子、铡刀、锥子等器具刺入西门庆和其他坏人头部等内容的表演。血社火表演内容非常血腥但又非常逼真，表达了农村人惩恶扬善的朴素人生观，同时也表达了他们对人与人之间和谐共处的向往和追求。因此在传承农村本土文化的学校德育实施中，教师要特别关注和重视农村本土文化中体现人与人之间和谐共处的价值理念和实践方式，使其在农村学生身上得以一代又一代的传承。

总而言之，在传承农村本土文化德育实施过程中，教师一定要对农村本土文化本身进行甄别和选择，让体现农村人与自然以及人与人之间和谐共处的价值理念和实践方式等优良传统文化得以传承和发扬。

二、农村教师要对农村本土文化具有高度的认同感

陶行知认为："要想完成乡村教育的使命，什么计划方法都是次要的，那超过一切的条件是同志们肯不肯把整个的心献给乡村人民和儿童。真教育是心心相印的活动。唯独从心里发出来的，才能打

到心的深处。"① 陶行知非常强调农村教师要有一颗关心农村和农民的心，这是当好教师的前提和基础。那么农村教师作为传承农村本土文化校本德育的实施者，他们自身对农村本土文化的认同感的状况会直接影响传承农村本土文化校本德育的实施效果。农村教师对农村本土文化的认同感指的是什么呢？即是农村教师对农村本土文化的内在价值秉持肯定态度，而且也已经成为他们自身价值体系的组成部分。一般来讲，农村教师对农村本土文化的认同感越高，他们越会自觉地把农村本土文化向年青一代传授，使其得以传承和发扬，并会自觉和积极地实施传承农村本土文化校本德育，而且认为这是一件令其愉悦和幸福的事情；相反农村教师对农村本土文化的认同感越低，他们越不会自觉和积极地传承农村本土文化，而且还会认为这是一件令其烦恼和讨厌的事情。正是在这个意义上，我们说农村教师对农村本土文化的认同感状况会直接影响传承农村本土文化校本德育的实施效果。

事实上农村教师队伍本身是分化的，所以他们对农村本土文化的认同感也就不同。按照农村教师的出身来讲，农村教师分为出身于农村的教师和出身于城市的教师，前者本身家庭在农村，有在农村生活的经历和体验，对农村本土文化比较熟悉，而且认同感相对会比较高；后者本身家庭在城市，没有在农村生活的经历和体验，对农村文化相对比较陌生，那么对农村本土文化的认同感也会相对较低。当然不可否认的是，部分出身农村的农村教师，他们虽然有农村生活的经历和体验，但是他们自身却对农村本土文化缺少认同感，以及部分出身城市的农村教师，他们虽然没有农村生活的经历和体验，但是他们却对农村本土文化具有较高的认同感。因此农村

---

① 陶行知：《陶行知全集》（第2卷），四川教育出版社2009年版，第363页。

教师对农村本土文化的认同感究竟怎么样，需要坚持实事求是的态度，既要从一般的整体情况来分析，还要从具体的个体情况来分析。

那么如何提升农村教师对农村本土文化的认同感呢？一方面，在对农村教师培训中要增加有关农村本土文化方面的培训内容，一是开设相关的理论课程，包括人类学、社会学、教育学以及各种相关的专题研讨等，让农村教师了解农村社会发展的道路、农村本土文化形成及其对维系农村社会发展的意义和价值等；二是开设相关的实践课程，如教育社会实践等形式，让农村教师深入到农村社会现实中，融入农村本土文化中，深入了解和体验农村社会发展的现实状况，并为农村教师创造条件和机会，以充分发挥他们的聪明才智，让他们体验为农村教育发展做贡献的幸福和快乐。在让农村教师熟悉农村本土文化的基础上，特别要强调农村本土文化是农村社会的标识，也是农村人的精神家园，传承农村本土文化是农村社会延续和发展的基础和前提，从而提升农村教师自觉传承农村本土文化的责任感和使命感。"一位在乡村小学工作的教师，他曾就读于地方师范院校，读大学前是农村户籍，他在谈到自己学习工作的体会时说：'农村孩子考上大学后，在大城市里待久了，就会忘记乡村的模样，不愿意回到乡村了。学校应该组织一些活动，让学生多回乡村看看，加深他们的乡村印象，一旦回乡村工作了，也就能安下心来了。'"[①] 这是说农村教师职前培养中要增加农村文化体验课程，培养农村教师对农村本土文化的认同感。另一方面，农村教师自身要通过加强自修来增强对农村本土文化的认同感。农村教师要从自身工作职责和要求出发，不断地自觉学习有关农村本土文化方面的

---

① 马多秀、朱明侠：《陶行知的乡村教师本土化培养教育思想及其启示》，《现代教育论丛》2018年第1期。

内容和知识，增强自己对农村本土文化的认识和理解、感悟和体认，从而把传承农村本土文化作为一种自觉的使命和担当，并在教育实践中积极地履行。按照唯物辩证法中内因与外因关系的理论来分析，在提升农村教师对农村本土文化认同感过程中，教师培训是外因，教师自修是内因，教师培训的外因会通过教师自修的内因而发挥作用。所以当农村教师能够自觉地提升自我对农村本土文化的认同感时，农村教师队伍对农村本土文化的认同感就会得到整体提升。

三、充分发挥国家课程和校本课程的双重作用

按照课程设计的主体来划分，学校课程可以分为国家课程和校本课程，前者是由国家教育主管部门统一设计的课程，它具有强制性，是学校必须实施的课程，在中小学阶段包括语文、数学、外语、体育、音乐、美术以及道德与法治等，每门课程都由专家编写课程标准，对课程目标、课程内容等都有明确的规定和要求；后者是由学校设计的课程，它具有地方性，是学校根据自身的地域特征或文化传统等而开设的课程，比如茶文化课程、剪纸课程等，课程目标、课程内容等都由学校教师来规定。国家课程和校本课程是当前中小学实施的两类课程，它们之间相互补充，共同承担着培养新一代建设者和接班人的责任。在实施传承农村本土文化的校本德育过程中，国家课程和校本课程的地位和作用是不同的，我们需要发挥国家课程和校本课程的双重作用。

国家课程在传承农村本土文化方面，发挥的是间接作用。这是说国家课程本身有自己明确的课程目标和课程内容，在实施过程中教师只能把有关农村本土文化方面的知识和内容渗透到课程教学之中，在实现国家课程目标的同时，实现传承农村本土文化的目的。

比如在美术课程实施过程中，教师可以将农村民间剪纸、泥塑等工艺文化方面的知识和技能传授给学生，以发挥传承农村本土文化的作用。校本课程在传承农村本土文化方面，发挥的是直接作用。这是说校本课程本身可以传承农村本土文化为目的来设计和开发，依照这个课程目标来确定课程内容，比如孝德教育校本课程、茶文化校本课程等。正因为如此，在传承农村本土文化的校本德育实施过程中，我们在努力做好相关校本课程开发和实施工作之外还要注重在国家课程中渗透和实施传承农村本土文化的德育活动，只有把这两者有机结合起来，才能够取得更好的效果。

第四节　传承农村本土文化校本德育模式的实施案例

通俗地讲，校本德育是指以学校为本的，基于学校的实际，由学校自己设定的德育活动。从实践来看，它主要是针对由国家统一制定的德育规划而言的，特别强调和突出具有学校特色的德育课程安排。事实上，新课程改革中提出的三级课程设置为校本德育提供了政策的依据，为校本德育的实践开辟了空间和可能。传承农村本土文化的校本德育是立足学校，由学校教师设计和实施的以促进农村本土文化传承和农村儿童文化自信以及品德提升的学校德育。下面以 SD 省 JX 县的孝德教育、JS 省 YT 中学的茶文化校本课程德育和 SX 省 QY 县 YJ 小学儒家传统文化校本德育为例来分析传承农村本土文化校本德育的实施。

一、 SD 省 JX 县的孝德教育

SD 省 JX 县是古代圣贤曾子的故乡，具有丰厚的孝文化传统。曾子一生不仅从理论上研究"孝"道，他还身体力行，践行"孝"道。《孝经》一书是曾子关于"孝"道的理论与实践的集中凝结，"以孝为本、以诚为上、重在养志"的孝道观影响深远。善待父母是"孝"道的核心意涵，具体包括子女要赡养父母和让父母精神愉悦。"夫孝，德之本也，教之所由生也。"孝的含义有三个层次：养、顺、悦。① 奉养父母是孝最基本的层次，能够保证父母衣食住行需要的满足，也就是物质层面的保障。比"养"高一级的是"顺"，最主要的表现是听父母的话、不违逆父母，"事父母几谏，见志不从，又敬不违，劳而不怨"（《论语·里仁》）。当子女与父母意见不合时，要柔声相劝，如果父母不改变主意，子女要心无怨言地接受。除了"顺"，子女更要让父母"悦"。子女不能让父母担心，因为父母"唯其疾之忧"（《论语·为政》），子女要爱护自己的身体。"悦"还要求子女生活在父母身边，给父母带来快乐，"父母在，不远游，游必有方"（《论语·里仁》）。而且曾子还认为子女对父母不仅要有孝行，还必须要有孝心，也就是说要从内心深处爱自己的父母，孝敬自己的父母，这种从内心对父母的爱而表现出的孝敬父母的行为是最值得赞赏和肯定的。我们常说"百善孝为先"。一个人如果对自己的父母都不孝顺，那他就不可能是一个善良的人。孝是德行中最为根本的品质，一切道德都是由此而生，教化也是由此而产生的。作为家庭伦理规范，子女孝顺自己的父母可以维系家庭成员之间的

---

① 戴木茅：《孝：从家庭伦理到政治义务——基于〈孝经〉的分析》，《求是学刊》2012 年，第 6 期。

亲密和睦关系，保证家庭秩序和谐；作为治理国家的伦理规范，遵循和按照"孝"道管理国家，可以维护国家稳定、有序发展和长治久安。

2010年11月第六次人口普查结果显示，我国人口总量的增长速度放缓，老龄人口比重增加，少儿人口比重缩小，其中老年人口达1.78亿。[①] 经过10年后，2021年第七次全国人口普查结果显示，与2010年第六次人口普查结果相比，60岁及以上人口的比重上升5.44个百分点，65岁及以上人口的比重上升4.63个百分点，其中65岁及以上人口达1.9亿，占13.50%。当前中国已进入老龄化社会，养老问题成为社会核心问题，培养年青一代孝敬老人的社会责任感和义务感是一项迫切的任务。近年来，媒体中曝光的部分家庭中子女不养老、不尽孝道的现象，充分暴露出了我们孝德教育的缺失，青年人孝敬老人、赡养老人的责任感和义务感缺失，造成老年人晚年生活无法获得来自子女给予的物质和精神上的资助和支持。2001年，我国颁布的《公民道德建设实施纲要》中明确指出，"要大力倡导以尊老爱幼、男女平等、夫妻和睦、勤俭持家、邻里团结为主要内容的家庭美德"，其中"尊老爱幼"是"孝慈"道德的现代表达，说明孝德是处理和维系良好家庭关系的重要规范。此外由于我国曾实施计划生育政策，独生子女家庭居多，独生子女群体中以自我为中心的孩子居多，他们也容易养成养尊处优等不良习性，同时却缺乏感恩心理，缺少对父母为自己的付出和辛劳的体认。因此立足学校德育，传承和发扬孝文化不仅要促进学生品德成长，更要促进和谐社会氛围的生成。

---

① 《第六次人口普查显示：中国人口老龄化趋势加快》，http://www.china-aia.org/NewDetail.aspx?nid=303，2018年9月25日。

JX县总人口近90万，拥有各级各类学校200余所，在校生12万余人，属于教育大县。JX县把传承和弘扬曾子孝道文化作为推进和谐JX建设的一项重大举措，列入拓展和深化民生工程的范畴，让老年人优先享受改革发展的成果。2009年，JX县委、县政府出台了《关于实施孝德工程打造"中国孝城"的意见》，提出了把JX县打造成"中国孝城"的目标。JX县教体局积极响应县委、县政府的号召，开展以孝德教育为主要内容的校本德育实践。在这种背景下，SD省JX县在实施孝德教育过程中开展各种丰富多彩的德育活动来培养儿童的孝德。所谓孝德教育，是指教师有目的、有计划地对学生施加一些影响，使他们形成孝德的实践活动的总和。孝德是一切品德培养的基础和前提，当学生的孝德形成后，其他品德的培养会变得相对比较容易。JX县中小学校积极开展孝德教育，不仅丰富了校园道德文化生活，还帮助学生深化了对"孝"的认识和理解，提升了学生道德素养。JX县在实施孝德教育校本德育过程中采取了以下举措：

第一，以科学研究推动孝德教育。为全面推进孝德教育，JX县教体局承担了山东省"十一五"规划重点课题"县域整体推进孝德教育暨曾子孝德思想进校园研究"。JX县教体局为调动学校和教师参与课题研究的积极性和热情，一方面把总课题进行细化，列出了60余项子课题供学校和教师选择，最后有180项子课题获得立项；另一方面，为课题研究提供了经费支持和保障，并把竞争机制引入到课题研究过程和结果的考核之中。此外，JX县教体局还确立了"开辟基地，夯实基础，以点带面，全面发展"的工作思路。组织专人深入各学校反复调研，选取目标学校重点培养，最后确定了4所学校为实践基地，分别是县实验小学、马村镇欧隆小学、满硐乡中学、孟姑集乡中学。各基地学校依据自身特点，开拓创新，形成了独具特色的孝德教育模式。县实验小学精心打造孝德文化校园，营造浓厚的孝德氛围，让学生在潜移默化中得到孝文化的熏陶。他们利用环形教学楼的优势，连廊悬挂二十四孝图、曾子孝迹图，廊柱上张贴感恩名言。马村镇欧隆小学是社会慈善家史军先生捐资1300余万元兴建起来的一所高标准、花园式的农村小学。这个学校在孝德教育中紧扣校园历史，以"感恩"为主线，开展孝德教育，收到了理想的效果。满硐乡中学地处南武山下，曾子故里。学校利用自己得天独厚的区位优势，把曾庙作为孝德教育校外活动基地，定期组织学生到曾庙瞻仰、膜拜，穿越时空，向古代圣贤叩问孝德的真谛，了解孝文化的精髓，使学生对孝文化有了更准确、更深远的理解。孟姑集乡中学建立学校、家庭、社会三维结合的主体化孝德教育网络，让学生接受多元化孝德熏陶，对培养学生良好的道德品质起到了事半功倍的效果。家校共建与社会投入相结合，以家校共建为主，社会参与为补充，加强基地建设的投入力度。

第二，编写孝文化本土德育课程。本土化是当前教育研究和实践的趋势，意味着一切要从当地实际出发，研究者要具有本土情怀，研究本土问题，扎根本土实践，促进当地生活环境的改善。孝文化传统是JX县本土文化特色，在实施孝德教育过程中开发和撰写具有本土文化特色的孝德教育读本是孝德教育本土化的重要体现。一是由JX县教体局组织和领导相关人员，自主编写德育教材。2011年共编写德育教材2册，一册为《乡情教育读本》，20余万字，供中学使用；另一册为《孝德教育读本》，20余万字，供小学使用。《孝德教育读本》遵循地方性、综合性、思想性、趣味性的原则，结合学生的思想品德实际和认知能力，编排了"可怜天下父母心""寸草春晖敬师长""乐于助人美名扬""拳拳之心报社会"四个单元,供三年级至六年级的学生使用。用当地的孝贤故事教育学生,让学生了解家乡、热爱家乡,长大后报效家乡、奉献社会。该教材作为地方教材已被推荐参加全国优秀地方教材评选,并获得市优秀科研成果奖。两本教材的推出,深受师生欢迎,并达到了让学生了解家乡、热爱家乡、报效祖国的目的。二是各个中小学自主编写校本孝德教育读本。马村镇欧隆小学2011年9月开始,着手进行《传统文化》孝德读本的编写。对小学各学科教材进行梳理,对教材中的"孝德"内容进行归类整合,再根据学生的需要和教材的特点分年段编制"新型孝德"校本课程,包括课程标准的编制、课程目标和计划的编制、教材的编制、实施要求的制定等。经过整整一年的努力工作,一套编撰科学、图文并茂、深入浅出的孝德教材已经与学生见面。学校开设了孝德教育活动课,得到社会各界的广泛好评。

第三,营造以孝文化为主导的校园文化环境。从一定意义上来讲,隐性课程的价值主要集中在道德教育层面,在学校德育中校园文化环境是隐性德育课程的重要组成部分,它对学生道德成长和发展的影响往往是潜移默化的、持久且深刻的。营造以孝文化为主导的校园文化环境是提升孝德教育实效的重要内容。JX实小传承宗圣文化,树立"仁孝至善"的核心理念,形成"感恩织就锦华,习惯雕铸人生"的校风和"诚善润心,敏行弘德"的校训。以"孝"为出发点对师生进行仁德教育,让学生手握机杼,以感恩为丝线,穿梭人生经纬,织就最美好的童年时光,做讲诚信、扬孝德、美言行、勤书文的阳光学子。学校充分利用环形教学楼的优势,连廊悬挂二十四孝图、曾子孝事父母故事等,廊柱上张贴感恩名言。进行手抄报展评是孝德文化教育的一大亮点,手抄报由各中队精心设计,图文并茂，异彩纷呈，定期更换。低年级学生的手抄报以《三字经》中的"香九龄，能温席"开篇，稚嫩的小手绘出一幅幅图画，组成爱的长廊。中年级学生的手抄报以"感恩与爱同行，感恩从我做起"为主题，谱写了爱的篇章。高年级学生的手抄报以"感恩老师，感恩母校"为主题，张贴"感恩树""知恩亭""感恩礼品盒"，把老师、父母爱的付出用心珍藏，让感恩走进心灵。各班教室内还开辟"感恩专栏""感恩之窗"等，张贴自己的感恩故事、感恩心语，张贴每周评选出的"感恩之星"照片。丰富的校园感恩文化为孩子的成长构建了良好的环境，孝德观念在孩子心中生根发芽。

第四，课堂教学中渗透孝德教育。教学是学校的中心工作，但是教学又不是纯粹的知识传授。赫尔巴特提出"无教育性教学"的主张，认为任何教学活动都具有道德教育的价值。因此开展孝德教育，培养学生良好的道德品质不能脱离课堂教学实践，而应当采取理论联系实际的方法，充分运用课堂阵地，边研究边实践，把孝德教育渗透到课堂教学之中，在给学生传授知识的同时培养学生良好的道德品质。首先每周开设专门孝德教育课。全县中学每周至少安排一节孝德教育课，由专职或兼职教师执教。小学每周至少开设两节孝德教育课。其次在课堂教学中渗透孝德教育内容，渗透的方式可根据教材的不同灵活掌握。比如运用孝德故事导入新课，教师在课前讲述一两个精彩的孝德故事，让学生入情入景、引起共鸣，从而激发起学习新知的兴趣。运用孝德故事拓展知识。采用知识链接的方式，让学生就课堂知识展开联想，发散思维，推及其他，拓宽视野，运用孝德故事实现知识的升华。把课本知识与孝德教育对接、互感，采用画龙点睛的方法，使课本知识得到提高和升华。最后运用孝德教育构建科学实用的教学模式。广大教师积极以孝德教育为契机结合自身学科特点探索适合学生实际的教学模式，为提高自身业务能力、提高教学质量奠定了坚实的基础。

第五，开展丰富的孝德教育活动。立足校园育孝，教师在课堂教学过程中引导孩子们知孝、悟孝、学孝，开展"孝故事"讲坛、"献孝心，做新人"主题班会等活动。一是"读书中知孝"活动。引导学生诵读《孝经》《曾子名言》《二十四孝故事》等经典诗文故事。教师有意识地指导学生收集有关"孝"的故事，举办"孝德故事擂台赛"，让学生在娓娓动听的故事讲述中充分感受孝德。二是"亲情中悟孝"活动。老师组织学生听父母讲故事，感知父母生育、抚养他们长大成人的艰难历程；组织学生开展主题为"算算亲情账，感知父母恩"的活动，体会父母为自己的付出；开展"争当家庭小帮手、小主人、小管家"体验活动，让学生以"当一天爸爸或妈妈"的角色体验，根据家庭实际情况做一做打扫房间、买菜、洗衣服、烧饭等家务，体验父母的辛苦，引导他们从点滴做起回报亲恩。三是"生活中学孝"活动。师生共同收集古今中外历代尽孝行孝的典范，激发学生向他们学习的热情；父母、教师作为长辈和孩子日常生活中接触最多的最亲近的人，其孝行是孩子的榜样；学校组织"身边的小孝星评选"活动，张贴小孝星的照片和事迹，号召向他们学习。

第六，构建学校、家庭、社区三位一体的孝德教育体系。孝是家庭伦理的基础，是家庭和睦的基础。家庭是社会的细胞，社会的和谐来自每一个家庭的和睦。孝德不仅是维系学校、家庭和社会和谐发展的需要，它还弥漫在生活的方方面面，正因为如此我们不能孤立地看待孝德教育，应当把学校孝德教育与社会教育、家庭教育紧密结合起来，形成学校、家庭、社会三位一体的教育体系，对学生进行全方位立体式孝德教育，这样才能取得理想的效果。一是组建孝德教育宣传队到社区巡回宣传演出。各学校都组建起孝德教育宣传组织，自编自印孝德教育宣传材料，自编自导孝德节目，到社区、村庄宣传演出，与村民交流互动，受到社会一致赞同，使孝德教育深入人心。二是请孝星到学校做报告。各学校依据自身资源，聘请身边的孝义之星现身说法，到学校开展孝德事迹报告，用一个个活生生的孝德故事感化学生，使学生们受到了深刻的孝德教育熏陶。一年中全县共开展各种孝德教育专题报告会150余场，受教育学生10余万人次。三是开展"我给父母尽孝心"活动。各学校根据学校实际，制订出切实可行的活动计划、活动方案。如开展"五个一"活动，即为父母唱一首歌，讲一个故事，洗一次脚，梳一次头，做一次家务。有的学校立足家庭育孝，积极倡导孩子们在家"尽孝心、做孝子"，将每个星期日作为"孝心日"，布置亲情作业，如"为父母洗一次脚、捶一次背""筹备一顿温馨晚餐""给奶奶梳头"等。有的学校开展了"争做校园小孝星"比赛，有的学校开展了"妈妈（爸爸），我想对你说"征文活动。这样以活动为载体，家校结合共同组建起孝德教育的牢固网络，使学生始终沐浴在孝德教育的氛围里。四是立足社会育孝。学校跟社区联合起来开展孝德教育活动，如组织校园电视台小记者走进工厂、部门采访孝星、孝迹；重阳节时组织学生慰问孤寡老人，帮助老人打扫卫生，陪老人聊天等。孩子们在参与这些丰富多彩的孝德教育活动中会增强对孝德的理解和体验，从而逐渐生成孝德。

二、JS省YZ市YT中学的茶文化校本德育课程

YT中学位于JS省YZ市的YT镇，是一所寄宿制农村中学。YT

镇因水月寺内潭中映月而得名,是全国闻名的"雨花石之乡",也是苏中最大的茶叶生产基地。茶叶是YT镇主要的经济作物,YT镇茶园面积有1.5万亩,环登月湖、石柱山种植的"登月茶""绿杨春"连续多年在全国获奖。由种植茶树、采摘茶叶、炒茶等程序生成的茶文化也是YT镇具有特色的本土文化。YT中学在建设校本课程过程中把传承和发扬地方茶文化特色作为校本课程的内容,进行了认真的探索和努力。通过将茶文化引入校园,充分利用它的教育功能,通过多种方式、途径使新世纪的中学生认识、继承、发展中国的传统文化;通过对茶历史的了解,引发学生对历史的兴趣、对祖国的热爱;通过丰富的茶学小实验,引导学生研究解决生活中的问题,使科技活动和学生的实际生活紧密相连;通过对茶与人体健康的调查研究,使同学们了解茶的保健功能;通过引导学生认识茶,了解茶的各种功效,了解不同的人对不同的茶的需要,使茶这一绿色饮品更好地服务于人们的生活,帮助人们提高生活质量。近些年来,通过多方面的努力,YT中学已经形成了颇具特色的茶文化校本德育课程。

第一,学校组织教师编写了茶文化读本。学校为了有效开展和推进茶文化校本德育课程,成立了茶文化校本课程开发课题组,组织专门教师编写校本茶文化课程。教师们精心策划和努力,完成了以"茶韵"为题的校本课程。《茶韵》教程共包括闲话饮茶、巧法辨茶、妙语话茶、茶香弥漫四个单元,课程文本图文并茂、内容丰富,详细介绍了饮茶的起源,茶叶的功效,茶的栽培、采摘和炮制,茶的种类和分布,与茶相关的诗词、对联,以及名人关于茶的故事和中国茶在世界的传播等内容,还特别介绍了JS省的名茶和YT镇的登月茶的来历等。学校把《茶韵》校本课程列入了正常的教学计划之中，并由专门的教师实施教学，而且每学期每个班级有 8 个课时的校本课程授课时间，这从师资和时间方面保证了茶文化校本德育课程的正常开展，有效促进了学生对茶文化知识系统的认识和掌握。此外学校还组织教师对茶文化校本课程教学进行集体研讨，开展公开课等，促进和提升了茶文化校本德育课程的质量和效果。

第二，学校开辟了茶园，建设了以茶文化为主题的宣传墙，营造了茶文化校园文化氛围。校园文化建设是实施德育的重要环节和内容，校园文化本身对学生的影响是潜移默化的也是深刻的。YT 中学为了有效地开展和实施茶文化校本德育课程，专门在学校的东南角开辟了一片大约两亩的茶园，作为学校茶文化教育基地和学生实践活动教育基地。茶园教育基地的建设为学校开展劳动实践教育活动提供了活动场所，激发了学生参与的积极性和热情，有效地推动了茶文化校本德育课程的开展。茶叶分春茶、夏茶和秋茶，由于春茶富含的养分最足，属于茶叶中的上品，所以采摘春茶是 YT 中学茶园教育基地的重要工作。每年春天，全校学生在每天下午最后两节课会分班轮流到学校茶园摘茶，既体验采茶的乐趣、品味茶叶的清香还享受劳动的快乐。在摘茶的劳动过程中，学生相互之间交谈着、劳动着、嬉笑着，既收获了劳动成果又活动了筋骨、增强了体质。另外学校在文化墙上也专门开辟了以茶文化为主题的宣传区，图文并茂，以优美的图画和简洁的文字介绍了饮茶的起源、茶的功能和种类、茶叶制作的程序等知识。这样生活在 YT 中学的学生时刻可以感受到茶文化的气息和浸润在茶文化氛围之中，不知不觉中体验和传承茶文化的精神。

第三，学校组织学生定期参加种植茶树、采摘茶叶等活动，使学生在劳动过程中增强对茶文化的理解和体验。把茶文化校本德育课程纳入学校日常的教育教学活动之中是提升教育效果的有效保障。一般来讲，在冬季学校会组织学生到学校茶园里给茶树松土、施肥，为来年茶叶的生长做好准备。在春季，茶树开始长出嫩芽，是采摘春茶的时期，学校会安排全校所有班级学生轮流进入茶园摘茶。学生们会用一页纸对折再卷起来做盛放茶叶的纸兜，一节课的时间下来，每位学生纸兜里都全是满满的、嫩嫩的茶叶，他们在欢天喜地的说笑和打趣中结束了摘茶活动。我在YT中学实地调研时恰好赶上学生们在茶园里摘春茶，在北方生长的我从小没有见过茶树，更没有亲身摘茶的经历和体验。所以当时我非常激动和兴奋，不顾茶园地里的泥泞，径直进入茶园，加入摘茶的队伍之中，体验摘茶的乐趣和幸福。当采摘到的茶叶积攒到一定重量时，学校会聘请村里的种茶能手把学生采摘的茶叶进行加工。一般来讲，茶叶加工要经历鲜叶摊放、杀青、理条、初烘、整形、足干等程序，这样制作出的茶叶不仅外形似新柳，翠绿秀气，而且内质香气高雅、汤色清明、滋味鲜醇、叶底匀嫩，称为登月茶。总而言之，学生在茶园摘茶的劳动实践过程是茶文化校本德育课程实施的重要环节。这个劳动实践过程不仅能够为学生提供体验劳动的机会，感受劳动快乐和养成劳动习惯的机会，还能够加深学生对茶文化的体验，并让茶文化在他们身上得以传承和发扬，实现校本课程传承农村本土文化的目的。

第四，学校组织学生以"茶"为题进行创作，深化学生对茶文化的领悟。为了进一步促进学生对茶文化校本课程的学习和检验校本课程实施的效果，学校还组织学生以"茶"为主题进行创作，以诗歌、散文、记叙文等文体或以书画等形式来展现自己对茶文化的理解和领悟，分享关于茶的故事等，抒发对茶文化的喜爱等情感。学校还组织专业教师对学生提交的作品进行讲评，对他们在创作中表现出来的创新性给予肯定和表扬，指出存在的问题和努力的方向。学校还对学生创作的优秀作品进行评奖和奖励。在很大程度上来讲，以"茶"为主题的创作活动的开展，提升了学生的自我表达和自我展现能力，更深化了他们对茶文化的理解和领悟、传承和发扬。

此外 YT 中学在实施茶文化校本德育课程中还将茶文化与古诗文诵读结合、与生活实际结合。以教师与学生互动学习的形式，了解敬茶的礼仪，培养学生良好的道德品质、行为习惯；了解与茶相关的艺术作品，培养学生发现美、欣赏美、展示美的能力；通过吟诵、欣赏茶诗茶联，使学生受到我国这份独特的、珍贵的文学遗产的熏陶；通过了解关于茶的传说、茶的习俗，收集有关茶的谚语，读一读、猜一猜有关茶的谜语，激发学生对茶文化的喜爱之情。如在"客来敬茶——茶的礼仪"一课中，创设场景，模拟家庭来客人或茶馆来宾客，让学生在特定的场景下练习正确的礼仪规范；在"小试牛刀"单元中，让学生收集与茶相关的文学作品，如茶诗、茶联、茶的故事、茶的名句、茶的散文等，然后诵读、欣赏，制成书签、小报，写成读后感等。

三、 SX 省 QY 县 YJ 小学儒家文化传承教育

YJ 小学位于 SX 省 QY 县，坐落于千河之滨，望鲁台脚下。学校占地 4.38 万平方米，建筑面积 2.31 万平方米，现有教学班 48 个，学生 2430 名，教职工 102 人。

YJ 小学挖掘燕伋文化精神实质，确立了"尊师尚学，明德至善"的文化主题，以中华尊师第一台燕伋望鲁台为元素，设计了 YJ 小学校徽。归纳定位了"尊师尚学，明德至善"的校训，确立"尊贤重道，与时俱进"的校风、"尊师重行，正己达人"的教风、"尊

师重学，慎思笃学"的学风。学校全面贯彻党的教育方针，坚持立德树人根本任务，秉承先贤燕伋"尊师重教，崇文尚礼"精神，以"文化、生态、阳光、健康、安全"五个校园建设为载体，狠抓校本课程研发、课堂教学标准实施、艺体课评价改革、校本研修、学校党建和教育扶贫工作，形成了具有YJ小学特质的办学特色，以及具有传统文化韵味和新时代学校文化特色的现代化小学。

一是知行合一，打造特色德育。新时代、新德育，学校积极开展"思想立德、书香养德、真情润德、仪式育德、行动励德、课堂蕴德、携手弘德、实践修德、书香养德"九大德育行动，培养学生"仪表、餐饮、言谈、待人接物、行走、观赏、思考、书写、倾听、仪式"十大行为习惯，在燕伋历史文化的洗礼和熏陶中，校园内尊师尚礼、清新雅致、和谐向上，已构成了全方位知行合一的独特德育体系。

二是守正创新，优化课堂教学。新时代、新智育，学校结合实际制定YJ小学课堂教学评价标准，实施语文教学情景化、数学教学生活化、英语教学游戏化、思品教学时代化、科学教学体验化、艺体教学实践化的课堂教学"六化"模式，开展汇报课、过关课、示范课逐级晋升，人人达标。构建"贤、明、雅、健、勤""尚美"课程体系，开设了兴趣盎然的"讲故事演讲"、弘扬传统文化的"经典诵读"、体现先进技术的"建模航模"、欢快激情的"篮球操"等二十余项校本课程。形成了"寓教于乐 寓教于行"的优良教风。

三是行稳致远，提升学生素养。新时代、新少年，学校以促进学生全面发展为宗旨，以学生兴趣爱好为基础，以提升学生综合素养为目的，为学生未来成功的人生奠定坚实的基础，组建了书法、足球、篮球、田径、合唱、舞蹈、乐器、少儿时装秀、太极功夫扇、航模、建模和创客等32个社团，涉及读书、书画、体育、艺术和科技五个方面，鼓励学生踊跃参与社团活动，参与度达99.6%。每年举办"读书节、科技节、艺术节、体育节"和"拜师会、赛课会、家长会、素质汇报会"四节四会。依托多功能大厅"Y小大舞台"，让孩子们展示才艺、汇报特长，全面提升了学生素养。两名同学受到国家奖励，获奖作品在全国展播；11名同学的书法、科技小发明、绘画作品在国家、省、市获奖。

近年来，学校先后荣获"全国青少年校园足球特色学校""SX省课改校""BJ市文明学校""BJ市园林式学校""BJ市平安校园""BJ市红领巾示范校""BJ市德育工作先进集体""BJ市学校党建工作示范校""QY县教学质量优秀学校""目标责任制考核优秀单位"等20多项殊荣。学校的团体操"中国功夫扇"获SX省教育信息化大赛创新课堂二等奖，"篮球操"在BJ市课间操比赛中获三等奖。

第六章

农村儿童德育模式创新的经验与挑战

第六章
农村儿童德育模式创新的经验与挑战

德育模式是融合德育理论与德育实践的桥梁,任何德育模式的产生都是对时代问题的积极回应,所以说"德育模式是一定历史时期的产物,在一定的历史时期,它是有效的道德教育模式"①。对学校来讲,通过德育模式的研究帮助学校造就自己的道德品格,提升学校的教育质量和水平,是德育模式研究的重要价值所在。当前为积极回应我国社会转型时期农村社会变革的时代特点,本研究提出了四种适应农村社会现实状况和有助于农村儿童道德健康成长和发展的德育模式,在第二章至第五章里我们分别对这四种德育模式的基本理念和实践操作等做了较为细致的分析和探讨,并通过现实的案例对每种德育模式的具体运用进行了分析。从根本上来讲,这四种农村儿童德育模式的创新正是当前我国社会转型时期农村社会发

---

① 班华、薛晓阳等:《学校道德生活教育模式的探寻与思考》,江苏大学出版社2010年版,第37页。

展的现实需要,也是学校德育对时代发展中出现的新问题和新挑战应有的积极回应。需要说明的是,关于农村儿童德育模式创新,我们的确已经积累了一些经验,但是这些成效和经验仅仅是初步的,农村儿童德育模式创新的深入和持续发展还面临着诸多的问题与挑战。在本章中我们主要对农村儿童德育模式创新取得的经验和面临的挑战进行总结和剖析。

第一节　农村儿童德育模式创新取得的经验

一、政府文件能够为农村儿童德育模式创新提供政策支持

农村儿童德育模式创新的政策支持是政府颁布的文件,这也是农村儿童德育模式创新的政策依据。20世纪90年代以来,随着中国城市化和工业化的深入发展,"三农"问题日益突出,农村留守儿童和流动儿童问题也日益突出和严峻。在不同历史时期,国家颁布了许多相应的文件。2003年9月,教育部等部门联合颁发的《关于进一步做好进城务工就业农民子女义务教育工作的意见的通知》中指出:"全日制公办中小学要充分挖掘潜力,尽可能多地接收进城务工就业农民子女就学。要针对这部分学生的实际,完善教学管理办法,做好教育教学工作。在评优奖励、入队入团、课外活动等方面,学校要做到进城务工就业农民子女与城市学生一视同仁。学校要加强与进城务工就业农民子女学生家庭的联系,及时了解学生思想、学习、生活等情况,帮助他们克服心理障碍,尽快适应新的学习环

境。"2007年7月，中组部、全国妇联、教育部、公安部、民政部、卫生部、共青团中央七部门联合下发《关于贯彻落实中央指示精神积极开展关爱农村留守流动儿童工作的通知》。2007年12月，全国妇联、教育部、公安部、民政部、司法部、财政部、农业部等13个部门联合下发《关于开展"共享蓝天"全国关爱农村留守流动儿童大行动的通知》等。2010年，教育部颁布的《国家中长期教育改革和发展规划纲要（2010—2020年）》则进一步要求建立健全政府主导、社会参与的农村留守儿童关爱服务体系和动态监测机制。加快农村寄宿制学校建设，优先满足留守儿童住宿需求。采取必要措施，确保适龄儿童少年不因家庭经济困难、就学困难、学习困难等原因而失学，努力消除辍学现象。2012年8月，教育部、发展改革委、公安部、人力资源和社会保障部等联合颁发的《关于做好进城务工人员随迁子女接受义务教育后在当地参加升学考试工作的意见》中也明确指出："坚持有利于保障进城务工人员随迁子女公平受教育权利和升学机会，坚持有利于促进人口合理有序流动，统筹考虑进城务工人员随迁子女升学考试需求和人口流入地教育资源承载能力等现实可能，积极稳妥地推进随迁子女升学考试工作。"2016年2月4日，《国务院关于加强农村留守儿童关爱保护工作的意见》颁布，这是第一个专门针对农村留守儿童保护的政策，明确指出加强农村留守儿童关爱保护工作、维护未成年人合法权益是各级政府的重要职责，也是家庭和全社会的共同责任。各地区、各有关部门要充分认识加强农村留守儿童关爱保护工作的重要性和紧迫性，增强责任感和使命感，加大工作力度，采取有效措施，确保农村留守儿童得到妥善监护、照料和更好的关爱保护。随着一系列有关留守儿童和流动儿童政策和文件的颁布和执行，社会各界对农村儿童生存和成长处境的关注度迅速提高，与此同时学界对农村教育尤其是农村特殊儿童教育问题也成为研究热点，研究成果不断刷新。系列相关政策和文件的颁布提升了人们对农村德育问题的关注度，而且为旨在促进农村儿童健康成长和发展的农村德育模式的创新提供了政策支持。

党的十八大以来，习近平总书记在多个场合谈到中国传统文化，表达了自己对传统文化、传统思想价值体系的认同与尊崇。2015年5月4日他与北京大学学子座谈，也多次提到核心价值观和文化自信的问题。习近平总书记在国内外不同场合的活动与讲话中，提振了中华民族的文化自信。党和国家非常重视中华优秀传统文化的传承教育工作。2014年3月，教育部印发的《完善中华优秀传统文化教育指导纲要》中指出加强中华优秀传统文化教育，对于引导青少年学生更加全面准确地认识中华民族的历史传统、文化积淀、基本国情，认清中国特色社会主义的历史必然性，坚定走中国特色社会主义道路、实现中华民族伟大复兴中国梦的理想信念，具有重大而深远的历史意义。2017年1月，中共中央办公厅、国务院办公厅印发的《关于实施中华优秀传统文化传承发展工程的意见》中指出围绕立德树人根本任务，遵循学生认知规律和教育教学规律，按照一体化、分学段、有序推进的原则，把中华优秀传统文化全方位融入思想道德教育、文化知识教育、艺术体育教育、社会实践教育各环节，贯穿于启蒙教育、基础教育、职业教育、高等教育、继续教育各领域。2017年教育部颁发的《中小学德育工作指南》中指出开展家国情怀教育、社会关爱教育和人格修养教育，传承发展中华优秀传统文化，大力弘扬核心思想理念、中华传统美德、中华人文精神，引导学生了解中华优秀传统文化的历史渊源、发展脉络、精神内涵，增强文化自觉和文化自信。党的十九大报告中指出，实现中国梦我们要分两步走：2020年到2035年基本实现社会主义现代化；再用15年时间，到21世纪中叶把我国建设成富强民主文明和谐美丽的社会主义现代化强国。十九大报告中特别指出要深入挖掘中华优秀传统文化蕴含的思想观念、人文精神、道德规范，结合时代要求继承创新，让中华文化展现出永久魅力和时代风采。报告中还专门讲到文化自信和推动社会主义文化繁荣兴盛，提出中国特色社会主义文化源于中华民族五千多年的文明历史。文化自信是道路自信、理论自信和制度自信的基础，因为文化渗透在每一个人的心里、血脉中，是深层次的，是不容易改变的，也就是说文化自信是更基本、更深层、更持久的力量。农村本土文化是我国传统文化的重要组成部分，在当前社会转型时期农村本土文化面临衰落和式微的情况下，国家对传承传统文化工作的高度重视在很大程度上有助于推动传承农村本土文化校本德育模式的研究。SD省JX县孝德教育校本德育课程和JS省YT中学茶文化校本德育课程是当前农村学校传承农村本土文化的优秀实例。

总之国家政策文件是对社会发展问题的回应和引导，也是引领教育研究方向的重要指针。社会转型时期农村儿童德育模式创新要以国家政策文件为依据和指导，捕捉和紧抓社会发展中的主要问题和矛盾，应对和解决问题和矛盾，促进农村儿童健康成长和发展。

二、社会各界的积极参与能够为农村儿童德育模式创新提供社会力量的支持

前面已经讲到，德育模式是融合德育理论与德育实践的桥梁，是指向德育实践的改善和提升，因此推动德育模式实施是德育模式创新的重要推动力量。毫无疑问，社会各界的积极响应和参与是社

会转型时期农村德育模式创新的支持力量。比如留守儿童心灵关怀德育模式方面，2016年2月国务院颁布的《关于加强农村留守儿童关爱保护工作的意见》中明确提出"全民关爱"机制，要充分发挥村居民委员会、群团组织、社会组织、专业社会工作者、志愿者等各方面的积极作用，着力解决农村留守儿童在生活、监护、成长过程中遇到的困难和问题，形成全社会关爱农村留守儿童的良好氛围。就是说对农村留守儿童的关怀需要全员参与，营造全社会关爱农村留守儿童的氛围。其中学校和家庭是农村留守儿童生活和成长的重要场域，父母和教师是他们生活中的"重要他人"，对其健康成长肩负着不可推卸的责任。父母在外出务工跟子女的交流和沟通存在时空障碍的情况下，他们如何克服困难，积极履行父母职责，建立亲密的亲子关系则是关键。教师如何在当前应试教育的桎梏之下超越各种制度羁绊，给予农村留守儿童关爱关怀，则是其道德和人性的彰显。此外农村儿童的健康成长牵动着社会各界人士的心弦，各界人士积极想方设法为农村儿童的健康成长贡献力量，为农村德育模式创新提供了社会力量支持。ZJ省KH县YK乡YJ村在市、县、乡三级计划生育协会的帮助下，成立了留守儿童俱乐部，成立了留守儿童管理小组，设立了留守儿童基金会等，切实有效地保障了留守儿童的各种权益和留守儿童的健康成长。① SD省JX县中小学校在实施孝德教育过程中，各个村子的孝星们多次受邀义务到学校做报告，用活生生的故事感化师生，对学生进行孝德熏陶，有力地推动了孝德教育的有效实施。同时也形成了学校、家庭、社区共同实践孝德的氛围，构建起学校、家庭、社会三位一体的孝德教育网络。FX县

---

① 马多秀、许翘楚：《社会转型时期农村德育模式创新的经验与挑战》，《当代教育科学》2015年第12期。

BJ 镇教委在德育实践中能够在充分发挥学校在引导学生健康成长的作用的基础上，积极联合地方相关部门，包括派出所、关工委、共青团、妇联等机构和组织，开展关爱和保护学生的活动，形成了以镇教委为领导的学校、家庭和社区三位一体的立体德育网络，提升了学校德育的质量，确保了学生的健康成长和发展。综上所述，农村德育模式创新不仅需要学校和家庭的配合和支持，还需要社会各方力量的联合和支持，而且社会力量的参与是农村儿童德育模式创新和实践的重要保障。

三、德育理论工作者和德育实践工作者是农村儿童德育模式创新的主体

德育模式既具有理论品质，还具有实践品质，融通了德育理论和德育实践。"每一个教育模式，都是一个完整的、独特的'连续体'。在这个'连续体'的一端是抽象表达的、有特定价值取向的'教育理念'，另一端是极为具体的'教育经验事实'（这些事实与教育理念相呼应），介于二者之间的是相应的体现该模式独特运行机制的'教育规律'，我们称之为教育机理。"[①] 也就是说，德育模式是德育理论和德育实践融合的桥梁，德育理论工作者和德育实践工作者都是德育模式创新的主体。相比较而言，德育理论工作者具有理论思维的专长，善于把经验进行理论深化，而德育实践工作者有丰富的实践经验和体悟，善于把理论具体化。在农村德育模式创新过程中，德育理论工作者要出于理论自觉，认真分析和论证，做好理论准备；德育实践工作者要从实践出发，积极探索和体会，积累

---

① 朱小蔓主编：《小学素质教育实践：模式建构与理论反思》，南京师范大学出版社 1999 年版，第 34 页。

实施经验。正是德育理论工作者的理论创新精神和德育实践工作者的实践探索精神推动着他们不断创新农村儿童德育模式。

德育理论与德育实践之间的脱节是人们经常诟病的事实。正如美国著名教育家欧内斯特·L.博耶在《关于美国教育改革的演讲》中就指出:"在教育理论工作者与实际工作者之间存在着严重的分裂现象。在表面的分裂现象背后,隐藏着两部分人之间深深的怀疑和某种程度的冲突与对抗……我们未能在中小学与大学之间建立一种相互尊重和信任的关系——就像医学、商务和法律界的人们所做的那样。在医学、商务和法律界,'实际工作者'并不是一个贬义词……我相信,正是这种理论、实践、研究和专业发展之间的相互作用,使得大多数医学专业工作者保持着活力;正是这种相互作用的缺乏,导致了教育界的严重贫血。"① 正是在这个意义上,我们可以认为德育模式创新是德育理论与德育实践融通的契机。但需要指出的是,在德育模式创新过程中德育理论工作者和德育实践工作者相互之间要加强对话和交流,做到彼此相互尊重,以平等的身份进行合作,这样有利于消除理论与实践之间的距离,更有助于德育模式创新工作的顺利开展。此外农村德育作为独特的德育领域,具有独特的教育对象,在农村德育模式创新过程中还需要德育理论工作者和德育实践工作者自身拥有乡土情怀,对农村、农民以及农村儿童具有浓厚的感情,拥有这种内在的情感他们才会获得不断创新农村儿童德育模式的动力之源。

推动农村儿童德育模式创新的具体途径是多种多样的,其中发挥课题研究在德育模式创新中的引领作用是农村德育模式创新过程

---

① [美]欧内斯特·L.博耶:《关于美国教育改革的演讲》,涂艳国、方彤译,教育科学出版社2002年版,第39页。

中德育理论工作者更需要关注的方面，这是因为科学研究本身是理论工作者的重要任务。以前面所讲的孝德教育校本德育课程为例，JX县教体局为积极回应JX县打造"孝城"的倡议和规划，以孝德教育研究为选题，专门申报并成功立项了省教育科学规划课题，并组织专家进行充分的理论论证，在此基础上在JX县域内设立了若干实验学校，每个学校实施一项孝德教育的子课题，带领教师组织学生开展各种形式的孝德教育实践活动。课题研究是德育理论工作者专业成长的重要途径，也是德育理论工作者完善理论思维和提高理论自觉的重要方式，实现以课题研究促进农村德育模式创新研究。与此同时，在农村学校德育过程中德育实践工作者要增强对出现的新问题和新矛盾的敏感性，能够积极思考和寻找应对的思路和方法，大胆实践和尝试具有创新性的解决问题的办法，发挥出自己的积极性和创造性。

第二节　农村儿童德育模式创新面临的问题和挑战

一、农村德育在学科体系中处于边缘化地位

学科地位是指某门学科在整个学科体系中的位置，反映了该门学科在社会生活中的作用和价值，在很大程度上直接影响该学科的繁荣和发展。按照中心—边缘维度来划分，处于中心地位的学科往往是那些受到重视的学科，学者对其关注度高，投入的研究时间和精力也较多，研究成果容易产生社会效应，而处于边缘地位的学科

往往是那些不受重视的学科，学者对其关注度较低，投入的研究时间和精力也不足，研究成果不容易产生社会效应。总体来看，农村德育在整个学科体系中处于边缘化地位，居于弱势地位。这是因为一方面相对政治学、经济学、社会学等具有较强的社会效应的学科来讲，农村德育的母学科——教育学处于边缘地位。钱锺书先生在他的名作《围城》中有一段话："大学里理科学生瞧不起文科学生，外国文学系学生瞧不起中国文学系学生，中国文学系学生瞧不起哲学系学生，哲学系学生瞧不起社会学系学生，社会学系学生瞧不起教育系学生，教育系学生没有谁可以给他们瞧不起了，只能瞧不起本系的先生。"[1] 旧中国大学里的这种情景正是学科地位对比的真实写照，直至今天还没有彻底改变。另一方面，在教育学学科内部，由于长期以来受城乡二元社会结构体制的深刻影响，农村教育问题研究一直都属于非主流研究，从事农村教育问题研究的学者队伍人员较少，具体到研究农村德育问题的学者则更少，所以农村德育自然在教育学学科内部也处于边缘地位。需要承认的是，近些年来随着中国"三农"问题的凸显，政府对"三农"问题的关注越来越多，出台了多项关于解决"三农"问题的文件和政策，这在一定程度上带动了学术界对农村问题研究的热情，出现了农村问题研究热现象。特别是自从国家实施扶贫攻坚工程以及乡村振兴战略以来，有越来越多的学者把目光投到了农村问题研究上。但是从总体来看，农村德育研究边缘化地位并没有改变。正是因为农村德育在整个学科体系中处于边缘化地位，所以从事农村德育研究的学者数量不多，农村德育研究成果较少，农村德育研究发展缓慢甚至止步不前，也直接影响到农村儿童德育模式创新的步伐。

---

[1] 钱锺书：《围城》，人民文学出版社1991年版，第72页。

事实上，要改变农村德育边缘化的学科地位，要从破解致使其边缘化的因素来着力。一方面，需要打破当前这种"中心—边缘"式的学科格局，运用主体间性思想来处理不同学科之间的关系。主体间性思想是一种新的哲学思潮，认为任何主体都具有独立存在的价值，不同主体之间不仅是平等的关系，还是相互依存的关系。从主体间性思想出发，任何学科自身的独特价值都必须被承认，而且不同学科之间是平等和相互依存的关系。主体间性思想可以化解"中心—边缘"式学科位置安排所导致的弱势学科的弊端，让所有学科自身的独特价值都获得体现。所以说只有用主体间性思想来指导学科地位的排序才能够真正把教育学从弱势的边缘学科中解放出来，让其独特价值得以展现，从而让农村德育研究从教育学的弱势学科阴影下挣脱出来。另一方面，需要消解长期以来城乡二元社会结构体制的消极影响，运用城乡一体化思想来平衡教育学一级学科内部不同二级学科之间的价值和作用。城乡一体化是当前中央提出的构建和谐社会的基本方略，旨在消除中华人民共和国成立以来重视城市和工业发展而导致的城市和农村之间发展失衡的弊端，促进城乡均衡、同步发展，从而促进整个社会的和谐发展。按照城乡一体化发展思想来看，需要把农村德育研究放在与城市教育研究同等重要的地位，那么不仅教育学一级学科内部不同二级学科之间要消除孰优孰劣的区分，要用统合的观念和思想来指导和布局学科地位，而且要承认和重视所有学科的价值，并重点关注弱势学科的发展，最终实现所有教育学科的共同发展。当然改变农村德育研究边缘化的处境不是一朝一夕的事情，需要一个较长的统一认识和共同努力的过程。但是我们却要明白，只有彻底改变农村德育边缘化的弱势学科地位，学者对农村德育问题研究的关注度才会提升，也才会有更多的学者专心从事农村德育问题的研究。

二、农村儿童德育模式创新的理论资源本土化问题

德育模式具有理论和实践双重品质，德育模式创新是沟通德育理论与德育实践的中介和桥梁。不可否认，任何德育模式创新都是建立在理论资源之上的，没有一定的德育理论作支撑，任何德育模式都可能是徒有虚名和华而不实的。德育是一个古老的话题，随着时间的推移，德育理论资源的积累也日益丰富，为德育模式创新奠定了基础。但是在德育模式创新过程中，对于德育理论资源的吸收却不能采取"拿来主义"的做法，而是需要一个再创造的过程，也就是"结合地方文化与学校文化，对德育理论进行再创造。理论的逻辑转化为实践的逻辑需要再创造，有一些学校感到理论资源不足，主要是因为没有结合自身的文化创生出能为我所用的理论。"① 所以说，德育理论如何转化成对创新德育模式来讲有效的理论是需要认真思考和对待的重要问题。

在当前我国正处于社会转型时期的历史背景下，要创新农村儿童德育模式也需要对已有的德育理论进行再创造。这个德育理论的再创造过程也就是德育理论的"本土化"过程，就是让德育理论和具体的德育实践相适应的过程。一方面，我们强调农村儿童德育模式创新要从农村学校和农村儿童发展的实际情况出发，所吸收的德育理论要能够切实有效地促进农村德育的繁荣和发展以及农村儿童的健康成长；另一方面，我们强调在中层理论层面进行德育理论的再创造，即在西方元理论与中国本土实践之间构建新的德育理论体

---

① 班华、薛晓阳等：《学校道德生活教育模式的探寻与思考》，江苏大学出版社2010年版，第37—38页。

系。特别需要指出的是中国"外发后生"型的现代化事实导致中国教育理论研究无法绕开西方学术话语体系,正如有学者所指出的"没有人能够否认,当代中国教育研究所使用的很多'大概念'都是来自西方学者"。① 在德育领域也存在这样的事实,我们的德育研究也离不开皮亚杰和科尔伯格的儿童道德认知发展阶段理论、班杜拉的社会学习理论、苏霍姆林斯基的培养和谐发展人的理论等,基本上都是要借用这些理论中提出的一些核心概念和术语。我们强调在中层理论层面的本土化,意味着农村德育模式创新过程中吸收的西方德育理论资源要跟当前我国农村德育实际相结合,在此基础上创生出新的德育理论体系,作为农村儿童德育模式创新的理论资源。总而言之,只有本土化的德育理论才能够真正地指导当前我国社会转型时期农村德育实践,而且只有德育理论资源本土化问题能够得到妥当解决才能够为农村儿童德育模式创新奠定理论资源基础,以及具备创新农村儿童德育模式的基本条件。

那么,如何实现德育理论资源本土化呢?一是要具有批判的理性主义精神。无论从历史还是从现实来看,我们开展德育研究都无法绕开西方德育理论,既不能全盘接受,也不能坚决排斥,而是要秉持批判的理性主义精神,在批判性分析的基础上进行借鉴和吸收。二是要有本土意识和深入本土的德育实践。外来理论都是基于外域问题研究而创生的理论,如果缺乏对本土问题的关注和研究,那么借鉴来的理论就没有附着物。所以德育研究者在潜心学习外来德育理论的同时,要具有社会责任感和民族自尊心,有现实关怀的情怀和勇于实践的精神,吃苦耐劳,不浮躁,不媚俗,扎根教育实践,

---

① 张斌贤、陈瑶、祝贺、罗小莲:《近三十年我国教育知识来源的变迁》,《教育研究》2009年第4期。

研究本土德育问题。三是要有世界性视野。本土化研究的另一端即是世界化,在当前全球化迅速发展的今天,德育研究一方面要解决本土化问题,还需要应对全球化的挑战,即任何学术研究成果都要能够与他国学者之间展开对话和交流。正因为如此,还需要学者具有世界性视野,要遵循国际学术规范和要求,开展学术研究。四是要珍视我国传统文化价值。我们需要清醒地认识到传统文化的深厚价值,提高文化自觉和文化自信,要珍视和挖掘传统文化价值,力争使我们的传统文化获得国内和国际上的认可,树立我们在国际上的文化话语权。① 当然农村儿童德育模式创新的德育理论资源本土化的实现不仅需要德育研究者自身的努力,也需要我国社会发展局面的整体改善和我国国际地位的提升。

三、部分德育实践工作者德育模式创新动力不足

前面我们讲到,德育实践工作者是德育模式创新的主体,但是他们创新德育模式主体性的发挥跟德育本身在学校教育中的实际地位密切相关。一般来讲德育在学校教育中越受重视,则教师对其投入的时间和精力越多,越有利于德育模式创新;反之如果德育在学校教育中不受重视,那么教师对德育投入的时间和精力就会较少,不利于德育模式创新。关于德育在学校教育中的地位问题,国家出台的各种政策和文件中都给出了较为明确的阐释,如《中华人民共和国义务教育法》第三十六条明确规定:"学校应当把德育放在首位,寓德育于教育教学之中,开展与学生年龄相适应的社会实践活动,形成学校、家庭、社会相互配合的思想道德教育体系,促进学

---

① 马多秀:《构建中层理论:教育理论研究本土化的可能路径》,《教育理论与实践》2010年第9期。

生养成良好的思想品德和行为习惯。"这从法律意义上确立了德育在学校教育中具有优先地位,但是从实际情况来看,德育在学校教育中的优先地位并没有得到有效的落实。

"如果说当今中国教育中有哪一个问题是全社会几乎无人不晓的话,那么这个问题便是激烈的考试竞争。考试竞争在如今发达国家的教育中是不可想象的,且虽然其他一些东方国家,如日本与韩国也存在考试竞争,甚至在20世纪80至90年代盛行过'考试地狱'的比拟,但依然不能同当今中国教育中的考试竞争相提并论。因为在中国,考试竞争不只是存在于学校之外的空间里,而是已经渗透到学校教育本身的过程之中,并成为一个久治不愈的顽症。"① 事实上在激烈的考试竞争现象背后是我国根深蒂固的学历主义思想和观念,具体反映到学校生活中便是明显的"唯智"倾向,也就是注重学生智育而轻视其他各育。这种现象普遍存在于基础教育中,农村学校教育也是如此。德育已经在激烈的考试竞争中被严重地边缘化了,这正如一位农村初中副校长指出的:

> 学校德育,有时候也非常尴尬。尽管现在说要从应试教育的桎梏中摆脱出来,搞素质教育,但实际上在实践操作过程中,人们,包括一些家长,一些政府领导,也包括一些老师并没有把德育工作放到一个首要的位置上去看,平时说德育重要是挂在嘴上,但事实上在工作中就不是那么回事了。地方领导对学校的评价,就是看升学考试考到最好的学校有几个学生,这好像就成了地方评价学校质量好坏的唯一的标准,家长这样看,社会这样看,地方政府的领导这样看,他们的这一套评价学校

---

① 吴康宁:《制约中国教育改革的特殊场域》,《教育研究》2008年第12期。

的体系根本就不符合素质教育的理念。至于说主管教育部门，他们是按素质教育的标准去考核，但它毕竟是主管部门，即便是按素质教育标准做得很好，万一你升学考试成绩不好，他们也会说美中不足啊。①

客观地讲，学校教育中存在的"唯智"倾向导致的直接后果是教育中教师爱的缺场和缺失，教育本身也就变成了"无人"的教育。德育是教师和学生之间的精神交流活动，德育往往是迟效的，而且还难以测量和评价，在"唯智"的学校教育氛围下，教师往往也不愿在德育方面投入过多的时间和精力。教师会把注意力和精力集中在提高学生的学业成绩方面，而忽视他们其他方面的发展，不仅德育意识淡薄，而且缺乏对学校弱势儿童必要的心理上和情感上的关心和照顾，甚至有时还会给他们带来心灵上的伤害。事实上，任何科学的德育模式都需要高素质的教师去实施才能够取得预期效果。在"唯智"的学校教育氛围下，德育模式的有效实施却面临着学校德育氛围淡漠和缺乏高素质德育实践工作者的难题。实事求是地讲，学校德育氛围淡漠问题跟整个社会环境密切相关，只有整个社会环境改变了才能够解决德育在学校教育中的地位问题。但是教师的德育素养问题却属于个人问题，只有教师自身的教育观念和思想认识到位，个体的德育素养提高，才能够克服现实中存在的障碍，从而和学生之间建立良好的师生关系，引导学生健康成长和发展。这正如个体心理学家阿德勒说的："虽然教师不应该对学校制度负责，但是对于教师来讲，在教育过程中如果能够多给予学生理解和同情的话，这可以缓解学校制度的非人性和苛刻的一面，也能够对这个孩

---

① 我于2010年4月在江苏调研时一所中学主管德育的副校长的讲述。

子起到鼓励的作用。"① 因此德育实践工作者作为德育模式创新的主体，需要自觉地提升自身的德育素养，积极投身到德育实践之中，这样才能够有助于农村德育模式创新。

党的十九大以来，国家高度重视学校人才培养工作。2019年3月，习近平总书记在主持召开的学校思想政治理论课教师座谈会上强调，办好思想政治理论课，最根本的是要全面贯彻党的教育方针，解决好培养什么人、怎样培养人、为谁培养人这个根本问题。2019年9月18日，教育部、中央组织部、中央宣传部、财政部、人力资源和社会保障部共同颁布《关于加强新时代中小学思想政治理论课教师队伍建设的意见》，明确提出"两个关键"，即"中小学思想政治理论课是落实立德树人根本任务的关键课程，办好中小学思政课关键在中小学思政课教师"。② 新时代背景下学校教育的根本任务是立德树人，德育是落实立德树人根本任务的关键课程，学校德育实践工作者则肩负着新的时代责任和使命。这也意味着学校德育实践工作者更需要增强职业认同感、荣誉感和责任感，更需要自觉地投入学校德育实践和提升学校德育实效。

四、农村家庭德育功能和社区德育功能的弱化

家庭是孩子生活的第一个场所，父母是孩子的第一任教师。"在家庭生活中，爱是核心。在一个没有爱的生活教育中，儿童不可能培养起信任精神。由爱、信任所构成的生活环境是儿童伦理性教育

---

① ［奥地利］阿德勒：《儿童的人格形成及其培养》，韦启昌译，河北人民出版社2002年版，第110页。
② 教育部等五部门印发《关于加强新时代中小学思想政治课教师队伍建设的意见》，http://www.moe.gov.cn/srcsite/A10/s7034/201910/t20191012_403012.html。

的第一课堂，亦是儿童人格形成过程中的最重要阶段……一个家庭所能够给予孩子的最大教育与最珍贵财富，莫过于在爱与信任中形成的健康人格。"[1] 然而在当前社会转型背景下农村家庭德育功能在弱化，父母的教育责任在缺失，这直接影响到农村儿童道德的成长和发展。一方面大量的农民外出务工后无法给孩子提供温馨的家庭生活，而且由于时空限制和经济条件的限制，他们没有充足的时间跟孩子过完整的家庭生活，也不能和孩子进行经常性的沟通和交流，也就无法正常履行父母教育孩子的责任和义务。另一方面农民婚姻价值观念发生了较大的变化，农民离婚率在攀升，部分农村儿童原本完整的家庭生活变得破碎。与此同时，农村里"婚外情""第三者"等现象也在增加，使得农村儿童家庭生活的不稳定性剧增。费孝通在《乡土中国　生育制度》中指出婚姻是社会为孩子们确定父母的手段，婚姻之外的两性关系之所以受限制还是因为要维持和保证对儿女的长期的抚育作用，有必要防止发生破坏婚姻关系稳定性的因素。父母婚姻生活的解体和破碎直接导致农村家庭德育力量的削弱和父母道德榜样作用的丧失。

　　社区是儿童成长的另一个重要场域，也要承担儿童成长的教育责任与义务。但是绝大多数农村留守儿童分布在偏远的农村地区，从全国范围来看，绝大多数地处偏远的农村地区社区建设还很不完善，较难发挥应有的社区德育功能。经济不发达的偏远农村地区，除了村委会和村支部之外，农村的社会群体组织还包括共青团、计划生育协会、妇女协会等，但是很多都是名存实亡的。而且一般来说，在一个村庄村干部都是身兼数职，难以很好地履行所有的责任。事实上在留守儿童问题突出的基层社区，大多数地区经济不发达，

---

[1]　高兆明：《黑格尔〈法哲学原理〉导读》，商务印书馆2010年版，第419页。

资金相当匮乏。目前农村社区对留守儿童教育保护工作往往是"心有余而力不足",只停留在教育宣传、组织、服务关心的范围。① 特别需要指出的是,诸多村干部的留守儿童问题意识淡薄,根本没有留守儿童教育的概念,更谈不上采取具体的教育措施,甚至对留守儿童的问题持盲目乐观态度。② 在实地调研中我们走访了一些村委会,一些村干部自身素质较差,对农村留守儿童问题持听之任之的态度,根本没有采取任何应对措施,也看不出对农村留守儿童有任何关怀和关爱的情感,甚至个别村干部在访谈过程中还忙于在电脑上玩游戏。总之由于主要受经济条件和教育观念的限制,以及农村社区工作者整体素质水平等的限制,在农村留守儿童集中的农村落后地区,农村社区组织机构本身的建设还不完善,也很难发挥应有的德育功能。

事实上,农村家庭德育功能和社区德育功能的弱化是社会问题在德育领域的反映,其根本解决要从改善整个社会环境方面入手,提升整个社会的道德水平和民众的道德素养。当然整体社会道德环境的改善是一个漫长的过程,也需要每个人为之付出艰辛和努力。此外不可否认和值得重视的是,微环境的改善则会在一定程度上促进农村儿童德育取得实效。微环境是相对宏观环境而言的,通俗地讲,微环境就是个体赖以生存和成长的小环境。微环境往往对儿童个性的塑造、价值观和人生观的形成等产生着重要影响。农村儿童生存和成长的微环境从空间上讲,包括家庭、社区、学校、班级等,从关系上讲,包括亲子关系、师生关系、伙伴关系等。由营造微环

---

① 叶敬忠、杨熙:《关爱留守儿童——行动与对策》,社会科学文献出版社2008年版,第205页。
② 详见范先佐的文章:《农村留守儿童教育问题的回顾与反思》,http://cohd.cau.edu.cn/art/2013/11/26/art_ 8578_ 196750.html,2013年12月27日。

境开始去逐渐向外扩展，这是营造对农村儿童关怀的社会氛围的可能路径，在这个过程中父母、教师、社区工作者要切实承担起相应的教育责任和义务。这也意味着，提升父母、教师和农村社区工作者的德育意识能够促进家庭和社区德育效果的提升。正是在这层意义上，我们认为在德育实践中要从改变微环境做起，逐渐促进整个社会环境的改善。

参考文献

著作

[1] 班华、薛晓阳等：《学校道德生活教育模式的探寻与思考》，江苏大学出版社 2010 年版。

[2] 戚万学：《冲突与整合——20 世纪西方道德教育理论》，山东教育出版社 1995 年版。

[3] 查有梁：《教育模式》，教育科学出版社 1995 年版。

[4] 杨小微：《中小学教学模式》，湖北教育出版社 1990 年版。

[5] 理查德·哈什等：《道德教育模式》，傅维利等译，学术期刊出版社 1989 年版。

[6] 袁桂林：《当代西方道德教育理论》，福建教育出版社 2005 年版。

[7] 陈芳惠：《村落地理学》，五南图书出版公司 1984 年版。

[8] 袁桂林：《农村初中学生辍学问题研究》，东北师范大学出版社 2003 年版。

[9] 刘铁芳：《乡土的逃离与回归》，福建教育出版社 2008 年版。

[10] 钱理群等：《乡土中国与乡村教育》，福建教育出版社 2008 年版。

［11］陆学艺主编：《社会学》，知识出版社1991年版。

［12］刘祖云主编：《社会转型解读》，武汉大学出版社2005年版。

［13］李庆余等：《美国现代化道路》，人民出版社1994年版。

［14］李强主编：《中国社会变迁30年》，社会科学文献出版社2008年版。

［15］费孝通：《乡土中国　生育制度》，北京大学出版社1998年版。

［16］陈向明：《质的研究方法与社会科学研究》，教育科学出版社2000年版。

［17］娄立志：《社会转型与教育代价》，中国社会科学出版社2012年版。

［18］王绍光：《波兰尼〈大转型〉与中国的大转型》，生活·读书·新知三联书店2012年版。

［19］郭书田等：《失衡的中国——城市化的过去、现在与未来》，河北人民出版社1990年版。

［20］方明主编：《陶行知教育名篇》，教育科学出版社2005年版。

［21］陶行知：《陶行知全集》（第2卷），四川教育出版社2005年版。

［22］余秀兰：《中国教育的城乡差异——一种文化再生产现象的分析》，教育科学出版社2004年版。

［23］梁漱溟：《乡村建设理论》，上海人民出版社2005年版。

［24］黄平主编：《乡村中国与文化自觉》，生活·读书·新知三联书店2010年版。

［25］许纪霖：《许纪霖自选集》，广西师范大学出版社 1999 年版。

［26］阮梅：《世纪之痛——中国农村留守儿童调查》，人民文学出版社 2008 年版。

［27］孙立平：《断裂：20 世纪 90 年代以来的中国社会》，社会科学文献出版社 2003 年版。

［28］聂茂、厉雷、李华军：《伤村》，人民日报出版社 2008 年版。

［29］朱小蔓、李铁军主编：《当代俄罗斯教育理论思潮》，教育科学出版社 2009 年版。

［30］朱小蔓：《情感德育论》，人民教育出版社 2005 年版。

［31］涂艳国：《中国儿童教育 30 年：1978—2008》，湖南师范大学出版社 2008 年版。

［32］马建勋：《心灵哲学》，作家出版社 2003 年版。

［33］侯晶晶：《关怀德育论》，人民教育出版社 2005 年版。

［34］朱小蔓：《关注心灵成长的教育——道德与情感教育的哲思》，北京师范大学出版社 2012 年版。

［35］贺雪峰：《新乡土中国》，广西师范大学出版社 2003 年版。

［36］黄传会：《我的课桌在哪里——农民工子女教育调查》，人民文学出版社 2006 年版。

［37］庞守兴：《困惑与超越——新中国农村教育忧思录》，广西师范大学出版社 2003 年版。

［38］袁振国：《中国教育政策评论 2004》，教育科学出版社 2004 年版。

［39］刘济良主编：《学校德育》，北京师范大学出版社 2015 年版。

［40］杨瑞清：《走在行知路上》，高等教育出版社 2004 年版。

［41］叶敬忠、杨熙：《关爱留守儿童：行动与对策》，社会科学文献出版社 2008 年版。

［42］范先佐等：《中国中西部地区农村中小学合理布局结构研究》，中国社会科学出版社 2009 年版。

［43］贾馥茗：《教育的本质——什么是真正的教育》，世界图书出版社 2006 年版。

［44］赫尔曼·哈肯：《协同学——自然成功的奥秘》，戴鸣钟译，上海科学普及出版社 1988 年版。

［45］苏霍姆林斯基：《要相信孩子》，江彭庚译，教育科学出版社 2009 年版。

［46］苏霍姆林斯基：《育人三部曲》，毕淑芝等译，人民教育出版社 1998 年版。

［47］苏霍姆林斯基：《给教师的建议》，杜殿坤译，教育科学出版社 1982 年版。

［48］马克斯·范梅南：《教学机智——教育智慧的意蕴》，李树英译，教育科学出版社 2001 年版。

［49］马克斯·范梅南：《生活体验研究——人文科学视野中的教育学》，宋广文等译，教育科学出版社 2003 年版。

［50］约翰·杜威：《学校与社会·明日之学校》，赵祥麟等译，人民教育出版社 2005 年版。

［51］约翰·杜威：《我们怎样思维·经验与教育》，姜文闵译，人民教育出版社 2005 年版。

[52] 欧内斯特·L. 博耶：《关于美国教育改革的演讲》，涂艳国、方彤译，教育科学出版社 2002 年版。

[53] 埃米尔·迪尔凯姆：《自杀论》，冯韵文译，商务印书馆 1996 年版。

[54] 内尔·诺丁斯：《始于家庭：关怀与社会政策》，侯晶晶译，教育科学出版社 2006 年版。

[55] 香山健一：《为了自由的教育改革——从划一主义到多样化的选择》，刘晓民译，高等教育出版社 1990 年版。

[56] 爱弥尔·涂尔干：《道德教育》，陈光金等译，上海人民出版社 2006 年版。

[57] 马斯洛：《动机与人格》，许金声等译，华夏出版社 1987 年版。

[58] 博尔诺夫：《教育人类学》，李其龙等译，华东师范大学出版社 1999 年版。

[59] 阿德勒：《儿童的人格形成及其培养》，韦启昌译，河北人民出版社 2002 年版。

[60] 佐藤学：《静悄悄的革命》，李季湄译，教育科学出版社 2014 年版。

[61] 维克多·弗兰克尔：《活出生命的意义来》，赵可式等译，生活·读书·新知三联书店 1991 年版。

[62] 亚里士多德：《尼各马可伦理学》，廖申白译，商务印书馆 2008 年版。

[63] 联合国教科文组织编：《教育——财富蕴藏其中》，联合国教科文组织总部中文科译，教育科学出版社 1996 年版。

论文

［1］杜爱森：《关于德育模式的理论探讨》，《理论探索》1996年第2期。

［2］叶飞：《改革开放30年德育理论发展脉络探析》，《教育研究》2009年第1期。

［3］傅松涛等：《美国农村社区基础教育现状与改革方略》，《比较教育研究》2004年第9期。

［4］陈忠镐：《农村教育概念界定若干问题探析》，《福建广播电视大学学报》2011年第1期。

［5］陈敬朴：《农村教育概念的探讨》，《教育埋论与实践》1999年第11期。

［6］薛晓阳：《生活中的教育：农村德育的文化与信仰》，《教育科学》2011年第6期。

［7］顾和军等：《中国农村儿童健康不平等及其影响因素研究》，《南方人口》2012年第1期。

［8］陈木龙等：《农村儿童与城市儿童孤独感和人格特征的比较研究》，《社会心理科学》2005年第6期。

［9］刘海燕等：《农村儿童青少年恐惧的内容特点》，《中国特殊教育》2007年第10期。

［10］李晓巍等：《不同类型农村儿童家庭生态系统的状况及其对儿童自尊的影响》，《中国临床心理学杂志》2010年第2期。

［11］李芬：《农村儿童少年义务教育中断的社会学分析》，《青年研究》2002年第5期。

［12］刘泽云：《农村儿童为何失学?》，《北京师范大学学报（社会科学版）》2007年第2期。

［13］黄少虎：《农村学生自卑心理成因及矫正》，《中小学心理健康教育》2002年第9期。

［14］周珊等：《乡村文化的秩序危机与价值重建》，《石家庄铁道大学学报（社会科学版）》2010年第12期。

［15］彭迈：《"空巢村"现象对新农村建设的影响》，《中州学刊》2007年第5期。

［16］秦广强：《新时期村级组织的"空巢""空缺"现象研究——基于鲁西北A村调查》，《中共济南市委党校学报》2006年第4期。

［17］周福林：《我国留守老人状况研究》，《西北人口》2006年第1期。

［18］尹世洪：《社会转型期农村家庭结构的变化》，《江西社会科学》2012年第4期。

［19］潘云华：《农民道德现状的实证分析》，《安徽农业科学》2009年第34期。

［20］刘建荣：《社会转型时期的农民道德现状》，《湖南师范大学社会科学学报》2007年第1期。

［21］闫丽娟等：《社会转型期中国农村人际关系的变迁》，《长白学刊》2007年第6期。

［22］杨春娟：《农民道德观念变迁与道德提升路径选择》，《河北师范大学学报（哲学社会科学版）》2009年第5期。

［23］刘宝存：《科学主义与人文主义大学理念的冲突与融合》，《学术界》2005年第1期。

［24］冯建军：《论教育转型》，《全球教育展望》2010 年第 9 期。

［25］范燕宁：《当前中国社会转型问题研究综述》，《哲学动态》1997 年第 1 期。

［26］穆光宗：《历史的走向和农民的走向》，《方法》1988 年第 1 期。

［27］杨聪敏：《改革开放以来农民工流动规模考察》，《探索》2009 年第 4 期。

［28］石艳：《教育社会学本土化研究的反思》，《外国教育研究》2006 年第 7 期。

［29］项贤明：《教育：全球化、本土化与本土生长》，《北京师范大学学报（人文社会科学版）》2001 年第 2 期。

［30］毕世响：《德育的本土化思考》，《现代教育论丛》2000 年第 6 期。

［31］叶澜：《中国教育学发展世纪问题的审视》，《教育研究》2004 第 7 期。

［32］柳冬妩：《儿童视域里的后乡土世界——以张绍民诗歌创作为例》，《文艺争鸣》2008 年第 12 期。

［33］柳冬妩：《村里的童年越来越少》，《读书》2009 年第 5 期。

［34］乌云特娜：《俄罗斯社会转型时期处境不利儿童道德关怀理念的分析》，《中国特殊教育》2008 年第 1 期。

［35］殷朝芹：《"我们"决定着学生的成长》，《人民教育》2004 年第 5 期。

［36］张乐天：《城乡教育差别的制度归因与缩小差别的政策建

议》,《南京师大学报（社会科学版）》2004年第3期。

［37］王章华、颜俊：《城市化背景下流动人口社会融合问题分析》,《江西农业大学学报（社会科学版）》2009年第4期。

［38］李强：《社会学的"剥夺"理论与我国农民工问题》,《学术界》2004年第4期。

［39］熊易寒：《城市化的孩子：农民工子女的城乡认知与身份意识》,《中国农村观察》2009年第2期。

［40］陈绍芳：《城市化进程中文化融合的哲学解读》,《社会科学家》2010年第5期。

［41］湛卫清：《融合教育：农民工随迁子女教育的新策略》,《人民教育》2009年第11期。

［42］何中华：《多元文化时代的价值困境及其出路》,《烟台大学学报（哲学社会科学版）》2004年第2期。

［43］刘铁芳：《文化破碎中的乡村教育》,《天涯》2007年第3期。

［44］吴康宁：《制约中国教育改革的特殊场域》,《教育研究》2008年第12期。

附录

社会转型时期农村儿童群体的分化与农村德育模式的创新[①]

摘要： 在当前中国社会正由传统的农业社会向现代的工业社会的迅速转型时期，农村社会经历着巨大的嬗变。伴随大量农民进城务工，农村儿童群体明显地分化为留守儿童群体、流动儿童群体和生活在完整家庭的农村儿童三种类型，他们各自的具体处境不同，面临着不同的问题和挑战。农村儿童是农村德育的研究对象，农村儿童群体的分化急需农村德育模式的创新，相应地可以构建留守儿童心灵关怀德育模式、城乡儿童相互融合德育模式和三位一体的立体德育网络模式以致力农村儿童的健康成长和发展。

关键词： 社会转型；农村儿童；德育模式

当前伴随着中国社会由农业社会向工业社会的迅速转型，农村社会正经历着巨大的嬗变，大量的农民进城务工，农村人口迅速地向城市转移，农村的社会结构以及农民的生活方式和价值观念等都在发生变革。在农村人口快速流动的背景下，农村儿童的生存和生活处境也发生了翻天覆地的变化，他们明显地分化成三个具有显著区别和特征的群体，即留守儿童群体、流动儿童群体和生活在农村

[①] 本文发表在《当代教育科学》2016年第4期。

完整家庭的儿童群体。一般来讲，留守儿童群体是指父母双方或一方外出务工而被留在农村生活的儿童，流动儿童群体是指跟随进城务工的父母在城市生活和学习的儿童，生活在农村完整家庭的儿童群体是指和父母双方都在农村生活的儿童，这三种类型的农村儿童的具体境遇和面临的问题是各不相同的。我认为，农村儿童是农村德育的研究对象，农村儿童群体的分化急需农村德育模式的创新，相应地可以构建出留守儿童心灵关怀德育模式、城乡儿童相互融合德育模式和立体式德育网络模式以致力农村儿童的健康成长和发展。

一、留守儿童心灵关怀德育模式

据《中国青年报》报道，2013年留守儿童数量增至6102.6万，占所有农村儿童的比重达37.7%，占全国儿童的比例为21.9%。[①]由于父母双方或一方外出务工，留守儿童不能享有完整的家庭生活，他们不仅需要获得物质生活上的支持，更需要获得心灵上的关怀。我在实地调研中深切地感受到留守儿童长期跟父母分离，致使他们亲情严重缺失，容易出现孤独、寂寞、灰心等心理问题。心灵关怀是留守儿童健康成长和发展的基本需要，留守儿童心灵关怀德育模式旨在满足留守儿童心灵关怀需要和促进他们的健康成长和发展。

（一）留守儿童心灵关怀德育模式的基本理念

首先，心灵关怀是留守儿童的隐性需要。人的情感、心灵、精神等现象都属于人的内在性向，具有很大的内隐性，留守儿童心灵关怀需要也往往是以隐性方式存在的。在现实中，留守儿童心灵关怀需要往往容易被忽视。一方面，留守儿童父母缺乏给予留守儿童

---

① 《全国农村留守儿童超6000万，人身安全隐患严重》，《中国青年报》2013年8月8日第7版。

心灵关怀的意识。我在调研中发现，留守儿童父母往往只关注孩子物质生活需要的满足而忽视和孩子之间进行精神上和心理上的沟通和交流。事实上，留守儿童父母对留守儿童心灵关怀意识的缺失是由他们的生存处境决定的，这是因为绝大部分留守儿童父母外出打工主要是为了维持生计，在巨大的生存压力之下他们较难考虑到任何精神层面的需要和感受。但是对于留守儿童来讲，物质需要的满足并不能代替他们精神需要的满足，他们对亲情的渴盼并不会因为物质上的满足而减弱。另一方面，在当前制度化学校管理中留守儿童心灵关怀的需要容易被忽视。制度化学校管理强调规范管理和量化管理，侧重的是学生的外在行为表现，在很多情况下较难测量到学生内在心灵的真实状态。这会导致出现这样的现象，外在行为表现规范的留守儿童其实他们内在的心灵发展并不健康，因此教师如何突破现行教育制度的局限而关注到留守儿童心灵关怀的隐性需要则至关重要。

其次，满足留守儿童心灵关怀需要有助于其人格健全发展。马斯洛提出了"满足健康"的概念，认为"需要满足的程度与心理健康有确定的联系"[①]。朱小蔓教授也认为："学生正当的安全感、归属感、自尊感和自然情趣必须得到满足，它们是健康自我形象的重要内容。一个拥有健康自我形象的人，在人际交往中常常表现出积极、主动、开放的态度。"[②] 对于留守儿童来讲，由于父母双方或一方外出务工，他们的亲情缺失、安全感不足，正常的精神和情感上的需要往往也不能被满足，这将直接影响着他们身心的健康成长和

---

① ［美］马斯洛：《动机与人格》，许金声等译，华夏出版社 1987 年版，第 77 页。
② 朱小蔓：《情感德育论》，人民教育出版社 2005 年版，第 140 页。

发展，而给予留守儿童心灵关怀则是促进他们人格健全发展的必然选择。

最后，给予留守儿童心灵关怀的目标在于唤醒他们内在的主体性，帮助他们成长为自信、自立、自强的人。俄罗斯伦理学家恰尔科夫在谈到对俄罗斯处境不利儿童的心灵关怀时认为："心灵关怀就是要求关怀者将意识指向意义，用情感去体验，以思维去反思心灵活动，护卫心灵，安抚心灵，提升心灵境界，进而让被关怀者感受到生命的意义价值，从而建构认识主体，纯化自己的心灵。"① 留守生活是留守儿童现实的生活境遇，也是他们生命成长的重要组成部分。教师给予留守儿童心灵关怀过程中在抚慰他们受挫的心灵的同时，还要深刻地认识到留守儿童自身潜藏着战胜留守生活中的各种苦难的意识和能力，只有教育者把他们身上潜藏的这些潜能唤醒和激发出来，留守儿童才能够更清楚地了解自己的处境，并生成战胜困难的勇气和信心，成长为自信、自立、自强的人。

（二）留守儿童心灵关怀德育模式的实施策略

第一，营造人文性的德育氛围是基础。人文性学校德育氛围的特征是以人为本，核心是以儿童为本。也就是说学校在制度设计、活动安排等方面都要以促进儿童成长和发展为目的。需要警惕的是，当前在中小学里仍然比较看重学业成绩和考试分数的情况下，学校和教师容易偏离以儿童为本的要求，给予留守儿童心灵关怀也会成为空谈，学校德育往往被严重地边缘化了。这正如欧内斯特所说的："今天，德育先于智育的做法越来越少了。不仅如此，教育工作者甚至不愿意谈论这个问题。今天的人们可以大谈学术标准，却不愿意

---

① 朱小蔓、李铁军主编：《当代俄罗斯教育理论思潮》，教育科学出版社2009年版，第222—223页。

谈论伦理道德标准。"① 因此学校和教师要能够突破目前教育现实的桎梏,真正地落实和贯彻以人为本的教育理念,营造人文性德育氛围,为留守儿童创造适宜的学习和生活环境,促进他们健康地成长和发展。

第二,教师对留守儿童的情感投入是关键。博尔诺夫认为:"教育的成功与否往往取决于生活环境中一定的内部气氛和教育者与受教育者一定的情感态度。"② 教师是留守儿童学校生活中的"重要他人",教师对留守儿童的情感投入会直接关系到他们对留守生活的感受和体验,以及对未来生活的信心和勇气。我在实地调研中通过跟诸多留守儿童的深度访谈发现,教师的积极情感投入,包括敏感、倾听、信任和关爱等都能够促进留守儿童建立积极、乐观的人生态度,顺利度过留守生活。

第三,联合家庭德育力量是保障。家校合作是整合学校和家庭德育力量的有效方式,联合家庭德育力量是学校实施留守儿童心灵关怀德育的有力保障。但是当前学校在联合家庭德育力量中面临诸多障碍,包括留守儿童父母对家校合作意义认识不到位、留守儿童父母外出务工后带来的家校合作在时空上的限制,以及缺乏家长委员会等有效的家校合作组织。因此学校要充分发挥在家校合作中的主导作用,提升留守儿童父母对家校合作价值的认识,开创家访与校访相结合、面谈与电话沟通相结合等多种合作渠道,组建以村落为单位的家长委员会等来联合家庭德育力量以促进留守儿童的健康

---

① [美]欧内斯特·L.博耶:《关于美国教育改革的演讲》,涂艳国、方彤译,教育科学出版社2002年版,第30页。
② [德]博尔诺夫:《教育人类学》,李其龙等译,华东师范大学出版社1999年版,第41页。

成长和发展。

二、城乡儿童相互融合德育模式

流动儿童是伴随大量农民进城务工而产生的另一个特殊群体，据2013年全国妇联统计，流动儿童达2877万。跟留守儿童不同的是，流动儿童跟随父母在城市里生活和学习，但是"城乡是两个不同的生活世界，城市人和乡下人处于两种不同的生存境遇中，意味着两种不同的身份和地位"①。受中国长期以来城市优先取向政策的深刻影响，流动儿童虽然在城市里生活和学习，但会受到排斥和歧视，处于城市的边缘。城乡儿童相互融合德育模式致力消除和化解排斥和歧视，让城乡儿童相互理解和尊重，融洽相处和健康成长。

（一）城乡儿童相互融合德育模式的基本理念

首先，理解是城乡儿童相互融合的基础。在很大程度上来讲，流动儿童在城市学校里受到歧视和排斥是由缺乏理解导致的。在中国城乡二元社会结构体制下，城乡是两个不同的世界，由于生活环境和处境不同，城市人和农村人形成了不同的价值观念、生活方式等。虽然随着中国城市化进程的快速推进，城乡之间人口的流动速度也在加快，但主要是农村人口向城市的流动。因此农村儿童对城市文化和城市生活方式越来越熟悉，但是城市儿童只能通过书本和影视等途径了解农村以及农村人的生活而缺少丰富的农村生活经历和体验。在这种情况下，需要学校和教师引导城市儿童形成正确的有关农村和流动儿童的观念，认识到农村在中国建设和发展中的重要地位，以及流动儿童真实的生活和生存处境。特别需要教师指出

---

① 余秀兰：《中国教育的城乡差异——一种文化再生产现象的分析》，教育科学出版社2004年版，第33页。

的是，流动儿童身上蕴含着丰富多样的教育资源，能够为城市学校的教育提供生动鲜活的教育素材，他们所讲的天南海北的方言和各种民间故事、传说，以及从行动中展现出的各种生活习惯等都能够开阔城市儿童的视野，让他们真切感受和体验到中国文化的博大精深，这些都会比在书本和影视中看到的更为真实和真切。

其次，平等是城乡儿童相互融合的关键。当前城乡二元社会结构体制下城乡发展不均衡，城乡教育资源分配也不均衡，以及长期的城市中心取向政策的影响致使城市人形成了优越心理、农村人形成了自卑心理。这些倾向也会深刻地在儿童的潜意识中烙上痕迹，成为城乡儿童共处时不平等的心理基础。在这种不平等的心理映射下，城市儿童不可能真正尊重流动儿童，流动儿童也不可能获得自信，他们也就无法相互靠近、融洽相处。事实上城乡儿童相处过程中他们都是活动主体，他们之间建立平等的主体间性关系是他们相互融合的关键。"主体间性又被译为'交互主体性'或'共主体性'，是指人作为主体在对象化的活动中与他者的关联性。"[1] 城乡儿童之间建立主体间性关系，不仅意味着他们之间是平等的关系，而且还意味着他们之间也是相互依存的关系，他们只有承认和肯定对方才能够承认和肯定自身，相互之间是共在和共生的关系。

最后，提升流动儿童的"内生力"是城乡儿童相互融合的重心。所谓流动儿童的"内生力"是指培养他们的自主意识以及自强、自立、自信等内在的精神品质。[2] 在实践中，流动儿童表现出来的胆小、自卑以及学习习惯和卫生习惯差等都是缺乏内生力的体现。提

---

[1] 陈绍芳：《城市化进程中文化融合的哲学解读》，《社会科学家》2010年第5期。

[2] 湛卫清：《融合教育：农民工随迁子女教育的新策略》，《人民教育》2009年第11期。

升流动儿童的内生力，让他们找到学习和生活上的勇气和自信是学校促进城乡儿童相互融合的重心。因此老师要尽量多发现流动儿童身上的闪光点并给予肯定和表扬，借此帮助他们树立在全班同学心目中的威信，让他们能够抬头自信地做人，愉悦地学习，培养他们努力拼搏的精神和积极进取的心态。此外教师要鼓励流动儿童积极参加学校组织的各种文体活动，锻炼他们多方面的才艺和能力，促进他们全面发展。当流动儿童自身的精神面貌焕然一新后，他们就能够自信地积极地跟城市儿童交往并相互融为一体。

（二）城乡儿童相互融合德育模式的实施策略

第一，城乡儿童相互融合需要教师的有力引导。"向师性"是儿童发展的重要特征，在日常的学校生活中教师的言行举止都会直接影响到儿童的思想和行为发展。同样，在城乡儿童相互融合过程中教师的有力引导会产生预期的效果。具体地讲，教师在引导城乡儿童相互融合过程中需要做到以下两点。一方面，教师自身要公平公正地对待所有孩子，尤其是不能歧视和排斥流动儿童。在教育实践中，部分教师本身对流动儿童存在偏见，不仅导致流动儿童无法从这些教师身上获得自信，还导致城市儿童的优越心理更强，对流动儿童的歧视和排斥更严重。因此教师消除自身的一切偏见，公平公正地对待所有孩子是引导城乡儿童相互融合的前提。另一方面，教师要营造城乡儿童相互融合的教育氛围。教师可以组织开展城乡儿童手牵手和交朋友活动，这样有助于他们相互了解和相互靠近，还可以开展寻找同学优点的活动，让每个儿童都受到相互的认可和肯定，自信地相互交往和成长。

第二，城乡儿童相互融合需要多样化的课程设置。长期以来，我国中小学实施的课程都是由国家统一制定的，而且还具有明显的城市中心取向。对于城市学校来讲，在流动儿童进入城市学校后，生源的多样性和异质性则要求课程设置也要多样化，需要增设农村题材和体现农村文化的课程，这样才能够为流动儿童创造自我展示和表现的机会和条件，充分发挥他们的主体性，使他们真正融入教学过程之中。同时多样性的课程设置还能够促进城乡儿童相互的认识、了解，让他们在相互分享和交流中进行自我教育。新课程改革中的三级课程设置，使地方课程和校本课程有了更多的发展空间，课程设置的灵活性、适切性有了更好的政策条件，这也为城乡儿童相互融合提供了课程多样化的政策基础。

第三，城乡儿童相互融合需要合理的班级编排。在流动儿童的班级编排问题上存在两种方式，一种是"分班"方式，另一种是"混班"方式，前者是专门把流动儿童变成一个班级，跟城市儿童区别开来，后者是把流动儿童和城市儿童混合在一个班级内。从城乡儿童相互融合的角度来看，分班编排虽然是基于城乡儿童学业发展水平差异的现实考虑，但是它把城乡儿童相互切分和隔离开来了，无助于城乡儿童相互融合。混班编排方式为城乡儿童提供了共同生活和学习的平台，能够减少相互的隔阂，更好地促进流动儿童的城市适应，促进城市儿童包容、开放等品质的生成。正是从这个意义上讲，混班编排是促进城乡儿童相互融合的比较合理的班级编排方式。

三、三位一体的立体德育网络模式

比较而言，生活在农村完整家庭的农村儿童既没有留守儿童亲情缺失的苦恼，也没有流动儿童被排斥和被歧视的尴尬，但是他们的道德成长却面临着家庭德育力量削弱和农村社区德育意识淡薄的困境。客观地讲，农民的文化程度普遍较低，在很大程度上限制着他们对子女实施适当的道德教育。另外伴随着城市化的发展，一些农民盲目接受了城市文化中的消费主义、享乐主义等消极思想，这直接削弱了农村家庭的德育力量。很多农村社区组织建设也不够健全，缺乏对农村儿童履行德育的责任感。在这种情况下，构建学校、家庭和农村社区三位一体的立体德育网络模式，协同和整合三方德育力量以共同致力于农村儿童道德的健康成长和发展。

（一）三位一体的立体德育网络模式的基本理念

首先，发挥协同效应是立体德育网络模式的目的。20世纪70年代德国物理学家赫尔曼·哈肯提出了协同理论，他认为协同是指系统的各部分之间相互协作，结果整个系统形成一些微观个体层次不存在的新的结构和特征，从而形成一种良性循环态势。[1] 可见协同强调的是为了实现总体目标，各个部分相互配合、相互支持、相互协作，以促进系统协调并产生协同效应。强调协同效应和系统思维的协同理论为立体德育网络模式提供理论依据。学校、家庭和农村社区是农村儿童生活的三个重要场域，它们共同承担着农村儿童德育责任，虽然各个部分所承担的责任在轻重和大小上会有区分，但是它们各自之间又是相互联系、相互依存的关系，每一部分都可能影响到全局效果。只有让学校、家庭、农村社区等各自的德育功能得到充分发挥，各个部分之间相互配合和支持，促进系统良性运转和系统协调发展，才能够产生协同效应，产生合力，共同致力于农村儿童的健康成长。因此发挥学校、家庭和社区三方的协同效应是立体德育网络模式的目的。

---

[1] ［德国］赫尔曼·哈肯：《协同学——自然成功的奥秘》，戴鸣钟译，上海科学普及出版社1988年版，第233页。

其次,学校在立体德育网络模式中居于主导地位。学校是专门的教育机构,教师是专门从事教育工作的专职人员,他们拥有扎实的教育基本理论知识和丰富的教育实践经验。正是从专业性角度来讲,学校在立体德育网络模式中居于主导地位,这意味着学校要充分发挥自身的专业优势,一方面要采取多种方法帮助农民树立正确的德育意识和观念,掌握正确的德育方法,另一方面还要加强和农村社区的联系,增强农村社区的德育意识。学校在立体德育网络模式构建中主导作用的充分发挥能够最大限度提升家庭和社区的德育能力和促进农村儿童德育工作的有效实施。

最后,协同一致和信息互动是立体德育网络模式取得实效的保证。苏联教育家苏霍姆林斯基说过:"学校和家庭不仅要一致行动,要向儿童提出同样的要求,而且要志同道合,抱着一致的信念,始终从同样的原则出发,无论在教育目的上、过程上还是手段上,都不要发生分歧。"[①] 立体德育网络模式中学校、家庭和农村社区在德育目的、德育内容、德育方式等方面保持一致,不能有分歧,这也是产生协同效应和取得预期德育效果的前提和保证。需要指出的是,协同一致的前提是各方要保持信息相互流动路径的通畅,也就是说,学校与家庭、学校与农村社区、家庭与农村社区之间要加强信息的互动和交流,这样才能做到信息共享和协商沟通,从而对德育目标、德育内容、德育方式等达成共识。

(二) 三位一体的立体德育网络模式的实施策略

第一,明确学校、家庭和农村社区各自的德育功能。在立体德育网络中,学校、家庭和农村社区所处的地位和德育功能是不同的,

---

① [苏] 苏霍姆林斯基:《给教师的建议》,杜殿坤译,教育科学出版社1982年版,第264页。

一般来讲学校德育是主体，家庭德育是基础，农村社区德育是依托。学校在德育网络中的主体地位决定了学校要充分发挥自身专业优势，在德育目的的确定和德育内容的选择等方面要起引领作用，同时还要积极联络家庭和农村社区，促进德育工作顺利开展。家庭是农村儿童生活的重要场所，父母要注重在日常的生活中给子女开展道德教育，并为他们做好表率和榜样作用。农村社区是农村儿童的社会生活空间，也是他们道德生活的实践场所，为农村儿童创造温馨、和谐的生活和实践空间是农村社区德育的首要功能。

第二，协调和整合学校、家庭和农村社区的德育力量，形成教育合力。一是学校和农村社区里要设立德育工作者队伍。由班主任、政教主任和主管德育副校长组成学校德育工作专门队伍，其他教师则在日常的教育教学中贯穿德育工作。农村社区也要分配人员专门负责德育工作，但社区领导要承担首要责任。二是健全学校、家庭和农村社区德育合作的组织机构。一般来讲，家长委员会是家校沟通的正式组织。根据农村社会的具体状况，可以设立以村落为单位的家长委员会，邀请农村社区负责德育工作的人员做家长委员会的委员，这样家长委员会能够联络学校、家庭和农村社区，传递和沟通各方信息，形成教育合力，共同致力于农村儿童道德的健康成长和发展。

第三，完善立体德育网络的管理制度。一是建立信息反馈制度。学校、家庭和农村社区之间要定期进行农村儿童德育相关信息的互动和沟通，使各方及时地掌握农村儿童德育的全面信息以做出合适的反应和决策。二是建立培训制度。学校发挥专业优势，对教师、父母和社区工作人员开展定期的培训工作，让他们能够掌握先进的德育理念和方法，提高德育效果。三是建立德育工作的奖惩制度。

在学校统一指导和领导下要定期对学校、家庭和农村社区德育活动和德育成效进行考核和评价，评选"优秀家长""优秀学生""优秀教师""优秀德育工作者""优秀德育工作单位"等，给予肯定和表彰，同时要指出存在的问题并给予改进的建议。

附录

城市化背景下农村学校德育的双重使命[①]

摘要：农村学校是居于农村社会的专门教育机构，传承农村文化是农村学校德育素有的责任。伴随中国城市化的快速发展，城市文化也迅速地向农村蔓延，在一定程度上导致农村学生文化自信的降低。帮助农村学生树立文化自信，以及培养他们具有文化包容和文化批判精神、积极吸纳城市文化精髓是当前农村学校德育工作双重的时代使命。

关键词：城市化；农村学校德育；文化自信；文化包容；文化批判

一、城市化：农村学校德育的时代境遇

自20世纪90年代以来，伴随中国社会经济的迅速发展，中国正逐渐由传统的农业社会迈向现代的工业社会，其中城市化是当前中国社会发展的主要特色。客观地讲，中国城市化发展不仅带来了城市社会的变革，也给农村社会带来了巨大的变化。在传统社会里，农村是一个相对比较封闭的区域，农村特有的文化、习俗等被代代相传，支撑和维系着农村社会的延续和发展。但城市化打破了农村

[①] 本文发表于《宝鸡文理学院学报（社会科学版）》2014年第5期。

社会的宁静和封闭，异质文化向农村渗透，农村社会发生着巨大的变革。农村社会的变化也改变着农村学校的生存和发展环境，农村学校是农村社会里的专门教育机构，农村学校德育肩负着农村学生精神成长的责任。法国社会学家涂尔干说："谈论道德教育而不具体说明它在什么条件下进行，这一定会先陷入含糊不清和不着边际的道德教育的共同性而不能自拔。我们现在要寻求的不应该是人类共同的道德教育，而应该是我国现时的道德教育。"① 因此城市化背景下农村学校德育究竟面临着怎样的挑战和问题，需要我们对当前中国城市化的特点有比较清楚的认识。

何谓城市化呢？罗西在《社会科学词典》中对城市化的定义具有综合性意义。他认为城市化包含四个方面的含义：一是城市中心对农村腹地影响的传播过程；二是全社会人口逐步接受城市文化的过程；三是人口集中的过程，包括集中点的增加和每个集中点的扩大；四是城市人口占全社会人口比例的提高过程。② 总体上来讲，如果以显性标志和隐性标志来对城市化的特征进行分析的话，那么城市化的最显性的标志就是农村人口向城市的聚集，城市化的隐性标志则体现在人们在文化思想、价值观念等方面的变化，以及随之引起的生活方式的变化和社会结构、生产方式等方面发生的逐渐的变化等。

中国的城市化也体现出了这些基本特征，但同时又具有其独特的矛盾性。首先，农村人口向城市大规模地流动，但农民却难以成为真正的城市居民。为了满足城市经济发展对人力资源的需求，大

---

① 张人杰主编：《国外教育社会学基本文选》，华东师范大学出版社1989年版，第389页。
② 许学强等：《现代城市地理学》，中国建筑工业出版社1988年版，第47页。

量的农村人口流动到了城市，主要分布在建筑、环卫、个体等底层行业中。国家统计局发布的《2012年全国农民工监测调查报告》显示，2012年全国农民工总量达到26261万，比上年增长983万人，增长3.9%。"农民"表明的是他们的社会身份，"工"则表明他们的职业，"农民工"就是"农民"这种身份与"工"这种职业的一种独特的结合，反映的是一种极为矛盾的现实。农民工生活和工作在城市里，却处于城市的边缘，不是真正的城市市民。农民工的这种现实而尴尬的处境也决定了他们的子女很难获得在城市接受教育的合法权利，对于大部分农民工来讲，他们只好把子女留在农村成为留守儿童。其次，农村文化遭到城市异质文化的侵袭，农民的文化思想、价值观念发生了深刻的变化。费孝通指出，传统的农村社会是以建立在血缘关系之上的差序格局呈现的，依据血缘关系的亲疏，各自对他人承担着不同的伦理责任和义务，对个人行为的选择具有强大的影响力，也在维护着农村社会的稳定和发展。但是随着中国现代化的发展，城乡之间的隔阂被戳破，越来越多的农民进入城市，城市文化和现代文明随之入侵农村，理性逐渐代替伦理责任和义务成为越来越多的农村人行为的准则，人与人之间的关系也建立在了利益基础之上了。除此之外，农民的婚姻价值观念也发生着巨大变化，更注重个人的自由和感受，离婚、婚外情也逐渐成为普遍现象。最后，农村文化的衰落直接影响着农村学生精神世界的建构。在中国特有的城乡二元社会结构体制下，城市化过程本身是农村在国家发展中的地位与重要性不断弱化的过程。"乡村只是作为城市文明的参照、补充，作为被城市所观看、俯视的对象，乡村作为前现代的他者，被排斥在为教育所展开的现代性想象的边缘。"①

---

① 刘铁芳：《乡土的逃离与回归》，福建教育出版社2008年版，第1—7页。

"乡村文化的衰落，乡村教育的文化缺失，都在有意无意地剥夺青少年活着的理由，生命的意义和欢乐。"① 在城市化的境遇下，农村社会贫穷与暴富并存，城乡观念冲突，礼仪沦丧，有些农村地区办学条件恶劣，教育环境较差，再加上父母外出打工，亲情需要难以获得满足等，这些都直接给农村学生的心灵世界造成了巨大冲击，影响着农村学生精神世界的建构。

中国城市化导致农村社会发生了巨大变化的同时，也改变着农村学校德育的社会环境，给农村学校德育带来了诸多困境。

二、城市化给农村学校德育带来的困境

首先，农村学生家庭德育功能弱化，农民难以成为农村学校德育的支持性力量。父母是孩子的第一任教师，家庭德育在孩子精神成长中居于举足轻重的地位。但是伴随中国城市化的快速发展，越来越多的农民外出务工，他们把孩子留在农村，这些孩子被称为留守儿童。据全国妇联最新的统计，目前中国18岁以下的农村留守儿童有6102.55万，占农村儿童的37.7%，他们是农村学校里的特殊群体。在儿童成长中，父母不仅是儿童的道德榜样，他们还对儿童的道德发展和精神成长肩负着监督和引导的作用。由于留守儿童跟父母不在一起，受这种时间和空间上的限制，不仅父母对留守儿童的道德榜样作用缺失，而且由于父母跟留守儿童之间的沟通和交流比较少，他们不能了解到留守儿童道德和精神发展的真实情况，也难以发挥监督和引导作用，这直接导致家庭德育功能弱化。另外由于农民的文化层次和文化水平相对比较低，他们的教育意识和观念也比较陈旧，对学校德育参与不够。有研究者发现，文化资本在家

---

① 钱理群等：《乡土中国与乡村教育》，福建教育出版社2008年版，第12页。

长参与学校活动中具有重要价值，中上阶层家长在文化资本方面的优势决定了他们能够深入参与到学校活动中。[1] 农民在文化资本方面的欠缺和劣势在很大程度上决定了他们对学校教育活动参与的有限性，同时也决定了他们难以成为农村学校德育有力的支持性力量，这也意味着农村学校更多地担当和承载着农村学生的教育责任。

其次，城市文化向农村的蔓延和农村学校德育责任的加重。由于农村学校位于农村社会之中，农村学校德育无形中承担着传承农村文化价值和观念的责任。尤其是在农村教育师资匮乏的年代里，民办教师和代课教师是农村学校师资的主体，这些教师本身出生在农村，生活在农村，对农村风俗、礼仪、文化等熟悉并融通于他们的言行举止之中，他们自然在日常的学校生活中潜移默化地对学生进行着农村乡土文化的教化和渗透，正是在这层意义上，农村学校德育承担着农村文化的传承的责任。但是随着中国建设现代化国家步伐的加快，城市化的发展，以及城乡之间壁垒的打破和社会经济水平的提升，电子媒介、网络等信息传播渠道的增加，城市文化大肆蔓延和入侵农村和农村学校。需要指出的是，由于中小学生的道德辨别和道德批判意识和能力还比较低，部分农村学生盲目模仿和效仿媒介中宣扬的城市人的低级生活方式，养成了铺张浪费、炫富、暴力等不良生活习惯。因此引导农村学生客观地认识城市文化，掌握城市文化的精髓也成为农村学校德育当前必须承担的责任，这也使得农村学校德育责任加重。

最后，城市化发展加剧了农村学生对农村文化的自信心的降低。在中国城乡二元社会结构体制下，城市中心取向不仅体现在政治、

---

[1] 何瑞珠：《家庭学校与社区协助——从理念研究到实践》，香港中文大学出版社2002年版，第18页。

经济等领域,也深深地渗透在教育领域。其中中小学教材的编写中,体现城市生活题材的内容要远远多于体现农村生活题材的内容,"乡村在中小学教材中也基本上是缺席的,乡村社会只是作为宏大历史主题的点缀,乡村自身的价值在我们的教材中基本阙如"①。对于农村学生来讲,城市中心取向的教材内容不仅由于远离他们自身的生活现实而造成他们学习上的困难,而且这种教材内容的安排有意无意中给他们暗示着城市文化的优越,给他们遐想城市生活留下了想象的空间。城市化的发展更肯定和加速了农村学生对城市和城市生活的想象。随着社会经济的迅速发展,电视和网络基本上已在农村普及,现在我们只要打开电视播放的电视剧和电视节目大都是体现城市生活题材的内容,网络中也充斥的是跟农村学生现实生活相去甚远的城市生活的内容。正是因为如此,农村学生已经对自己赖以生存和生活的农村自然、生态、礼仪、风俗和文化渐渐陌生,更为重要的是在强大的城市文化的冲击和洗刷之下,他们理应引以为豪的农村文化的自信心也在降低甚至虚无化。教育作为一种有目的的活动,农村学校德育在帮助农村学生重拾对农村文化的自信方面任重而道远。

三、农村学校德育的双重使命

在以上分析中,我们已经深深地感受到城市化发展导致农村社会发生巨大变革的同时也给农村学校德育带来了诸多困境。面对城市化的浪潮,农村学校德育到底该何去何从呢?当我们以客观、理性的态度审视时就会明白,中国城市化发展是不可逆转的,以积极的心态迎接城市化是我们的必然选择。那么引导和帮助学生了解、

---

① 刘铁芳:《文化破碎中的乡村教育》,《天涯》2007年第3期。

熟悉以至分享城市环境、城市人际伦理、城市生活方式和城市文化对他们今后适应城市生活打好基础是农村学校德育的时代责任。需要清楚的是，城市生活和城市文化中本身还包含着消极、糜烂的内容，如果不加以辨别和批判而全部吸收的话，势必会导致不良的后果。与此同时我们也要清醒地认识到，乡土性是中国社会的本色，在乡土性基础上孕育而生的农村文化是中国文化的底色。对于农村学校德育来讲，不论农村学生将来在城市生活还是在农村生活，帮助他们树立农村文化自信和传承农业文明中蕴含的农村文化精神是一项时代责任。这也正如刘铁芳教授所说的，"当下关于乡村少年发展的重要问题就是，如何在置身现代化的背景下，立足乡土，培育乡村少年对乡村社会良好的情感依恋与乡村生活的基本自信；又不拘泥于乡土，有开阔的胸襟，能积极迎接外来文明的冲击，从而给他们的生活敞开一种开阔而健康的空间"①。正是在这个意义上，我们认为在当前城市化背景下农村学校德育肩负着帮助农村学生树立文化自信和传承农村文化精神，以及吸纳城市文化精神的双重使命。

通俗地讲，文化自信是指个体从内心深处认可自身所拥有的文化价值，并对之持肯定和积极的态度。农村学生的农村文化自信首先要建立在他们自身对农村文化独特价值的认可之上。农业文明和农村生态是孕育农村文化的土壤。在农业文明时代里，人与自然是融为一体的，人们的生存主要依赖于自然环境和条件，人们通常会对自然心存敬畏和神秘感，这使人们行事时会比较谨慎和小心，对自然既亲近又敬畏，维系着人与自然的和谐共处。同时艰苦的农业劳动让人们在付出汗水之时又享受着收获的喜悦，让人们反复地体验着劳动的辛苦和收获的幸福。而且生活在由熟人组成的农村社会

---

① 刘铁芳：《重新确立乡村教育的根本目标》，《探索与争鸣》2008年第5期。

里，人与人之间彼此相互比较熟悉，也塑造了农村人相互诚信的美德。农业文明中所孕育的这些品质和美德不仅是农村学生生活在农村里并维系农村社会稳定和发展的基础，也是农村学生将来在城市生活需要具备的素养。有学者就曾指出，"城市里边许许多多有所成就的、对社会乃至人类发展做出贡献的那些人，他们宝贵的品质，比如刻苦、专一、忠诚、谦逊，等等，绝大部分都来源于农村文明的滋养，真正的城市文明恐怕不能很好地养成那些品质"[1]。当农村学生深刻地认识和感受到农村文化的魅力和力量的时候，他们内在的文化自信心就会自然生成。因此帮助农村学生领会、感悟以致认同农村文化中包含的这些可贵精神品质是农村学校德育帮助农村学生树立文化自信的重要方面。事实上，当农村学生内在的文化自信心生成之后，他们不仅能够在城乡文化的冲突中保持对自身的农村人身份和农村文化的自信，还能够自觉地接受和内化农村文化精神，从而在自己的生活中自觉地传承和发扬农村文化。

工业文明和城市生态跟农业文明和农村生态有着本质上的差异。在工业化时代，科学技术迅速发展，生产力水平不断提高，人类对宇宙未知领域探索的能力在以惊人的速度提升，极大地开阔了人们生存和生活的视野和空间。工业文明孕育而生的是城市人身上所展现出来的开拓、进取、不断创新的城市文化和精神。跟农村社会相对封闭不同的是，城市基本上是一个陌生人的社会，"城市人口一般不是自我繁衍的，而是来自四面八方，种族、民族、血统、地域、经历、习俗差异巨大，导致城市人口的高度异质性"[2]。正因为城市

---

[1] 石中英：《略论农村文明与农村教育》，选自黄平主编《乡村中国与文化自觉》，生活·读书·新知三联书店 2010 年版，第 289 页。
[2] 高德胜：《论道德教育的城市遭遇》，《南京师大学报（社会科学版）》2007 年第 2 期。

里人与人之间是相互陌生的,决定了城市人不可能像农村人之间那样知根知底,这给一些人坑蒙拐骗制造了可能,也在很大程度上造成城市人需要用字据、画押等方式来建立相互之间的信任关系。也正是因为在城市里人与人之间是相互陌生的,城市人需要随时保持警惕和理智的状态,对各种已经发生、正在发生和将要发生的情况做出理性判断,这也导致城市人显得更为理性和理智。工业文明和城市生态在孕育以开拓、进取、不断创新、理性为正面价值的城市文化和城市精神的同时,还潜藏着人类中心主义、消费主义、享乐主义等需要批判和否定的消极和负面的内容,这些已经成为制约城市发展的"毒瘤"。在城市化背景下城市生活和城市文化的全貌基本上通过网络、电视等途径全面地展现在农村学生的视野中,帮助农村学生认真地辨识、自觉地取舍和积极吸纳正面的城市文化精神是农村学校德育的重要使命。

总之,不论是农村文化还是城市文化,它们的产生都有赖于一定的社会文明和生态,各自也都具有其积极和合理的价值和文化精神。中国城市化的快速发展使农村学校德育的境遇产生了巨大转变,帮助农村学生树立农村文化自信和传承农村文化精神,以及吸纳积极的城市文化精神是农村学校德育双重的时代使命。

四、农村学校德育双重使命实现的教育选择

综上所述,中国城市化发展的时代境遇要求农村学校德育要肩负起帮助农村学生树立文化自信和传承农村文化,以及积极吸纳城市文化精神的双重的时代使命。当然农村学校德育双重使命的完成不仅要依赖于教育外部的环境和条件,还要依赖于教育内部的自觉和努力,在一定程度上,后者则起着关键性作用。在此我们主要对教育内部的因素进行分析，探讨农村学校德育双重使命实现的教育选择。

首先，对农村学校德育所肩负的双重使命有明确的认识。一方面，教育主管部门要对农村学校德育所肩负的双重使命有明确认识。农村学校德育是在教育主管部门的指导下进行和开展的，只有教育主管部门认识到当前农村学校德育既需要培养农村学生的农村文化自信，还需要帮助他们吸纳城市文化精神，那么在教育政策的制定、德育课程的编写以及德育活动的设计等方面就能够充分考虑到农村学校德育的具体境遇，在一定程度上促进农村学校德育使命更好地完成。另一方面，教师要对农村学校德育所肩负的双重使命有明确的认识。教师是农村学校德育的具体实施者，教师还是农村学生在学校生活中的"重要他人"，教师自身对农村学校德育处境和德育使命的清晰认识直接影响着德育成效。在城市化背景下，城市文化几乎已经弥漫在农村社会的全部生活之中，农村学生对农村社会赖以生存和发展的农村文化渐渐失去信心，帮助农村学生发现和体悟农村文化中所蕴含的价值和树立文化自信不仅是农村学生自身成长的需要，也是农村文化传承的需要。同时城市化是当前中国社会发展的趋势，积极迎接和接纳城市文化和精神也是农村学生适应城市生活的需要。教师要帮助农村学生既拥有乡土的情怀，又能够具有城市的开拓精神，不论生活在农村还是城市都能够找到精神归宿。教师是农村学生精神成长的引路人，需要增强自身的使命意识，感受到自己从事德育的神圣感和价值感，这样他们才能够从内心深处产生强大的从事德育的精神动力。

其次，要培养对农村学生拥有关切、朴素教育情怀的农村学校教师。教师对农村学生精神成长和发展的影响和作用是毋庸置疑的。

问题在于，在中国城乡二元社会结构的安排和设计下，相对城市和城市学校来讲，农村和农村学校处于边缘地位，生活和教学环境比较简陋，致使农村学校教师的流动比较快，不能安心从事农村教育。正是在这个意义上，培养对农村学生拥有关切、朴素教育情怀的农村学校教师成为关键。只有当教师真正拥有对农村学生的关切和关爱情怀的时候，他们才能够真正为农村学生的成长着想，把自己的时间和精力投入农村学校德育之中。这意味着，一方面国家要加快改善农村学校的办学条件和环境，缩小城乡学校办学环境和条件方面的差距；另一方面要加强农村学校教师的培训，要让他们体会和感受到作为农村学校教师的独特的意义和价值，激发和唤醒他们的事业心和责任感，让他们找到人生意义的归属感。更为重要的是，在农村学校教师的培训中，要立足于他们所置身的农村文化来设计培训课程，否则只能使农村学校教师距离农村社会和农村文化本身越来越远。事实上，中等师范学校曾经为农村学校培养了大批的优秀师资，这些教师主要来自农村，他们也愿意回到农村，对农村教育、农村学生本身拥有比较深厚的情感，也正是这份情感支撑着他们终身从事着农村教育。因此，培养对农村学生拥有亲切、朴素教育情怀的农村学校教师是推动农村学校德育发展的重要保障。

最后，教师既要培养农村学生具有文化自信，还要培养他们具有文化包容和文化批判精神。教师要培养农村学生的文化自信心，重要的是要让他们对农村文化自身的价值和魅力有自觉的和清醒的认识，从而让他们从内心深处产生敬畏感和自豪感。需要注意的是，农村学生文化自信的树立要和克服他们长期以来形成的文化自卑心理结合起来。在一定意义上讲，从课程内容的设置上要摒除城市文化中心倾向，把农村学生所熟悉的农村题材的内容更多地加入课程内容之中。同时在城市化背景下，多种文化形态共同展现在农村学生的生活之中，不仅包括城市文化和农村文化，甚至还存在中西文化之间的冲撞，以及古今文化的争辩等，这还需要农村学生具有文化包容精神，能够在内心里承认各种不同文化同时存在并尊重各种文化保持它们自身的差异性和独特性。更为重要的是，教师要培养农村学生的文化批判精神。确切地讲，批判就是反思，文化批判就是对文化的反思，重要的在于发现和揭示各种文化中的精华和糟粕，使人们在文化的接纳和继承中做到去伪存真。特别是对于农村学生来讲，在众多文化的冲击中更需要具有文化批判精神，这样才能够保证他们保持清醒的头脑，摒弃各种文化中的低级和有害的部分，接纳和吸收积极和有益的内容，不仅促进自身的成长和发展，也促进社会的和谐发展。

后记

本书是在我主持的教育部人文社会科学研究项目"社会转型时期农村德育模式研究（项目编号：12XJC880001）"结题成果的基础上修改完善而成的。2016年项目顺利结题后至今，对项目结题成果持续地进行补充、修改和完善，希望能够完整地表达对当前社会转型时期农村儿童德育模式创新研究的思考和期待。

梁漱溟说："研究是解决问题的，真的研究是解决自己的问题。"从这个意义上来讲，对社会转型时期农村儿童德育模式创新研究正是缘于我自身的成长经历、体验和困惑，所以研究过程本身成为一种对自我的探寻和解答的过程。20世纪70年代初，我出生于一个地地道道的农民家庭，家庭生活的贫困和艰难以及父母为维持生计所付出的艰辛至今令我记忆犹新。中华人民共和国成立后，国家为发展城市工业而牺牲农村和农民的利益，并以户口制度为典型代表的14种制度把城市和农村割裂开来，逐步形成了城乡分割的二元社会结构，形成了城市人和农村人两种不同身份和地位的群体，深刻地影响着这两种社会群体的社会文化心理，具体表现为城市人所具有的优越心理以及农村人的自卑心理。对于农村孩子来讲，要跨越这道城乡之间的壁垒，唯有考学。在千军万马过"独木桥"的考试竞赛中，我有幸跳出了"农门"。进入21世纪以来，随着国家对"三农"问题关注和重视程度的提升以及城乡一体化发展目标的提出和促进城乡一体化相关政策的切实落实，农村生活发生了翻天覆地的变化，然而城市人和农村人之间存在的心理反差还明显地存在着。毫无疑问，这种心理反差也现实而普遍地烙刻在诸多城市儿童和农村儿童的心灵深处。当然对这种反差心理的遭遇、感受和体验伴随着我的整个成长过程以及在农村学校十年的工作历程之中，当我成为一名教育研究者的时候，这些都成为我开展教育研究的前提与背景。

当前我国社会由农业文明向工业文明转型过程中，伴随大量农民进城务工，农村儿童已经分化为农村留守儿童、城市流动儿童以及生活在完整家庭中的农村儿童。由于互联网和信息技术的广泛普及和应用，外来城市文化的侵入，农村本土文化处于衰落之中，所以说农村儿童的生活处境已经发生了翻天覆地的变化。为了积极回应社会变革对农村儿童德育带来的问题和挑战，促进农村儿童健康成长和发展，作为教育研究者就必须提出应对的教育对策和建议。本书中的留守儿童心灵关怀德育模式、城乡儿童相互融合德育模式、三位一体的立体德育网络模式和传承农村本土文化的校本德育模式就是在开展农村教育调研和反复思考基础上针对当前社会转型时期农村儿童生存和生活环境变化而提出的旨在帮助农村儿童健康成长和发展的德育模式。而且每种德育模式适应于各个具体的农村儿童群体及其生存境遇，所以具有较强的现实针对性和操作性。需要指出的是，这四种农村儿童德育模式的运用及其效果的检验是一个长期的过程，还需要持续地跟进和完善。

在本书完稿之际，首先要感谢我的硕士导师冯建军教授和博士导师朱小蔓教授，是两位导师引领我进入学术殿堂，开始学术研究，赋予了我学术生命，为我为人与为学指明了前进的方向。朱小蔓教授已于2020年8月10日永远地离开了我们，但导师的教诲我将永远铭记在心，激励我前行。感谢冯建军教授把本书纳入他主编的教育哲学丛书，这是对我的包容和支持。

感谢宝鸡文理学院郭霄鹏教授、王富平教授、茹宗志教授、孙新教授、杨科正教授等给予我在教学科研方面的指导和支持。感谢教育学院党委书记白晓旭以及领导班子对我工作上的支持和帮助。

感谢中国教育科学研究院杨一鸣博士、首都师范大学钟晓琳博士、天津师范大学王慧博士和南京晓庄学院钟芳芳博士对我在学术研究方面的鼓励和支持。感谢研究生江敏锐、李济清、崔宇玮同学对书稿的认真校对。感谢实践单位领导和老师们对本书提出的德育模式运用的参与和支持。感谢山西教育出版社以学术为重，将本书纳入出版规划。对山西教育出版社编辑刘继安先生以及其他编辑为本书出版付出的辛勤劳动表示衷心的感谢。

最后，感谢我年迈的父母双亲以及哥哥姐姐们对我的呵护和厚爱，让我时时感受到亲情的温暖和力量。感谢爱人王恩旭先生和女儿王玛卓对我的理解和支持，让我能够专心地学习和工作。所有真诚的感谢，都将化作我继续研究的动力和勇气。

2022年10月28日于宝大馨园

图书在版编目（CIP）数据

被忽视的儿童：社会转型时期农村儿童德育模式研究 / 马多秀著. — 太原：山西教育出版社，2023.12
ISBN 978-7-5703-3566-4

Ⅰ.①被… Ⅱ.①马… Ⅲ.①农村—儿童教育—品德教育—研究 Ⅳ.①G611

中国国家版本馆 CIP 数据核字（2023）第 169080 号

被忽视的儿童——社会转型时期农村儿童德育模式研究
BEI HUSHI DE ERTONG——SHEHUI ZHUANXING SHIQI NONGCUN ERTONG DEYU MOSHI YANJIU

出 版 人	刘立平
责任编辑	刘继安　韩德平
复　　审	王介功
终　　审	闫果红
装帧设计	陈　晓
印装监制	蔡　洁

出版发行	山西出版传媒集团·山西教育出版社
	（太原市水西门街馒头巷 7 号　电话：0351-4729801　邮编：030002）
印　　装	山西新华印业有限公司
开　　本	720mm×1020mm　1/16
印　　张	20
字　　数	230 千字
版　　次	2023 年 12 月第 1 版　2023 年 12 月山西第 1 次印刷
书　　号	ISBN 978-7-5703-3566-4
定　　价	80.00 元

如发现印装质量问题，影响阅读，请与山西教育出版社联系调换，电话：0351-4729718。